試験に
ココが出る!

消防設備士

4類［甲種・乙種］
教科書+実践問題

株式会社ノマド・ワークス 著
一般社団法人 東京防災設備保守協会 監修

第**3**版

インプレス

インプレス資格対策シリーズ 購入者限定特典 !!

●電子版の無料ダウンロード
本書の全文の電子版（PDF ファイル）を無料でダウンロードいただけます。

●出先で学べる Web アプリ
いつでもどこでも学習できる Web アプリを無料でご利用いただけます。

特典は、以下の URL で提供しています。

ダウンロード URL：https://book.impress.co.jp/books/1122101094

※ 画面の指示に従って操作してください。
※ ダウンロードには、無料の読者会員システム「CLUB Impress」への登録が必要となります。
※ 本特典のご利用は、書籍をご購入いただいた方に限ります。
※ 特典の提供期間は、いずれも本書発売より 3 年間です。

・ 本書のアイコンについて ・

学習ポイント	各節で学習するポイントをまとめています。
重要度 ★★☆	試験での重要度。★の数が多いほど重要です。
理解度チェック	学習の理解度を確認するための小問題です。
黒板	黒板の内容を追っていくだけで、復習がかんたんにできます。

覚える	試験対策として、かならず覚えておきたい知識や用語をまとめました。
ひとこと	本文で説明できなかった補足事項です。
実践問題	各節の最後で、本試験型の問題にチャレンジしましょう。

インプレスの書籍ホームページ

書籍の新刊や正誤表など最新情報を随時更新しております。

https://book.impress.co.jp/

はじめに

　第4類消防設備士は、ビルや店舗などに設置する「自動火災報知設備」「ガス漏れ火災警報設備」「消防機関へ通報する火災報知設備」の工事や整備をおこなうために必要な資格です。免状には甲種・乙種の2種類があり、「甲種」は設置工事と整備、「乙種」は整備のみを行えます。

　本書は、これから第4類消防設備士試験を受験する方のために、必要な科目を知識ゼロから学習できるようにした参考書です。

本書の特徴

●現場のプロによる監修

　一般社団法人東京防災設備保守協会の全面的な監修により、現場のプロの意見を取り入れた本格的なテキストです。

●出題傾向を分析し、よく出題される項目を網羅

　試験の出題範囲は広く、細かい法令や規格省令がたくさんありますが、本書ではよく出題されるポイントに絞って解説しています。

●実践的な問題を多数掲載

　本試験をシミュレートした問題を各節ごとに掲載したほか、巻末に模擬試験を掲載しました。

●最重要項目直前チェックで本試験直前までサポート

　覚えておかなければならない最重要項目をコンパクトにまとめました。試験本番直前の確認にお役立てください。

目 次

第1章　消防関係法令　　　　15

第2章　電気に関する基礎知識　　　　89

第3章　自動火災報知設備の構造と機能　149

第4章　自動火災報知設備の工事・整備　209

受験ガイド

●消防設備士とは

消防設備士は、劇場、デパート、ホテルなどの建物に設置された「消防用設備等」の工事や整備、点検を行うために必要な資格です。**甲種消防設備士**は、消防設備等の工事と整備を行い、**乙種消防設備士**は、消防設備等の整備のみを行います。

甲種消防設備士は、取り扱う設備の種類に応じて、特類および第1類～第5類に分かれてます。乙種消防設備士は、第1類～第7類に分かれています。

甲種	乙種	類別	消防用設備等
○		特類	特殊消防用設備等
○	○	第1類	屋内消火栓設備、屋外消火栓設備、スプリンクラー設備、水噴霧消火設備
○	○	第2類	泡消火設備
○	○	第3類	不活性ガス消火設備、ハロゲン化物消火設備、粉末消火設備
○	○	第4類	自動火災報知設備、ガス漏れ火災警報設備、消防機関へ通報する火災報知設備
○	○	第5類	金属製避難はしご、救助袋、緩降機
	○	第6類	消火器
	○	第7類	漏電火災警報器

本書で扱う第4類では、自動火災報知設備やガス漏れ火災警報設備、消防機関へ通報する火災報知設備を取り扱います。

●受験資格について

◆乙種の場合

乙種消防設備士の試験は、学歴、年齢、国籍、実務経験を問わず、誰でも受験できます。

◆甲種の場合

甲種消防設備士試験を受験するには、資格または実務経験をもっているか、大学・高校等で特定の学科を修めている必要があります。詳しくは、消防試験研究センターのホームページを参照してください。

●試験科目・出題形式について

甲種・乙種ともに、筆記試験と実技試験があります。試験時間は、甲種が3時間15分、乙種が1時間45分です。

◆筆記試験

4つの選択肢から正解を1つ選ぶマークシート方式です。試験科目と問題数は次のとおりです。

試験科目		甲種	乙種
消防関係法令	共通部分	8	6
	第4類に関する部分	7	4
基礎的知識	電気に関する部分	10	5
構造・機能・工事・整備	電気に関する部分	12	9
	規格に関する部分	8	6
合計		45	30

◆実技試験

実技試験は、写真やイラスト、図面などによる出題に対して、記述式で解答します。試験科目と問題数は以下のとおりです。

試験科目	甲種	乙種
鑑別等	5	5
製図	2	－

※製図問題は乙種にはありません。

●合格基準について

次の❶と❷の両方の成績を修めた方が合格となります。

❶筆記試験	各科目ごとに40%以上、全体では60%以上
❷実技試験	60%以上

●試験の一部免除について

以下の消防設備士の資格をもっている受験者は、試験の一部が免除されます。

免状	甲種第4類を受験する場合	乙種第4類を受験する場合
甲種第1～5類	消防関係法令の共通部分（8問）	消防関係法令の共通部分（6問）
乙種第1～6類	免除なし	消防関係法令の共通部分（6問）
乙種第7類		・消防関係法令の共通部分（6問） ・基礎的知識の電気に関する部分（5問）

また、電気関係の資格（電気工事士や電気主任技術者）でも筆記試験と実技試験の一部が免除されます。詳しくは消防試験研究センターのホームページを参照してください。

●試験日程

　消防設備士試験は、都道府県ごとに実施されます。居住地や勤務地にかかわらず、希望する都道府県で受験できますが、試験日程や試験会場は都道府県ごとに異なるので注意してください。

　なお、試験日程によっては、複数の類を受験できる場合があります。詳細は消防試験研究センターの試験案内等を参照してください。

●受験手続

　受験申込みをするには、書面による方法（**書面申請**）と、インターネットによる方法（**電子申請**）があります。どちらの場合も、試験日程によって申請期間が異なるため、あらかじめ受験したい都道府県の試験日程を調べておきましょう。

　書面申請は、受験したい都道府県の受験願書を入手し、必要事項を記入して郵送します。受験願書は、各都道府県の消防試験研究センター支部や消防本部で入手できます。

　電子申請は、消防試験研究センターのホームページから行います。試験センターからの連絡を受信するためのメールアドレス（携帯電話、フリーメールアドレスは不可）と、受験票を印刷するためのプリンターが必要になります。

●試験当日の準備

　試験当日は、受験票（写真を貼付したもの）、鉛筆（HB または B）、消しゴムを必ず持参してください。電卓は使用できません。

●問合せ先

　受験願書の申込みや試験の詳細については、一般財団法人 消防試験研究センター各支部（東京の場合は中央試験センター）に問い合わせるか、消防試験研究センターのホームページを参照してください。

一般財団法人　消防試験研究センター本部
〒100-0013　東京都千代田区霞が関1-4-2大同生命霞が関ビル19階
TEL 03-3597-0220
FAX 03-5511-2751
ホームページ：https://www.shoubo-shiken.or.jp/

最重要項目直前チェック

試験の直前に、復習しておきたい項目をまとめました。

関係法令

1 自動火災報知設備を設置する防火対象物

項		防火対象物の種類 色文字は特定防火対象物	延べ面積	地階・無窓階 床面積	3階以上	11階以上の階	道路用途	駐車場のある階	通信機器室	特定1階段等防火対象物	指定可燃物
(1)	イ	劇場・映画館・演芸場または観覧場	300m²以上	300m²以上	床面積300m²以上	すべて	道路の用途に供される部分で、その部分の床面積が屋上の場合は600m²以上、それ以外の階の場合は400m²以上	地階または2階以上に床面積200m²以上の駐車場がある階	床面積500m²以上の通信機器室	特定用途部分が避難階以外にあり、そこから避難階に直通する屋内の階段が1つしかないもの	指定数量の500倍以上の指定可燃物を貯蔵・取り扱う建築物
	ロ	公会堂または集会場									
(2)	イ	キャバレー・カフェー・ナイトクラブ	300m²以上	100m²以上							
	ロ	遊技場またはダンスホール									
	ハ	風俗店									
	ニ	カラオケボックス・漫画喫茶等	すべて								
(3)	イ	待合・料理店等	300m²以上	100m²以上							
	ロ	飲食店									
(4)		百貨店・マーケット・物販販売店舗または展示場		300m²以上							
(5)	イ	旅館・ホテル・宿泊所	すべて								
	ロ	寄宿舎・下宿または共同住宅	500m²以上	300m²以上							
(6)	イ	病院・診療所・助産所　入院施設あり	すべて								
		病院・診療所・助産所　入院施設なし	300m²以上	300m²以上							
	ロ	自力避難困難者入所施設	すべて								
	ハ	(6) 項ロ以外の社会福祉施設等　宿泊あり	すべて								
		(6) 項ロ以外の社会福祉施設等　宿泊なし	300m²以上	300m²以上							
	ニ	幼稚園・特別支援学校									
(7)		小・中・高等学校・大学・専修学校等	500m²以上								
(8)		図書館・博物館・美術館等									
(9)	イ	蒸気浴場・熱気浴場等	200m²以上								
	ロ	その他の公衆浴場	500m²以上								
(10)		停車場・船舶・航空機の発着場	500m²以上								
(11)		神社・寺院・教会等	1000m²以上	300m²以上							
(12)	イ	工場・作業場	500m²以上								
	ロ	映画スタジオ・テレビスタジオ									
(13)	イ	自動車車庫・駐車場									
	ロ	飛行機等の格納庫	すべて								
(14)		倉庫	500m²以上								
(15)		その他の事業場（会社などの事務所）	1000m²以上	300m²以上							

(16)	イ	特定用途部分を含む複合用途防火対象物	300m²以上	300m²以上 ※4						
	ロ	(16)項イ以外の複合用途防火対象物	※1							
(16の2)		地下街	300m²以上 ※2	300m²以上						
(16の3)		準地下街	500m²以上 ※3							
(17)		重要文化財・史跡	すべて							

※1　各用途部分の床面積の合計に応じて設置
※2　(2)項ニ、(5)項イ、(6)項イ（入院施設あり）、(6)項ロの用途部分には延べ面積にかかわらず設置する
※3　特定用途部分が 300m² の場合
※4　地階・無窓階で、(2)項又は (3)項の用途に供される部分の床面積の合計が 100m² 以上

2 防火管理者が必要な防火対象物

①自力避難困難者入所施設	収容人員 10 人以上
②特定防火対象物	収容人員 30 人以上
③非特定防火対象物	収容人員 50 人以上
④新築工事中の建物・建造中の旅客船	収容人員 50 人以上

3 統括防火管理者が必要な防火対象物 ※　　※管理権原が複数あるものに限る

①高層建築物（高さ 31 メートル超）	すべて
②自力避難困難者入所施設	3 階以上・収容人員 10 人以上
③特定防火対象物	3 階以上・収容人員 30 人以上
④非特定複合用途防火対象物	5 階以上・収容人員 50 人以上
⑤地下街	消防長または消防署長が指定する場合
⑥準地下街	すべて

4 防火対象物点検が必要な防火対象物

①自力避難困難者入所施設が避難階以外にある 特定 1 階段等防火対象物	収容人員 10 人以上
②特定 1 階段等防火対象物	収容人員 30 人以上
③特定防火対象物	収容人員 300 人以上

5 消防用設備等の設置届と検査が必要な防火対象物

・カラオケボックス、ネットカフェ等 ・旅館・ホテル・宿泊所 ・病院・診療所・助産所（入院施設のあるもの） ・自力避難困難者入所施設 ・その他の社会福祉施設等（宿泊施設のあるもの） ・上記用途部分を含む複合用途防火対象物・地下街・準地下街	すべて
特定 1 階段等防火対象物	すべて
特定防火対象物（上記以外）	延べ面積 300m² 以上
非特定防火対象物（消防長または消防署長の指定を受けたもの）	延べ面積 300m² 以上

6 消防設備士等による点検が必要な防火対象物

①特定1階段等防火対象物	すべて
②特定防火対象物	延べ面積 1,000m² 以上
③非特定防火対象物（消防長等の指定を受けたもの）	延べ面積 1,000m² 以上

7 ガス漏れ火災警報設備を設置する防火対象物

①地下街	延べ面積 1,000m² 以上
②準地下街	延べ面積 1,000m² 以上・特定用途 500m² 以上
③特定防火対象物の地階	床面積 1,000m² 以上
④複合用途防火対象物の地階	床面積 1,000m² 以上・特定用途 500m² 以上
⑤温泉採取設備のある建築物	すべて

8 消防機関へ通報する火災報知設備を設置する防火対象物 ※

①病院・診療所・助産所（入院施設のあるもの）	すべて
②自力避難困難者入所施設	
③旅館・ホテル・宿泊所	延べ面積 500m² 以上
④診療所・助産所（入院施設のないもの）	
⑤その他の社会福祉施設等	

※ 消防機関へ常時通報できる電話を設置した場合でも、設置を省略できないもの

構造および機能

1 受信機の機能比較

	P型1級	P型2級	P型3級
火災灯	○	×	×
地区表示灯	○	○	×
主音響装置	◎ 85dB	◎ 85dB	◎ 70dB
地区音響装置	◎	○	×
火災表示の保持	◎	◎	×
予備電源	◎	○	×
電話連絡装置	○	×	×
火災表示試験装置	◎	◎	◎
導通試験装置	○	×	×

※ ◎：必要　○：2回線以上の場合に必要　×：不要

2 警戒区域

①面積 600m² 以下（主要な出入口から内部が見通せる場合は 1,000m² 以下）

②一辺の長さ 50m 以下（光電式分離型感知器設置で 100m 以下）

③2 以上の階にわたらないこと（床面積 500m² 以下なら 2 つの階にわたっても可）

④たて穴区画は 45m ごとに区切る

3 感知器の取付け高さ

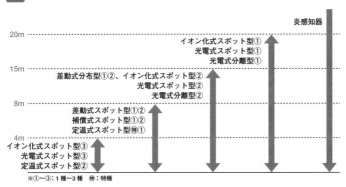

炎感知器

20m

イオン化式スポット型①
光電式スポット型①
光電式分離型①

15m

差動式分布型①②、イオン化式スポット型②
光電式スポット型②
光電式分離型②

8m

差動式スポット型①②
補償式スポット型①②
定温式スポット型特①

4m

イオン化式スポット型③
光電式スポット型③
定温式スポット型②

※①〜③：1 種〜3 種　特：特種

4 感知面積

取付け高さ	種類	差動式スポット型		定温式スポット型		イオン化式・光電式スポット型	
		1 種	2 種	特種	1 種	1 種	2 種
4m 未満	耐火構造	90	70	70	60	150	150
	その他	50	40	40	30		
4m 以上 8m 未満	耐火構造	45	35	35	30	75	75
	その他	30	25	25	15		

5 煙感知器の設置基準 ※

※光電式分離型感知器を除く

①地階・無窓階・11 階以上に設置する場合

・防火対象物：令別表第 1（1）〜（4）、（5）項イ、（6）、（9）項イ、（15）、（16）項イ、（16 の 2）、（16 の 3）

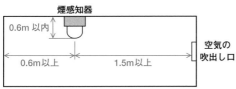

煙感知器

0.6m 以内

0.6m 以上　　1.5m 以上

空気の吹出し口

②廊下・通路に設置する場合

・防火対象物：令別表第1（1）〜（6）、（9）、（12）、（15）、（16）項イ、（16の2）、（16の3）

| 15m以下（10m以下） | 30m以下（20m以下） | 30m以下（20m以下） | 15m以下（10m以下） |

1種、2種では歩行距離30m以下

（ ）は3種の場合

③たて穴区画に設置する場合

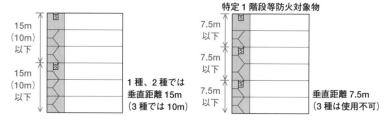

15m（10m）以下

15m（10m）以下

1種、2種では垂直距離15m（3種では10m）

特定1階段等防火対象物

7.5m以下

7.5m以下

7.5m以下

垂直距離7.5m（3種は使用不可）

6 光電式分離型感知器の設置基準

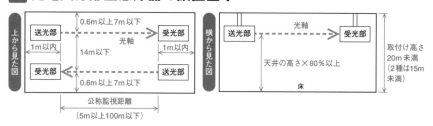

上から見た図

送光部　0.6m以上7m以下　受光部
1m以内　光軸　1m以内
14m以下
受光部　送光部
0.6m以上7m以下

公称監視距離
（5m以上100m以下）

横から見た図

送光部　光軸　受光部
天井の高さ×80％以上
床

取付け高さ20m未満（2種は15m未満）

7 耐熱配線・耐火配線

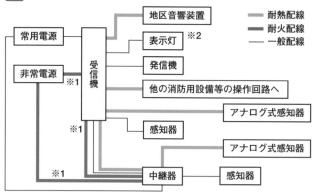

常用電源	地区音響装置	━━ 耐熱配線
非常電源 ※1	表示灯 ※2	━━ 耐火配線
受信機	発信機	── 一般配線

他の消防用設備等の操作回路へ

アナログ式感知器

※1　感知器

アナログ式感知器

※1　中継器　感知器

注　※1　中継器の非常電源回路（受信機または中継器が予備電源を内蔵している場合は一般配線でよい。）
　　※2　発信機を他の消防用設備等の起動装置と兼用する場合、発信機等の表示灯の回路は、非常電源付の耐熱配線とすること。

第 1 章

消防関係法令

1-1

防火対象物

- 防火対象物と消防対象物との違いは？
- 特定防火対象物に分類される防火対象物は？

防火対象物と消防対象物の違い　　重要度 ★★★

　まず最初の重要な用語として、防火対象物という言葉を覚えてください。防火対象物とは、火災予防の必要上、規制の対象となる建築物のことで、消防法には次のように定義されています。

覚える **防火対象物**　　──舟や車両（自動車や鉄道車両なども含む）のこと　　黒板❶
　　　　　　　　　　　　　──ドックのこと

「山林または 舟車、船きょもしくはふ頭に繋留 された船舶、建築物その他の工作物 ❶ もしくはこれらに属する物」

　　　　　　　　　　　　──建物の付属物（門、塀、物置など）

　防火対象物とまぎらわしいものに、消防対象物があります。こちらは次のように定義されています。下線部分の違いに注意してください。

「山林または舟車、船きょもしくはふ頭に繋留された船舶、建築物その他の工作物 ❶ または物件」

消防対象物には、消火活動の対象となるものが幅広く含まれるので、建築物以外の「物件」（家具、植木など）も含まれます。

 **ひとこと**

「属する物」ときたら防火対象物、「物件」ときたら消防対象物

消防法施行令別表第1を覚えよう （重要度 ★★★）

防火対象物は、用途によって**次ページの表**のように分類されます。この表は、消防法施行令という政令の別表第1（略して「令別表第1」）と呼ばれるもので、この後も繰り返し出てきます。

表のなかでは（6）項の分類がとくにややこしいので、少しくわしく説明しておきましょう。

用語 政令
法律の細かい内容を政府（内閣）が定めたもの

①（6）項イ　病院・診療所・助産所

「病院」と「診療所」は医療法という法律で区別されますが、令別表第1では次の4つに分類されています。これらは、大きく入院施設があるもの（①～③）と入院施設がないもの（④）の2種類に分けて考えます。

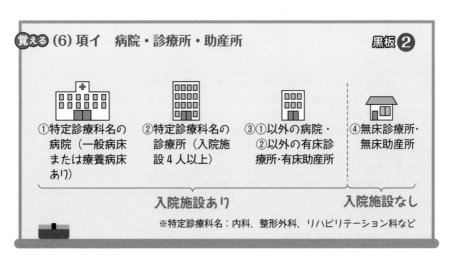

覚える（6）項イ　病院・診療所・助産所　　　黒板❷

①特定診療科名の病院（一般病床または療養病床あり）

②特定診療科名の診療所（入院施設4人以上）

③①以外の病院・②以外の有床診療所・有床助産所

④無床診療所・無床助産所

入院施設あり　　　入院施設なし

※特定診療科名：内科、整形外科、リハビリテーション科など

覚える 消防法施行令別表第1　　　　　　　　　　　　　　　　　　　　　　　　　※色文字は特定防火対象物

項	用途
(1)	イ　劇場、映画館、演芸場または観覧場
	ロ　公会堂または集会場
(2)	イ　キャバレー、カフェー、ナイトクラブ等
	ロ　遊技場またはダンスホール
	ハ　性風俗関連特殊営業を営む店舗等
	ニ　カラオケボックス・ネットカフェ・漫画喫茶等
(3)	イ　待合、料理店等
	ロ　飲食店
(4)	百貨店、マーケットその他の物品販売業を営む店舗または展示場
(5)	イ　旅館、ホテル、宿泊所等
	ロ　寄宿舎、下宿または共同住宅
(6)	イ　病院・診療所・助産所（入院施設あり①〜③、入院施設なし④）
	ロ　自力避難困難者入所施設
	ハ　その他の社会福祉施設等
	ニ　幼稚園または特別支援学校
(7)	小学校、中学校、高等学校、大学、専修学校等
(8)	図書館、博物館、美術館等
(9)	イ　蒸気浴場、熱気浴場等 •------------------------------------- サウナ
	ロ　イ以外の公衆浴場
(10)	車両の停車場または船舶もしくは航空機の発着場
(11)	神社、寺院、教会等
(12)	イ　工場または作業場
	ロ　映画スタジオまたはテレビスタジオ
(13)	イ　自動車車庫または駐車場
	ロ　飛行機または回転翼航空機の格納庫
(14)	倉庫
(15)	前各項に該当しない事業場（会社などの一般的な事務所）
(16)	イ　複合用途防火対象物のうち、その一部が特定防火対象物の用途に供されているもの
	ロ　イ以外の複合用途防火対象物
(16の2)	地下街
(16の3)	準地下街
(17)	重要文化財、史跡等に指定された建造物
(18)	延長50メートル以上のアーケード
(19)	市町村長の指定する山林
(20)	総務省令で定める舟車

②（6）項ロ　自力避難困難者入所施設

　老人ホームなどの社会福祉施設のうち、主に自力で避難するのが困難な人が入所・入居している施設が、（6）項ロに入ります。具体的には次のような施設が該当します（細かく覚える必要はありません）。

①老人短期入所施設、養護老人ホーム、特別養護老人ホーム、軽費老人ホーム、有料老人ホーム、介護老人保健施設、老人短期入所事業を行う施設、小規模多機能型居宅介護施設、認知症対応型老人共同生活援助施設など
②救護施設
③乳児院
④障害児入所施設
⑤障害者支援施設、障害者短期入所等施設

③（6）項ハ　その他の社会福祉施設等

　（6）項ロに含まれない社会福祉施設等が、（6）項ハに入ります。具体的には次のような施設が該当します（こちらも細かく覚える必要はありません）。消防設備士試験では、これらの施設を、大きく宿泊施設のあるものとないものに分けて考えます。

①老人デイサービスセンター、軽費老人ホーム、老人福祉センター、老人介護支援センター、有料老人ホーム、老人デイサービス事業を行う施設、小規模多機能型居宅介護事業を行う施設など
②更生施設
③助産施設、保育所、認定こども園、児童養護施設、児童自立支援施設、児童家庭支援センター、一時預かり・家庭的保育事業を行う施設など
④児童発達支援センター、児童心理治療施設、児童発達支援・放課後等デイサービス施設
⑤身体障害者福祉センター、障害者支援施設、地域活動支援センター、福祉ホームなど

特定防火対象物　重要度 ★★★

　防火対象物のうち、不特定多数の人が出入りする施設や、利用者の避難が難しい施設については、**特定防火対象物**としてより厳しい規制をかけています。具体的には、前ページの表のうち、色文字の項目が特定防

火対象物です。

特定防火対象物かどうかまぎらわしいものもいくつかあるので注意しましょう。たとえば、デパート（百貨店）やホテルは特定防火対象物ですが、マンションなどの共同住宅は非特定防火対象物になります。また、幼稚園や保育所は特定防火対象物ですが、小学校以上の学校や図書館、博物館、美術館などは非特定防火対象物です。

└ 特定防火対象物以外の
　防火対象物

複合用途防火対象物　　　　　　　　　　　　重要度 ★★★

1 つの建物を、複数の用途（令別表第 1 (1) 〜 (15) 項の用途）で使っている場合を**複合用途防火対象物**といいます。店舗とレストランと映画館が併設された複合商業施設や、いわゆる「雑居ビル」などが該当します。

複合用途防火対象物の用途の 1 つに、特定用途が含まれている場合には、その建物全体が特定防火対象物（令別表第 1 (16) 項イ）となります。

└ 特定防火対象物の用途

複合用途　　　　　建物全体が
防火対象物　　　　特定防火対象物

病院に食堂や売店が付属している場合など、複数の用途部分があっても、複合用途防火対象物とみなされない場合もあります。

地下街、準地下街とは

重要度 ★★☆

地下街は、公共の地下通路に面して、店舗などが設けられている施設です。また、建物の地階部分を公共の地下通路でつなぎ、地下街を構成している場合を準地下街といいます。地下街も準地下街も、用途にかかわらず特定防火対象物となります。

ちなみに、全国に地下街は60か所、準地下街は7か所あります（2021年3月31日現在）。

理解度チェック

正しい記述は〇、誤っている記述は × で答えなさい。

1 防火対象物とは、山林または舟車、船きょもしくはふ頭に繋留された船舶、建築物その他の工作物または物件をいう。

2 複合用途防火対象物とは、防火対象物で政令で定める2以上の用途に供されるものをいう。

3 消防法令上、幼稚園は特定防火対象物である。

4 消防法令上、マンションは特定防火対象物である。

- 解答 -

1 × 「または物件」は消防対象物です。

2 〇 正しい。

3 〇 正しい。18ページ令別表第1の（6）項二参照。

4 × マンション（共同住宅）は非特定防火対象物です。18ページ令別表第1の（5）項ロ参照。

実践問題

▶解答 24 ページ
▶解説 81 ページ

問1 ☐☐☐ .... 重要度 ★★★

消防法令における用語に関する記述について、誤っているものはどれか。

① 防火対象物とは、山林または舟車、船きょもしくはふ頭に繋留された船舶、建築物その他の工作物または物件をいう。
② 関係者とは、防火対象物または消防対象物の所有者、管理者または占有者をいう。
③ 複合用途防火対象物とは、防火対象物であって政令で定める2以上の用途に供されるものをいう。
④ 舟車とは舟及び車両であって、鉄道の車両も含まれる。

問2 ☐☐☐ .... 重要度 ★★★

特定防火対象物のみからなる組合せはどれか。

① 病院、地下街、事務所
② ホテル、共同住宅、百貨店
③ 幼稚園、保育所、小学校
④ 映画館、カラオケボックス、遊技場

1-2 火災予防

学習ポイント

- 火災予防の措置命令を出せるのは？
- 消防職員はいつでもどこでも立入検査ができる？
- 消防同意は誰が誰に対して同意する？

日本の消防機関　重要度 ★☆☆

　日本の消防機関は、国や都道府県単位ではなく、原則として⚠市町村ごとに組織されています。消防機関には、消防本部と消防団の2種類があります。

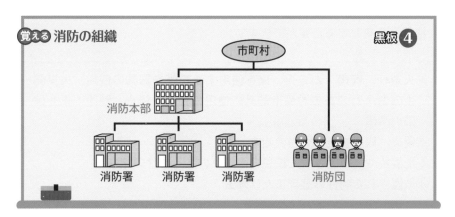

覚える **消防の組織**　黒板❹

市町村

消防本部

消防署　消防署　消防署　　消防団

　消防本部は、市町村が設置する消防機関で、「○○市消防本部」とか「××市消防局」などと呼ばれます。消防本部の下位に、市

メモ 例外的に東京23区だけは、東京消防庁という都の機関が管轄しています。また、複数の市町村が共同で消防本部を置く場合もあります。

23

いわゆる消防士など

村内の各地区を管轄する消防署があります。消防本部や消防署の職員には消防吏員とその他の職員がおり、全員が地方公務員です。また、消防本部の長を消防長、消防署の長を消防署長といいます。

一方、消防団は一般に地域住民による非常勤の消防機関です。消防団員は消防吏員のように常勤ではなく、ふだんは本業の仕事をしていて、緊急時に出動します（常勤もあり）。また、地域の防災パトロールや消防訓練なども行っています。

全国の市町村にはたいてい消防本部と消防団の両方が置かれていますが、消防本部がない町村はいくつかあります。

障害除去の措置命令

消防団長ではない

重要度 ★★★

消防長（消防本部を置かない市町村では市町村長）、消防署長その他の消防吏員は、屋外や防火対象物において火災予防上危険と認められる行為をする者や、火災予防上危険と認められる物件、消火や避難などの消防活動の支障になると認められる物件の所有者等に対して、以下のような措置命令を発することができます。

①火遊び、喫煙、たき火、火を使用する設備や器具の使用、火災発生のおそれのある設備や器具の使用の禁止・停止・制限、または消火準備

　炉から取り出した灰

②残火、取灰または火粉の始末

③危険物や、放置された燃焼のおそれのある物件の除去

④放置された物件の整理または除去

措置命令 →

消防長
消防署長
消防吏員

行為者
物件の所有者等

消防団長や消防団員には、これらを命じる権限はありません。

立入検査 　　　　　　　　　重要度 ★★★

　消防長（消防本部を置かない市町村では市町村長）または消防署長は、火災予防のため必要があるときは、<u>関係者</u>に対して資料の提出を命じ、報告を求めることができます。

　また、必要なら<u>消防職員</u>に建物などの立入検査をさせることができます。消防職員による立入検査は、時刻にかかわらず、事前通告なしで行えます。ただし例外として、<u>個人の住居への立入検査</u>は、以下のいずれかの場合に限ります。

> **用語 関係者**
> 防火対象物や消防対象物の所有者、管理者、占有者
>
> **用語 消防職員**
> 消防本部や消防署の消防吏員およびその他の職員（消防本部のない市町村では、消防事務に従事する職員や常勤の消防団員）

・関係者の承諾を得た場合
・火災発生のおそれが著しく大きく、特に緊急の必要がある場合

　なお、火災予防上特に必要があるときは、管轄区内の消防団員に立入検査をさせることができます。ただしその場合は、<u>立入検査する消防対象物および期日または期間を事前に指定</u>する必要があります。

命令 → 消防職員　立入検査 →

消防長
消防署長

消防団員（消防対象物・期日または期間を指定）

消防対象物

覚える 立入検査の制限 　　　　　　黒板❺

- 個人の住居への立入検査は、承諾を得た場合か緊急時のみ
- 消防団員による立入検査は、事前に消防対象物や期日の指定が必要
- 立入検査を行う職員は、市町村長が定める<u>証票</u>を携帯すること

防火対象物に対する措置命令　重要度 ★★★

　消防長（消防本部を置かない市町村では市町村長）または消防署長は、防火対象物の関係者に対し、必要に応じて次のような**措置命令**を発することができます。

①防火対象物の改修、移転、除去、工事の停止・中止

　防火対象物の位置・構造・設備・管理の状況が、火災予防上危険である、消火や避難などの消防活動の支障になる、火災が発生すると人命の危険がある、その他火災予防上必要があると認める場合

②防火対象物の使用禁止・停止・制限

　上記の措置命令が履行（りこう）されない、履行されても十分でない、期限までに履行が完了する見込みがない場合

消防長
消防署長

措置命令

関係者

防火対象物

防火対象物に対する措置命令は、**消防長か消防署長**が行います。障害除去の措置命令（24 ページ）と異なり、一般の消防吏員や消防団員にはできません。

消防同意　重要度 ★★★

　建物を新築・改築するときは、その建物が建築基準法令等に定められた基準にしたがっていることを、特定行政庁または民間の指定確認検査機関に確認してもらう手続きが必要になります。この手続きを**建築確認**といいます。

└ 建築主事を置く市町村長等

　建築確認の申請を受けた特定行政庁等は、その建物が消防法令の防火の規定にしたがっていることについて、さらに所轄の消防長または消防署長の同意を得なければなりません。この手続きを消防同意といいます。

　消防長・消防署長は、同意を求められてから3日以内（建物の規模や敷地によっては7日以内）に、同意または不同意を特定行政庁等に通知します。

建物の規模や防火地域・準防火地域以外の区域によっては、消防同意が必要ない場合もあります。

理解度チェック

　正しい記述は○、誤っている記述は × で答えなさい。

1 消防団員は、屋外において火災の予防に危険であると認める物件の所有者等で権原を有する者に対して、必要な措置をとるべきことを命ずることができる。

2 消防長（消防本部のない市町村にあっては市町村長）または消防署長は、消防職員に命じていつでも個人の住居に立ち入って検査させることができる。

3 消防同意は特定行政庁または指定確認検査機関が行う。

- 解答 -

1 ×　消防団員は措置命令は行えません。

2 ×　個人の住居への立入検査は、関係者の同意を得た場合か緊急時に限ります。

3 ×　消防同意は消防長または消防署長が行います。

実践問題

▶ 解答　30 ページ
▶ 解説　81 ページ

問1 ☐☐☐ .... 重要度 ★★★

　屋外もしくは防火対象物において、火災の予防に危険であると認める行為者や消防活動の支障となる物件の所有者等に対し、必要な措置を命じることができない者は次のうちどれか。

① 消防長
② 消防署長
③ 消防吏員
④ 消防本部を置かない市町村の消防団長

問2 ☐☐☐ .... 重要度 ★★☆

　消防法に規定する立入検査に関する記述として、正しいものはどれか。

① 関係者の承諾を得た場合または特に緊急の必要がある場合を除き、夜間に立入検査を行うことはできない。
② 立入検査を行う消防職員は、市町村長の定める証票を携帯しなければならない。
③ 消防団員（消防本部を置かない市町村においては、非常勤の消防団員に限る）は、火災予防上特に緊急の必要がある場合を除き、立入検査を行うことはできない。
④ 消防職員（消防本部を置かない市町村においては、常勤の消防団員）は、火災予防のため必要があるときは、あらゆる場所に制限なく立入検査を行うことができる。

問3　□□□　　　　　　　　　重要度 ★★☆

消防同意に関する記述として、誤っているものはどれか。

❶　新築のすべての建築確認には、消防同意が必要である。

❷　消防同意は、建築確認にかかわる建築物の所在地を管轄する消防長または消防署長が行う。

❸　消防同意は、求められた日から3日以内（建築物によっては7日以内）に同意を与えなければならない。

❹　消防同意の申請は、建築確認を行う特定行政庁または指定確認検査機関が行う。

問4　□□□　　　　　　　　　重要度 ★☆☆

消防法の規定に関する記述として、正しいものはどれか。

❶　消防長、消防署長その他の消防吏員は、火災の予防上必要であると認める場合には、権原を有する関係者に対し、防火対象物の改修、移転、除去、工事の停止または中止その他の必要な措置を命ずることができる。

❷　消防長または消防署長は、防火対象物の位置、構造、設備、管理の状況について必要な措置が命ぜられたにもかかわらず、その措置が履行されない場合には、権原を有する関係者に対し、当該防火対象物の使用の禁止、停止または制限を命ずることができる。

❸　個人の住居への立入検査を行う場合には、消防対象物及び期日または期間を指定しなければならない。

❹　消防団員は、所轄区域内の防火対象物において火災の予防に危険であると認める行為者に対し、行為の禁止等の必要な措置を命ずることができる。

1-3

防火管理者

学習ポイント

- 防火管理者が必要な防火対象物は？
- 統括防火管理者が必要な防火対象物は？
- 防火対象物点検が必要な防火対象物は？

防火管理者の選任 重要度 ★★★

　一定の用件に該当する建物には、防火管理業務の責任者として、**防火管理者**を選任することが義務付けられています。

　防火管理者を選任するのは、その防火対象物の管理について権原^{けんげん}をもつ者（管理権原者）です。具体的には、建物の所有者や会社の代表取締役などが管理権原者となります。管理権原者は、防火管理者を選任または解任したときは、遅滞^{ちたい}なく、所轄消防長または消防署長に届け出なければなりません。

└─「すぐに」という意味

法律上の原因という意味（権限ではない）

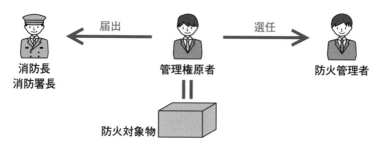

防火管理者が必要な防火対象物 重要度 ★★★

防火管理者が必要な防火対象物は、建物の用途や、建物に出入りした

り勤務・居住する人の数（収容人員）によって、以下のように定められています。

覚える 防火管理者が必要な防火対象物　　　　　　　黒板❻

①自力避難困難者入所施設（この用途部分のある複合用途防火対象物を含む）	収容人員 **10**人以上
②特定防火対象物（①を除く）	収容人員 **30**人以上
③非特定防火対象物	収容人員 **50**人以上
④一定規模以上の新築工事中の建築物・建造中の旅客船	収容人員 **50**人以上

※18ページの令別表第1（16の3）準地下街、（18）アーケード、（19）山林、（20）舟車については、収容人員にかかわらず防火管理者は不要です。

 **ひとこと**

同一の敷地内に、管理権原者が同じ防火対象物が複数ある場合は、それらを1つの防火対象物とみなして防火管理者の選任が必要かどうか判断します。

防火管理者の資格と業務　　（重要度 ★★★）

　防火管理者になれるのは、総務部長や店長といった、❶<u>管理的・監督的地位</u>にある人です。一般の社員やアルバイトではなれません。管理権原者自身が防火管理者になるケースもよくあります。

　防火管理者が行う業務は、次のとおりです。

メモ 防火管理者の資格には甲種と乙種があり、建物の規模によっては甲種防火管理者の資格が必要になります。防火管理者の資格は、一部の学歴・実務経験者を除き、甲種防火管理講習（約10時間）または乙種防火管理講習（約5時間）を修了して取得します。

- 消防計画の作成
- 消防計画に基づく消火、通報及び避難の訓練の実施
- 消防用設備、消防用水または消火活動上必要な施設の点検及び整備
- 火気の使用または取扱いに関する監督
- 避難または防火上必要な構造および設備の維持管理
- 収容人員の管理
- その他防火管理上必要な業務

作成した消防計画は、所轄の消防長または消防署長に届け出ます。

統括防火管理者

重要度 ★★★

1つの建物で、管理権原者が複数に分かれている防火対象物については、それぞれが選任する防火管理者のほかに、建物全体の防火管理業務を統

管理権原者A → 防火管理者A
管理権原者B → 防火管理者B
管理権原者C → 防火管理者C
統括防火管理者

管理権原が分かれている防火対象物

括する統括防火管理者を定め、所轄消防長または消防署長に届け出ます。

統括防火管理者が必要な防火対象物は、以下のいずれかの防火対象物で、管理権原が複数に分かれているものです。

覚える 統括防火管理者が必要な防火対象物　　　黒板❼

①高層建築物（高さ31メートルを超える建築物）	すべて
②自力避難困難者入所施設（この用途部分のある複合用途防火対象物を含む）	地階を除く階数が3以上で、収容人員10人以上
③特定防火対象物（②を除く）	地階を除く階数が3以上で、収容人員30人以上
④非特定用途のみの複合用途防火対象物	地階を除く階数が5以上で、収容人員50人以上
⑤地下街	消防長または消防署長が指定するもの
⑥準地下街	すべて

　統括防火管理者は、防火対象物全体についての消防計画を作成して所轄消防長または消防署長に届け出るほか、防火対象物全体について防火管理上必要な業務を行います。

防火対象物点検とは　重要度 ★★★

　防火対象物によっては、建物の防火管理の状態を有資格者によって定期的に点検させ、その結果を管理権原者が消防長または消防署長に報告することが義務付けられています。この点検を行う有資格者を、**防火対象物点検資格者**といいます。

防火対象物点検資格者による定期点検が義務付けられているのは、以下の防火対象物です。

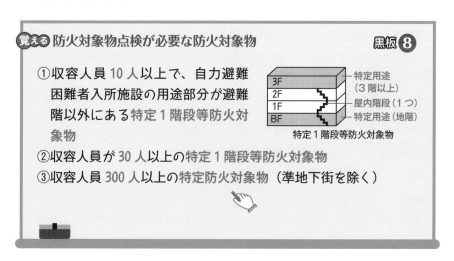

覚える　防火対象物点検が必要な防火対象物　黒板❽

①収容人員 10 人以上で、自力避難困難者入所施設の用途部分が避難階以外にある特定 1 階段等防火対象物

②収容人員が 30 人以上の特定 1 階段等防火対象物

③収容人員 300 人以上の特定防火対象物（準地下街を除く）

特定用途（3 階以上）

屋内階段（1 つ）

特定用途（地階）

特定 1 階段等防火対象物

特定1階段等防火対象物とは、特定用途部分（複合用途防火対象物、地下街、準地下街を除く）が避難階以外の地階または3階以上にあり、その階から避難階または地上に出る屋内階段が1つしかない特定防火対象物（準地下街を除く）をいいます。

点検は原則として1年ごとに実施し、点検の結果、基準に適合すると認められた防火対象物は、右図のような点検済証を建物に表示できます。

防火基準点検済証

SAFETY

| 用語 | 避難階 |

地上へ直接通ずる出入口のある階（1階または2階）

メモ 防火対象物点検資格者になるには、防火対象物点検資格者講習を修了して免状を交付される必要があります。講習の受講資格には、一定の実務経験（消防設備士、消防設備点検資格者、防火管理者は3年以上など）が必要です。

理解度チェック

正しい記述は○、誤っている記述は × で答えなさい。

1 収容人員が40人のレストランには、防火管理者の選任が必要である。

2 同一の敷地に2以上の防火対象物がある場合は、管理権原者が同じでもそれぞれの防火対象物ごとに防火管理者を選任しなければならない。

3 防火対象物に統括防火管理者を定めた場合には、管理権原者ごとの防火管理者の選任は不要である。

- 解答 -

1 ○ 特定防火対象物では収容人員30人以上の場合に防火管理者の選任が必要。

2 × 管理権原者が同じ場合は、合わせて1人の防火管理者を選任します。

3 × 管理権原者ごとに必要に応じて防火管理者を選任し、消防計画を届け出る必要があります。

1-3 防火管理者

▶ 解答　37 ページ
▶ 解説　82 ページ

問1 ☐☐☐ ･････････････････････ （重要度 ★★★）

防火管理者を選任しなければならない防火対象物はどれか。

❶ 収容人員 10 人の特別養護老人ホーム
❷ 収容人員 20 人の飲食店
❸ 収容人員 30 人の一般事務所
❹ 同一の敷地内にあり、所有者が同じ収容人員 30 人の工場
　　と、収容人員 10 人の事務所

問2 ☐☐☐ ･････････････････････ （重要度 ★★★）

　統括防火管理者を定めなければならない防火対象物はどれか。ただし、管理権原は複数に分かれているものとする。

❶ 地階を除く階数が 2 の老人短期入所施設で、収容人員が
　　20 人のもの
❷ 地階を除く階数が 2 の有床診療所で、収容人員が 30 人の
　　もの
❸ 地階を除く階数が 3 の物品販売店舗で、収容人員が 40 人
　　のもの
❹ 地階を除く階数が 4 の複合用途防火対象物（1 階が事務
　　所、2 階以上が共同住宅）で、収容人員が 100 人のもの

　防火対象物点検資格者に火災の予防上必要な事項を点検させなければならない防火対象物はどれか。

　ただし、避難階は1階とし、階段はすべて避難階に直通するものとする。

① 屋内階段が2である地階を除く階数が3の病院で、収容人員が150人のもの

② 屋内階段が1である地階を除く階数が2の複合用途防火対象物（1階が展示場、2階が遊技場）で、収容人員が200人のもの

③ 屋内階段が2である地階を除く階数が5の共同住宅で、収容人員が400人のもの

④ 屋内階段が1である地階を除く階数が2の複合用途防火対象物（地下1階が飲食店、1階と2階が物品販売店舗）で、収容人員が50人のもの

1-4 防炎規制

学習ポイント

• 防炎規制の対象となる防火対象物は？
• 防炎規制の対象となる主な物品は？

防炎規制とは

重要度 ★★☆

　高層建築物や劇場などの建物で、カーテンやどん帳といった炎が燃え広がる原因になるものを使用する場合には、一定の防炎性能を備えたものを使うことが定められています。この規制を防炎規制といいます。

　防炎規制の対象となる防火対象物（防炎防火対象物）には、次のものがあります。

舞台と客席の間にある幕 —　　　　　　　　　└ 燃えにくい性能

覚える 防炎防火対象物　　　　　　　　　　　　　黒板❾

　①高層建築物（高さ31メートル超）
　②地下街
　③特定防火対象物（地下街を除く）
　④映画スタジオ、テレビスタジオ（別表第1（12）項ロ）
　⑤工事中の建築物等

　■ ※複合用途防火対象物で③④に供する部分も含む。

工事中の建築物が防炎規制の対象になるのは、工事用シートの火災が多いためです。

防炎物品

防炎規制の対象となる物品には以下のものがあります。

- ・カーテン
- ・布製のブラインド
- ・暗幕
- ・じゅうたん等
- ・展示用の合板
- ・どん帳
- ・舞台において使用する幕
- ・舞台において使用する大道具用の合板
- ・工事用シート

　防炎防火対象物でこれらの物品を使う場合は、基準をみたす防炎性能を備えたものを使わなければなりません。

　防炎性能の基準をクリアした製品には、右図のような表示（防炎表示）が付いています。

理解度チェック

　正しい記述は○、誤っている記述は × で答えなさい。

1 テレビスタジオは防炎規制の対象となる防炎防火対象物である。

2 高さ 20 メートルのマンションの床に敷くじゅうたんには、防炎物品を使用しなければならない。

3 建築中の事務所に使用する工事用シートには、防炎物品を使用しなければならない。

解答

1 ○　テレビスタジオは防炎防火対象物です。
2 ×　高さ 31 メートル超のマンションが防炎防火対象物となります。
3 ○　事務所は防炎防火対象物ではありませんが、工事中の建築物は防炎規制の対象になります。

1-4 防炎規制

実践問題

▶ 解答　41 ページ
▶ 解説　83 ページ

4

防炎規制

問1 ☐☐☐ .... 重要度 ★★☆

防炎規制の対象となる防火対象物に該当しないものはどれか。

❶ テレビスタジオ
❷ 高さ 30m の共同住宅
❸ 建設工事中の事務所ビル
❹ 高さ 33m の複合用途防火対象物

問2 ☐☐☐ .... 重要度 ★☆☆

防炎規制の対象とならない物品はどれか。

❶ カーテン
❷ 展示用の合板
❸ 工事用シート
❹ 掛布団

1-5

危険物

学習ポイント

- 危険物取扱施設にはどんな種類がある？
- 危険物取扱施設の設置には誰の許可が必要？
- 危険物取扱者の取り扱う危険物の種類は？

危険物とは

重要度 ★☆☆

　一口に危険物といってもいろいろありますが、ここでは消防法で規制の対象となる危険物について学びます。消防法の「別表第1」は、危険物を次の6種類に分類しています。

消防法施行令の別表第1
（18ページ）とは異なる

危険物（消防法別表第1）

類別	性質	品名
第1類	酸化性固体	塩素酸塩類、過塩素酸塩類、無機過酸化物、亜塩素酸塩類、臭素酸塩類、硝酸塩類、よう素酸塩類、過マンガン酸塩類、重クロム酸塩類など
第2類	可燃性固体	硫化りん、赤りん、硫黄、鉄粉、金属粉、マグネシウムなど
第3類	自然発火性物質および禁水性物質	カリウム、ナトリウム、アルキルアルミニウム、アルキルリチウム、黄りん、アルカリ金属およびアルカリ土類金属、有機金属化合物、金属の水素化物、金属のりん化物、カルシウムまたはアルミニウムの炭化物など
第4類	引火性液体	特殊引火物、第1石油類、アルコール類、第2石油類、第3石油類、第4石油類、動植物油類
第5類	自己反応性物質	有機過酸化物、硝酸エステル類、ニトロ化合物、ニトロソ化合物、アゾ化合物、ジアゾ化合物、ヒドラジンの誘導体、ヒドロキシルアミン、ヒドロキシルアミン塩類など
第6類	酸化性液体	過塩素酸、過酸化水素、硝酸など

灯油・軽油など

ガソリンなど

　この表には、たとえば放射性物質や天然ガスは含まれていません。これらは別の法律で規制しているので、消防法では規制の対象外となります。

危険物の製造所等 　　　　　重要度 ★☆☆

　危険物には、それぞれの特性に応じて指定数量と呼ばれる量が定められています。❗指定数量以上の危険物は、原則として定められた危険物施設以外の場所で貯蔵したり、取り扱ったりしてはいけません。

　指定数量以上の危険物を貯蔵・取り扱うことができるのは、以下のいずれかの施設に限られます。

危険物施設	説明
製造所	危険物を製造する施設
屋内貯蔵所	危険物を屋内に貯蔵する施設
屋外貯蔵所	危険物を屋外に貯蔵する施設
屋内タンク貯蔵所	液体の危険物を屋内タンクに貯蔵する施設
屋外タンク貯蔵所	液体の危険物を屋外タンクに貯蔵する施設
地下タンク貯蔵所	液体の危険物を地下貯蔵タンクに貯蔵する施設
簡易タンク貯蔵所	液体の危険物を簡易タンクに貯蔵する施設
移動タンク貯蔵所	車両に固定したタンクで危険物を運搬する施設（タンクローリー）
給油取扱所	ガソリンスタンド
販売取扱所	危険物を販売する店舗
移送取扱所	危険物を配管で移送する施設（パイプライン）
一般取扱所	クリーニング工場、ボイラー施設など

消防法令では、これらの危険物施設（製造所・貯蔵所・取扱所）をまとめて「製造所等」といいます。

　なお、指定数量の 10 倍以上の危険物を貯蔵・取り扱う製造所等（移動タンク貯蔵所以外）には、次の警報設備のうち、1 種類以上を設置する必要があります。

指定数量10倍以上の製造所等に設置する警報設備　黒板⑩

① 自動火災報知設備　　② 拡声装置　　③ 非常ベル装置 ┐ どれか
④ 消防機関に報知ができる電話　　⑤ 警鐘(けいしょう) ┘ 1つ

製造所等の設置・変更許可　重要度 ★★☆

　製造所等を新たに設置したり、すでにある製造所等の一部を変更するときには、事前に市町村長、都道府県知事、総務大臣のいずれかに申請して、許可を得なければなりません。誰の許可が必要かは、製造所等を設置する場所によって決まります。
— まとめて「市町村長等」という

製造所等の設置・変更の許可　黒板⑪

消防本部および消防署のある市町村（移送取扱所がこの区域内のみに設置される場合も含む）		市町村長
消防本部および消防署のない市町村（移送取扱所がこの区域内のみに設置される場合も含む）		都道府県知事
2つ以上の市町村にまたがって設置される移送取扱所		都道府県知事
2つ以上の都道府県にまたがって設置される移送取扱所		総務大臣

　製造所等を設置する場合は、市町村長等の許可を得てから工事を開始し、工事完了後に完成検査を受けます。完成検査によって、製造所等が定められた基準をクリアしていると認められると、完成検査済証が交付

され、製造所等を使いはじめることができるようになります。

危険物取扱者

重要度 ★☆☆

製造所等で危険物を取り扱うには、**危険物取扱者**の資格が必要です。危険物取扱者には、甲種・乙種・丙種の３種類があります。

甲種危険物取扱者	すべての危険物を取り扱うことができる。
乙種危険物取扱者	第１類～第６類のうち、免状に指定された類の危険物のみ取り扱うことができる。
丙種危険物取扱者	第４類危険物の一部のみ取り扱うことができる。

└ 丙種危険物取扱者の立会いは不可

ただし、甲種または乙種危険物取扱者の立会いがあれば、危険物取扱者以外の人でも製造所等で危険物を取り扱うことができます。

理解度チェック

正しい記述は○、誤っている記述は × で答えなさい。

1 消防本部及び消防署を置く市町村の区域に給油取扱所を設置しようとする者は、所轄消防長または消防署長の許可を得なければならない。

2 指定数量の 10 倍以上の危険物を取り扱うすべての地下タンク貯蔵所には、かならず自動火災報知設備を設置しなければならない。

- 解答 -

1 × 市町村長の許可が必要です。
2 × 自動火災報知設備、消防機関に報知ができる電話、非常ベル、拡声装置、警鐘のいずれかを設置します。

実践問題

▶ 解答　46 ページ
▶ 解説　83 ページ

問1 ☐☐☐ ········· 重要度 ★★☆

危険物の製造所等において、市町村長等への届出が必要な事項として、誤っているものはどれか。

❶ 危険物保安監督者の選任
❷ 貯蔵または取り扱う危険物の品名、数量の変更
❸ 製造所等の譲渡または引渡し
❹ 製造所等の設置または位置、構造、設備の変更

問2 ☐☐☐ ········· 重要度 ★☆☆

危険物の製造所等を設置しようとする者が設置許可を申請する場合の申請先として、正しいものはどれか。

❶ 消防本部及び消防署を置く市町村（以下、消防本部等所在市町村という）の区域内に設置される移送取扱所以外の製造所等にあっては、消防長または消防署長
❷ 消防本部及び消防署を置かない市町村の区域内に設置される移送取扱所以外の製造所等にあっては、当該市町村長
❸ 1の消防本部等所在市町村の区域のみに設置される移送取扱所にあっては、当該区域を管轄する都道府県知事
❹ 2以上の都道府県の区域にわたって設置される移送取扱所にあっては、総務大臣

1-6　消防用設備等

学習ポイント

- 消防用設備等にはどんな種類がある？
- 消防用設備等の設置単位はどう決まる？
- 設置基準が改正されたら、新しい設置基準に合わせないとダメ？

消防用設備等の設置　重要度 ★★★

　消防法では、①消防の用に供する設備、②消防用水、③消火活動上必要な施設の3つをまとめて、消防用設備等といいます（次ページ）。

　学校、病院、工場などの防火対象物には、建物の規模や用途に応じて定められた消防用設備等を、定められた基準にしたがって設置し、必要なときにきちんと機能するように維持しなければなりません。

　消防用設備等を設置・維持する義務を負うのは、防火対象物の関係者です。ただし、関係者が自分で設置工事をするわけではありません。消防用設備等の設置工事や整備には、一部を除いて消防設備士の資格が必要になります。

用語 関係者
防火対象物の所有者、管理者または占有者

消防用設備等の設置単位　重要度 ★★★

　消防用設備等は、原則として、1棟の防火対象物を1単位として設置します（1棟1設置単位）。たとえば「延べ面積300m² 以上の特定防火対象物には、自動火災報知設備を設置しなければならない」という規定の場合、延べ面積は建物1棟ごとに算定します。2棟の防火対象物が同

じ敷地内に建っている場合であっても、延べ面積はそれぞれの防火対象物ごとに算定します。

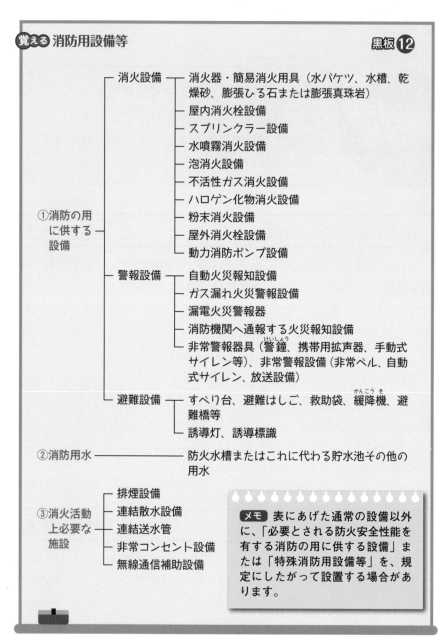

覚える 消防用設備等　　　　　　　　　　　　　　　　黒板⑫

①消防の用に供する設備
- 消火設備
  - 消火器・簡易消火用具（水バケツ、水槽、乾燥砂、膨張ひる石または膨張真珠岩）
  - 屋内消火栓設備
  - スプリンクラー設備
  - 水噴霧消火設備
  - 泡消火設備
  - 不活性ガス消火設備
  - ハロゲン化物消火設備
  - 粉末消火設備
  - 屋外消火栓設備
  - 動力消防ポンプ設備
- 警報設備
  - 自動火災報知設備
  - ガス漏れ火災警報設備
  - 漏電火災警報器
  - 消防機関へ通報する火災報知設備
  - 非常警報器具（警鐘、携帯用拡声器、手動式サイレン等）、非常警報設備（非常ベル、自動式サイレン、放送設備）
- 避難設備
  - すべり台、避難はしご、救助袋、緩降機、避難橋等
  - 誘導灯、誘導標識

②消防用水
- 防火水槽またはこれに代わる貯水池その他の用水

③消火活動上必要な施設
- 排煙設備
- 連結散水設備
- 連結送水管
- 非常コンセント設備
- 無線通信補助設備

メモ 表にあげた通常の設備以外に、「必要とされる防火安全性能を有する消防の用に供する設備」または「特殊消防用設備等」を、規定にしたがって設置する場合があります。

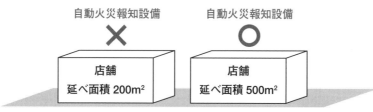

同じ敷地内であっても、消防用設備等は防火対象物ごとに算定して設置する。

ただし、これにはいくつかの例外があるので注意が必要です。

①防火対象物が開口部のない耐火構造の床または壁で区画されている場合

　1棟の建物であっても、<u>開口部のない</u>耐火構造の床や壁で内部が区画されている場合は、区画された各部分を別の防火対象物とみなして、消防用設備等を設置します（**令8区画**）。　┗ 窓や出入口、階段などがない

消防法施行令第8条に規定されているので、「令8区画」と呼ばれます。

　上の図で、建物の全体の延べ面積は 300m² ですが、事務所部分を令8区画で区切ればそれぞれ 50m² と 250m² の防火対象物とみなされます。店舗部分の自動火災報知設備の設置義務は 300m² 以上なので、自動火災報知設備は不要になります。

②複合用途防火対象物

　複合用途防火対象物については、原則として用途部分ごとに1つの防火対象物とみなし、それぞれに定められた消防用設備等を設置します。

　ただし、以下の消防用設備については、用途部分をまたいで設置する規定があります。

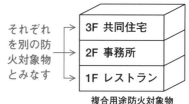

それぞれを別の防火対象物とみなす
- 3F 共同住宅
- 2F 事務所
- 1F レストラン

複合用途防火対象物

- ・スプリンクラー設備
- ・自動火災報知設備
- ・ガス漏れ火災警報設備
- ・漏電火災警報器
- ・非常警報設備
- ・避難器具
- ・誘導灯

令8区画で区切れば、別々の防火対象物とみなされます。

③地下街

特定防火対象物の地階で、地下街と一体のものとして消防長または消防署長が指定したものについては、それらも地下街の一部とみなして消防用設備等を設置します（スプリンクラー設備、自動火災報知設備、ガス漏れ火災警報設備、非常警報設備のみ）。

特定防火 対象物		特定防火 対象物
BF	地下街	BF

スプリンクラー、自動火災報知設備、ガス漏れ火災警報設備、非常警報設備はこの区画に設置

④渡り廊下で接続された防火対象物

複数の防火対象物が、渡り廊下や地下通路で接続されている場合は、合わせて1棟とみなされます。ただし、渡り廊下の長さや幅などによっては、別棟扱いになる場合もあります。

1棟とみなす

付加条例　　　　　　　　重要度 ★★☆

その地方の気候または風土の特殊性によって、法令の定める消防用設備等の設置基準が十分ではない場合には、**市町村条例**で設置基準を追加することができます。

たとえば、法令で「延べ面積500m^{2}以上の共同住宅には自動火災報

知設備を設置する」となっているものを、条例で「延べ面積 200m² 以上」と定めた場合、その市町村内の共同住宅には条例の基準が適用されます。

条例は、法令の設置基準だけでは防火の目的を達せられない場合に定めます。したがって、<u>条例の設置基準は法令より厳しい基準になります</u>。

> 市町村条例の基準に違反した場合も、消防法違反となります。

改正後の設置基準の適用 　　重要度 ★★★

法令が改正されて、消防用設備等の設置基準が変更されることはよくあります。その場合でも、改正前からある防火対象物や、新法令の施行時にまだ建設中の防火対象物については、<u>以前の設置基準をそのまま適用してよい</u>ことになっています。改正のたびに設備を改修するのは、負担が大きいですからね。

とはいえ、以下の①〜⑤のいずれかに該当する場合は、すでにある防火対象物であっても、改正後の基準に従わなければなりません。

①常に改正後の基準に従って設置するもの

以下の消防用設備等については、常に改正後の基準にしたがって設置します。

覚える 常に改正後の基準で設置する消防用設備等　　　黒板⓭

- 消火器および簡易消火器具
- 自動火災報知設備を特定防火対象物、重要文化財等に設置する場合
- ガス漏れ火災警報設備を特定防火対象物、温泉採取施設に設置する場合
- 不活性ガス消火設備（一部基準に限る）
- 漏電火災警報器
- 非常警報器具および非常警報設備
- 避難器具
- 誘導灯および誘導標識

---

②改正前の基準に適合していなかった場合

　法令の改正後に、改正前の基準に違反していたことが判明した場合は、改正前の基準ではなく、改正後の基準に適合するように消防用設備等を設置します。

③改正後の基準に適合するに至った場合

　すでにある防火対象物であっても、自発的に改正後の基準に適合するのはかまいません。

④改正後に増改築した場合

　法令の改正後に、**床面積 1,000m² 以上**（または 竣工時の延べ面積の 1/2 以上）を増改築した場合や、大規模な修繕・模様替えを行った場合には、その後に設置する消防用設備等については、改正後の基準に従います。

　　　　　　　　　　　　　　└─ 主要構造部の壁の過半

⑤特定防火対象物

　百貨店、旅館、病院、地下街といった特定防火対象物（18 ページ）に設置する消防用設備等は、特に厳しい防火管理が必要ということから、法令が改正されたら新しい基準に合わせて消防用設備等を設置しなければなりません。

用途変更の場合の特例　　重要度 ★★★

　防火対象物の用途を変更した結果、すでに設置されている消防用設備等が、設置基準に適合しなくなってしまう場合があります。その場合でも、用途変更前の設置基準に適合していれば、消防用設備等は原則として変更しなくてもよいことになっています。

　ただし、次の①～⑤のいずれかに該当する場合は、用途変更に合わせて消防用設備等も新しい用途における基準に適合させなければなりません。

①常に改正後の基準により設置するもの

（黒板⑬の消防用設備等）

②用途変更前の基準に適合していなかった場合

③用途変更後の基準に適合するに至った場合

④用途変更後に増改築した場合

⑤特定防火対象物に用途変更した場合

①〜⑤の詳細は、前項と同様です。

6

消防用設備等

理解度チェック

正しい記述は○、誤っている記述は × で答えなさい。

1 開口部のない耐火構造の壁で区画した防火対象物は、区画された各部分を1の防火対象物とみなして消防用設備等を設置する。

2 消防用設備等の技術上の基準の改正後、床面積 $500m^2$ を改築した病院に設置する消防用設備等は、改正後の技術基準に適合させなければならない。

3 店舗を飲食店に用途変更した防火対象物に設置する消防用設備等は、従前の店舗における技術上の基準に適合していればよい。

- 解答 -

1 ○ 令8区画で区画された防火対象物は、区画された各部分を1の防火対象物とみなします。

2 ○ 病院などの特定防火対象物に設置する消防用設備等は、改築面積に関係なく、改正後の基準に適合させます。

3 × 飲食店などの特定防火対象物に用途変更した場合は、変更後の用途における基準に適合させます。

実践問題

▶ 解答　54 ページ
▶ 解説　84 ページ

問1 □□□ ･････････････････････ 重要度 ★★★

消防法令上、消火設備に該当しないものはどれか。

① スプリンクラー設備
② 連結散水設備
③ 屋外消火栓設備
④ 動力消防ポンプ設備

問2 □□□ ･････････････････････ 重要度 ★★☆

　消防用設備等を設置する場合において、同一の防火対象物の部分がそれぞれ別の防火対象物とみなされるのは次のうちどれか。

① 管理権原者が異なる場合
② 耐火構造もしくは準耐火構造の床または壁で区画する場合
③ 開口部のない耐火構造の床または壁で区画されている場合
④ 耐火構造の床及び壁で区画し、出入口に特定防火設備を設ける場合

問3 ☐☐☐ ……………………………… 重要度 ★★★

　消防用設備等の技術上の基準に関する政令若しくはこれに基づく命令の規定が改正されたとき、改正後の規定に適合させなくてもよい消防用設備等はどれか。

① 百貨店に設置される消火器
② 共同住宅に設置される避難器具
③ 工場に設置されるスプリンクラー設備
④ 病院に設置される自動火災報知設備

問4 ☐☐☐ ……………………………… 重要度 ★★★

　消防用設備等の技術上の基準が改正された場合、改正後の基準は原則として既存の防火対象物には適用されないが、消防法令上、すべての防火対象物に改正後の基準を適用しなければならない消防用設備等はどれか。

① 動力消防ポンプ設備
② 非常警報設備
③ 排煙設備
④ 消防機関へ通報する火災報知設備

消防用設備等の設置・点検

学習ポイント

- 消防用設備等の設置届が必要な防火対象物は？
- 消防用設備等の定期的な点検が必要な防火対象物は？

所有者、管理者または占有者

消防用設備等の検査

重要度 ★★★

　防火対象物の関係者は、防火対象物に消防用設備等を設置したら、その旨を消防長または消防署長に届け出て、それが技術上の基準に適合しているかどうかの検査を受けなければなりません。

　検査が必要なのは、次の防火対象物です。

覚える　検査が必要な防火対象物　　黒板⑭

・カラオケボックス、ネットカフェ等 ・旅館・ホテル・宿泊所　┌17ページ ・病院・診療所・助産所（入院施設のあるもの） ・自力避難困難者入所施設←19ページ ・その他の社会福祉施設等（宿泊施設のあるもの） ・上記用途部分を含む複合用途防火対象物・地下街・準地下街	すべて
特定1階段等防火対象物←34ページ	すべて
特定防火対象物（上記以外）←18ページの表	延べ面積300m^{2}以上
非特定防火対象物（消防長または消防署長の指定を受けたもの）	延べ面積300m^{2}以上

届出は設置工事完了から**4日以内**に行います。

なお、簡易消火用具（水バケツなど）と非常警報器具（警鐘（けいしょう）など）の設置については、届出・検査は必要ありません。

消防用設備等の点検　　　　　　　重要度 ★★★

消防用設備等は、設置すればそれでおしまいではありません。イザというときに正常に作動するように、定期的に**点検**を行い、機能に問題がないかどうかを確認します。また、点検結果は消防長または消防署長に報告します。

以下の防火対象物については、資格のある**消防設備士**または**消防設備点検資格者**が、消防用設備等の点検をすることが定められています。

覚える 消防設備士等による点検が必要な防火対象物	黒板 15
特定防火対象物	延べ面積 **1,000m²** 以上
特定1階段等防火対象物	すべて
非特定防火対象物（消防長または消防署長の指定を受けたもの）	延べ面積 **1,000m²** 以上
全域放出方式の**不活性ガス消火設備**（二酸化炭素設備が設置されているもの）	

このほかの防火対象物については、防火対象物の関係者がみずから点検を行います。

点検には機器点検と総合点検の2種類があります。

点検の種類	期間	点検内容
機器点検	6か月ごとに	・機器の適正な配置や損傷の有無などを確認 ・簡易な操作により判別できる事項を確認
総合点検	1年ごとに	設備の全部または一部を作動させ、総合的な機能を確認

防火対象物の関係者は、点検結果を維持台帳に記録し、定期的に所轄の消防長または消防署長に報告します。報告期間は、特定防火対象物が1年に1回、その他の場合は3年に1回となります。

理解度チェック

正しい記述は〇、誤っている記述は×で答えなさい。

1. 延べ面積280m^{2}の店舗に消防用設備等を設置した場合は、設置工事完了後に消防機関の検査を受けなければならない。

2. 消防用設備等の設置の届出は、工事完了後4日以内に、工事を施工した消防設備士が行う。

3. 延べ面積800m^{2}の病院に設置した消防用設備等の定期点検は、消防設備士または消防設備点検資格者にさせなければならない。

4. 消防用設備等の点検結果は、特定防火対象物にあっては6か月ごと、その他の防火対象物にあっては1年ごとに、所轄消防長または消防署長に報告しなければならない。

- 解答 -

1. × 延べ面積が300m^{2}未満では検査は必要ありません。
2. × 設置届は防火対象物の関係者が届け出ます。
3. × 延べ面積が1,000m^{2}未満では関係者みずから点検します。
4. × 点検結果の報告は、特定防火対象物は1年ごと、その他の防火対象物は3年ごとです。

1-7 消防用設備等の設置・点検

実践問題

▶ 解答　59ページ
▶ 解説　85ページ

7 消防用設備等の設置・点検

問1 □□□ ············· 重要度 ★★★

消防用設備等を設置したときの届出及び検査について、正しいものはどれか。

① 延べ面積100m²の病院に自動火災報知設備を設置した場合には、届け出て検査を受けなければならない。
② 延べ面積400m²の物品販売店舗に非常警報器具を設置した場合には、届け出て検査を受けなければならない。
③ 延べ面積が300m²以上のすべての共同住宅は、届出及び検査の対象となる。
④ 設置届の対象となる消防用設備等の設置工事が完了した場合は、工事完了の日から7日以内に消防長又は消防署長に届け出なければならない。

問2 □□□ ············· 重要度 ★★★

消防用設備等の定期点検及び報告について、誤っているものはどれか。

① 特定防火対象物で延べ面積が1,000m²以上のものについては、消防設備士または消防設備点検資格者に消防用設備等の点検をさせなければならない。
② 消防用設備等の点検には、機器点検及び総合点検がある。
③ 消防設備士は、消防用設備等の点検結果について、消防長または消防署長に報告しなければならない。
④ 点検結果の報告期間は、特定防火対象物が1年に1回、その他の防火対象物が3年に1回である。

消防設備士

学習ポイント

- 消防設備士免状の種類は？
- 免状の交付・書換え・再交付の手続きはどうやる？
- 消防設備士にはどんな義務がある？

消防設備士の免状　　重要度 ★★★

消防設備士は、防火対象物に消防用設備等を設置する工事をしたり、設置されている消防用設備等の整備をするための資格です。消防設備士の免状には甲種と乙種の2種類があり、できる仕事の範囲が次のように異なります。

覚える　　　　　　　　　　　　　　　　　　　　　　黒板⑯

甲種消防設備士：設置工事と整備ができる。
乙種消防設備士：整備のみができる。

甲種には乙種の仕事の範囲も含まれるんですね。

消防設備士の免状には、第1類〜第7類と特類の8種類があり、種類によって扱うことのできる消防用設備等が異なります。

表のように、第6類と第7類は乙

メモ　表に掲載されていない消防用設備等（簡易消火用具、非常警報器具、非常警報設備、誘導灯など）については、消防設備士免状がなくても工事や整備ができます。

種のみで、甲種の免状がありません。消火器と漏電火災警報器は免状がなくても設置することができるためです（ただし、整備には乙種の免状が必要）。逆に、特類については甲種の免状しかありません。

区分	甲種/乙種	消防用設備等の種類
特類	甲種のみ	特殊消防用設備等
第1類	甲/乙	屋内消火栓設備、スプリンクラー設備、水噴霧消火設備、屋外消火栓設備
第2類	甲/乙	泡消火設備
第3類	甲/乙	不活性ガス消火設備、ハロゲン化物消火設備、粉末消火設備
第4類	甲/乙	自動火災報知設備、ガス漏れ火災警報設備、消防機関へ通報する火災報知設備
第5類	甲/乙	金属製避難はしご、救助袋、緩降機
第6類	乙種のみ	消火器
第7類	乙種のみ	漏電火災警報器

消防設備士の免状が不要な場合 重要度 ★★★

以下の消防用設備等の工事や整備については、消防設備士の免状がなくても行うことができます。

覚える 消防設備士の免状が不要な場合 黒板⑰

・屋内消火栓設備、スプリンクラー、水噴霧消火設備、屋外消火栓設備の電源、水源、配管部分、その他の設備の電源部分の工事・整備 —— 消防設備士の免状ではできない
・軽微な整備（屋内消火栓設備の表示灯の交換、屋内・屋外消火栓設備のホース、ノズル等の交換、消火栓箱、ホース格納箱等の補修その他）—— 免状は必要ない

このほか、法令で設置が義務づけられていない場所に設置する消防用設備等については、特に免状がなくても工事・整備を行うことができます。

消防設備士免状の交付・書換え 重要度 ★★★

　消防設備士試験に合格すると、次のような消防設備士の免状が交付されます。

氏名、生年月日、本籍

交付された免状の種類等

写真（10年ごとに免状を書換える）

①免状の交付

　消防設備士の免状は**都道府県知事**が交付します。

②免状の書換え

　免状の記載事項（氏名、生年月日、本籍など）に変更が生じたときは、遅滞なく、免状を交付した都道府県知事か、居住地もしくは勤務地の都道府県知事に**書換え**を申請しなければなりません。また、免状の写真が撮影後**10年**を経過したときも同様です。

③免状の再交付

　免状を亡失・滅失・汚損または破損した場合には、免状を交付または書換えした都道府県知事に、免状の再交付を申請することができます。

　なお、免状を亡失して**再交付**を受けた後、亡失した免状を発見した場合は、その免状を**10日以内**に再交付した都道府県知事に提出します。

> 免状の再交付は申請書に写真を添えて提出します。汚損・破損による場合は、古い免状も提出します。

消防設備士講習

消防設備士の実務に就いて
いない人も含む

重要度 ★★★

　免状の交付を受けた<u>すべての</u>消防設備士は、法令の改正や最新技術に対応するため、定期的に都道府県知事が行う講習を受けなければなりません。

　1回目の講習は、免状が交付された日以後の最初の4月1日から2年以内に受講し、次回からは最後に受講した日以後の最初の4月1日から5年以内ごとに受講します。

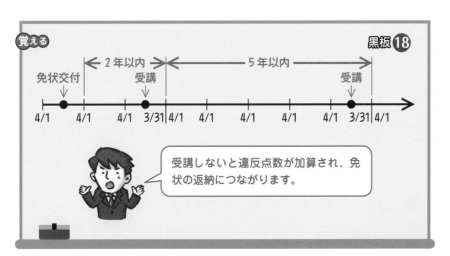

重要度 ★★★

消防設備士の責務等

　講習以外にも、消防設備士には次のような義務があります。

①消防設備士の責務

　消防設備士は、その業務を誠実に行い、工事整備対象設備等の質の向上に努めなければなりません。

②免状の携帯義務

　消防設備士が業務に従事するときは、消防設備士免状を携帯していな

ければなりません。

③工事着手の届出

　甲種消防設備士が、消防用設備等の設置工事を行う場合には、工事に着手する 10 日前までに、消防長または消防署長に**着工届**を提出しなければなりません。

着工届は防火対象物の関係者ではなく、消防設備士が行います（消防設備士の独占業務）。

理解度チェック

　正しい記述は○、誤っている記述は × で答えなさい。

1 消火器の設置工事には消防設備士の免状は不要である。

2 スプリンクラー設備の配管部分の工事には、甲種第 1 類消防設備士の免状が必要である。

3 現に消防用設備等の工事または整備に従事していない消防設備士免状の保有者は、講習を受ける義務はない。

4 防火対象物の関係者は、消防用設備等の設置工事に着手する 10日前までに、その旨を消防長または消防署長に届け出なければならない。

- 解答 -

1 ○　消火器や漏電火災警報器の設置工事には消防設備士の免状は必要ありません。

2 ×　電源や水源、配管部分の工事は消防設備士でなくても行えます。

3 ×　すべての消防設備士に受講義務があります。

4 ×　着工届は設置工事を行う消防設備士が提出します。

1-8 消防設備士

実践問題

▶ 解答 65 ページ
▶ 解説 85 ページ

問1 □□□ ················· 重要度 ★★☆

消防設備士免状について、消防法令上、正しいものはどれか。

❶ 免状を亡失し、滅失し、汚損し、又は破損した場合には、再交付の申請をしなければならない。
❷ 免状に記載されている現住所に変更を生じたときは、遅滞なく、免状の書換えを申請しなければならない。
❸ 免状を汚損し、再交付の申請をする場合には、申請書に当該免状及び写真を添えて提出しなければならない。
❹ 免状を亡失してその再交付を受けた者は、亡失した免状を発見した場合には、これを遅滞なく、免状の再交付をした都道府県知事に提出しなければならない。

問2 □□□ ················· 重要度 ★★☆

消防設備士について、誤っているものはどれか。

❶ 消防設備士は、その責務を誠実に行い、工事整備対象設備等の質の向上に努めなければならない。
❷ 消防設備士は、その業務に従事するときは、消防設備士免状を携帯していなければならない。
❸ 甲種消防設備士は、法令の定めるところにより消防用設備等の設置工事をしようとするときは、その工事に着手しようとする日の4日前までに、着工届を消防長または消防署長に届け出なければならない。
❹ 消防設備士は、総務省令で定めるところにより、都道府県知事が行う講習を受けなければならない。

1-9

検定制度

学習ポイント

- 検定の対象となる機械器具の種類は？
- 自主表示制度の対象となる機械器具の種類は？

検定制度

重要度 ★★☆

検定制度は、消防用の製品が定められた規格に適合しているかどうかを、第三者機関が試験して判定する制度です。検定に合格していない製品は、販売、販売目的の陳列をしてはいけません。また、設置や修理等の工事にも使用できません。検定を受けなければならない製品（検定対象機械器具等）には、以下の12品目があります。

覚える 検定対象機械器具等　　　　　　　　　　　　黒板⑲

- 消火器
- 消火器用消火薬剤（二酸化炭素を除く）
- 泡消火薬剤（水溶性液体用を除く）
- 感知器及び発信機
- 中継器
- 受信機
- 住宅用防災警報器
- 閉鎖型スプリンクラーヘッド
- 流水検知装置
- 一斉開放弁（内径300mm以下）
- 金属製避難はしご
- 緩降機

第4類消防設備士が扱う自動火災報知設備関連では、このうち感知器、発信機、中継器、受信機が検定対象となります。

消防用機械器具等の検定は、**型式承認**と**型式適合検定**の2段階になっています。

①型式承認

消防用機械器具のメーカーからの申請を受けて、検定対象機械器具の型式にかかわる形状等が、技術上の規格に適合していることを確認します。適合していると認められた場合は、**総務大臣**がその型式を承認します。

②型式適合検定

個々の製品が、型式承認を受けた形状等と同一であるかどうか、**日本消防検定協会**または総務大臣の登録を受けた法人が検査します。検査に合格した製品には合格したことを示すラベルを表示します。 ❗ <u>表示がない製品は、販売したり、設置したりすることなどが禁止されます。</u>

覚える 検定合格ラベル 　　　　　　　　　　　　　　　黒板⓴

・消火器 ・感知器または発信機 ・中継器 ・受信機 ・金属製避難はしご	・消火器用消火薬剤 ・泡消火薬剤 ・緩降機	・住宅用防災警報器 ・閉鎖型スプリンクラーヘッド ・流水検知装置 ・一斉開放弁

自主表示制度

第三者機関に検査を依頼してもよい

（重要度 ★☆☆）

次の消防用の製品については、検定の対象ではありませんが、定められた規格に適合しているかどうかを<u>メーカー自身が検査</u>して、適合している旨を製品に表示しなければなりません。表示する製品についてはあらかじめ総務大臣に届出を行います。

自主表示対象機械器具等

黒板 ㉑

- 動力消防ポンプ
- 消防用ホース
- 消防用吸管
- 結合金具（消防用ホースに使用する差込式またはねじ式結合金具および消防用吸管に使用するねじ式結合金具）
- エアゾール式簡易消火具
- 漏電火災警報器

輸入した製品についても同様です。

　製品には、規格に適合していることを示す次の表示が付きます。検定対象品と同様、表示のない製品は販売や設置などができません。

	【消】	
・動力消防ポンプ ・消防用吸管 ・エアゾール式簡易消火具 ・漏電火災警報器	・消防用ホース	・結合金具

理解度チェック

　正しい記述は○、誤っている記述は × で答えなさい。

1 消防用ホースは検定対象機械器具等に含まれる。

2 型式適合検定は総務大臣が行う。

3 住宅用防災警報器は自主表示対象機械器具等に含まれる。

4 自主表示対象機械器具等については、表示が付されていない製品であっても販売することができる。

- 解答 -

1 × 消防用ホースは自主表示対象機械器具です。
2 × 型式適合検定は日本消防検定協会が行います。
3 × 住宅用防災警報器は検定対象機械器具です。
4 × 表示のない自主表示対象機械器具等は販売できません。

1-9 検定制度

実践問題

▶ 解答　69 ページ
▶ 解説　86 ページ

問1 ☐☐☐ ⋯⋯⋯⋯⋯⋯⋯ 重要度 ★★☆

次に掲げる消防の用に供する機械器具等のうち、消防法第21 条の 2 の検定の対象とならないものはどれか。

❶ 住宅用防災警報器
❷ 流水検知装置
❸ 自動火災報知設備の感知器
❹ 消防用ホース

問2 ☐☐☐ ⋯⋯⋯⋯⋯⋯⋯ 重要度 ★★☆

消防の用に供する機械器具等の検定及び自主表示について、正しいものはどれか。

❶ 型式適合検定は総務大臣が行う。
❷ 海外から輸入された製品については、型式承認を受ければ型式適合検定を受けなくても国内で販売できる。
❸ 型式適合検定では、検定対象機械器具等の型式に係る形状等が技術上の基準に適合している旨の承認を行う。
❹ 自主表示対象機械器具等は、その形状等が技術上の規格に適合している旨の表示が付されているものでなければ、販売し、または販売の目的で陳列することができない。

1-10

自動火災報知設備

学習ポイント

- 建物全体に自動火災報知設備を設置しなければならない防火対象物は？
- 建物の一部に自動火災報知設備を設置しなければならないケースは？

自動火災報知設備の設置基準　　重要度 ★★★

第4類消防設備士試験では、とくに自動火災報知設備の設置に関する法令が出題されます。

①延べ面積にかかわらず自動火災報知設備を設置する場合

令別表第1（18ページ）のうち、以下の防火対象物については、延べ面積にかかわらず建物全体に自動火災報知設備を設置します。

覚える 延べ面積にかかわらず設置が必要な防火対象物　　黒板 22

- (2) 項ニ　　カラオケボックス・ネットカフェ等
- (5) 項イ　　旅館、ホテル、宿泊所等
- (6) 項イ　　病院・診療所・助産所のうち、入院施設のあるもの
- (6) 項ロ　　自力避難困難者入所施設
- (6) 項ハ　　社会福祉施設等のうち、宿泊施設のあるもの
- (13) 項ロ　　飛行機の格納庫
- (17) 項　　　重要文化財

ひとこと

(6) 項イの病院・診療所・助産所と、(6) 項ハの社会福祉施設等については、入院施設や宿泊施設があるかどうかで設置基準が変わります。

・入院・宿泊施設がある場合 → 延べ面積にかかわらず設置
・入院・宿泊施設がない場合 → 延べ面積300m² 以上で設置

②延べ面積に応じて自動火災報知設備を設置する場合

上記以外の防火対象物については、延べ面積によって自動火災報知設備を設置するかどうかが決まります。

└ 各階の床面積の合計

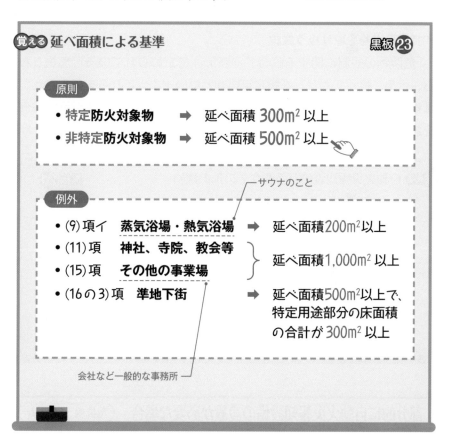

覚える 延べ面積による基準 黒板23

原則

• 特定**防火対象物** ➡ 延べ面積 300m² 以上
• 非特定**防火対象物** ➡ 延べ面積 500m² 以上

┌ サウナのこと

例外

• (9) 項イ 蒸気浴場・熱気浴場 ➡ 延べ面積200m²以上
• (11) 項 神社、寺院、教会等 ┐
• (15) 項 その他の事業場 ┘ 延べ面積1,000m² 以上
• (16の3) 項 準地下街 ➡ 延べ面積500m²以上で、特定用途部分の床面積の合計が300m² 以上

会社など一般的な事務所

③特定1階段等防火対象物

特定1階段等防火対象物とは、特定用途部分が地階または3階以上にあり、そこから避難階に通じる階段が屋内に1つしかない建物です。このような建物では、1棟全体に自動火災報知設備を設置します。

┌ 特定防火対象物の用途に使われる部分

└ 地上に出る階

④指定可燃物を取り扱う施設

「危険物の規制に関する政令」別表第4で定められている可燃物（わら、木毛、紙くずなど）を指定可燃物といいます。これらを指定された数量の500倍以上貯蔵、または取り扱う建物には、自動火災報知設備を設置します。

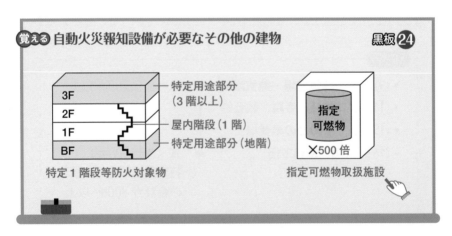

覚える 自動火災報知設備が必要なその他の建物 黒板24

特定用途部分（3階以上）
屋内階段（1階）
特定用途部分（地階）

特定1階段等防火対象物

指定可燃物 ×500倍

指定可燃物取扱施設

部分的に自動火災報知設備の設置が必要な場合 （重要度 ★★★）

このほか、次のような防火対象物については、部分的に自動火災報知

設備の設置が必要です。

①地階・無窓階・3階以上の階

防火対象物の地階・無窓階・3階以上の階には、次の基準にしたがって自動火災報知設備を設置します。

> **用語** 無窓階
> 地上階のうち、避難上または消火活動上有効な開口部をもたない階のこと。窓があっても、その面積等が基準を満たしていなければ無窓階とみなされる。

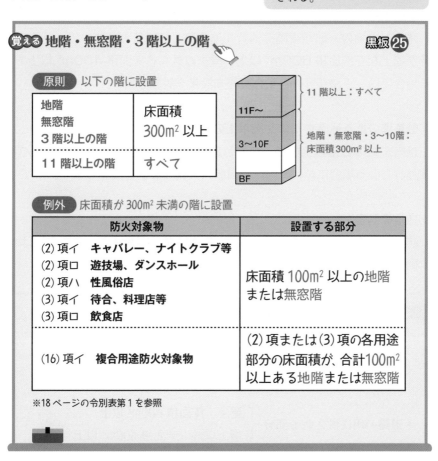

覚える 地階・無窓階・3階以上の階　　　黒板㉕

原則 以下の階に設置

地階 無窓階 3階以上の階	床面積 300m² 以上
11階以上の階	すべて

11階以上：すべて

地階・無窓階・3〜10階：床面積300m² 以上

11F〜
3〜10F
BF

例外 床面積が300m² 未満の階に設置

防火対象物	設置する部分
(2) 項イ　**キャバレー、ナイトクラブ等** (2) 項ロ　**遊技場、ダンスホール** (2) 項ハ　**性風俗店** (3) 項イ　**待合、料理店等** (3) 項ロ　**飲食店**	床面積 100m² 以上の地階または無窓階
(16) 項イ　**複合用途防火対象物**	(2) 項または(3) 項の各用途部分の床面積が、合計100m² 以上ある地階または無窓階

※18ページの令別表第1を参照

②地下街

地下街のうち、以下の用途部分については、床面積にかかわらず自動火災報知設備の設置が必要です。

③道路の用に供される部分

　防火対象物の一部が車両の通行する道路として使われていて、その部分が屋上なら床面積 600m² 以上、屋上以外なら床面積 400m² 以上ある場合には、道路部分に自動火災報知設備を設置します。

④駐車場のある地階または2階以上の階

　地階または2階以上の階のうち、床面積 200m² 以上が駐車場として使われている場合には、その階に自動火災報知設備を設置します。

⑤通信機器室

　防火対象物内にある通信機器室で、床面積が 500m² 以上のものには、自動火災報知設備を設置します。

覚える 自動火災報知設備の設置が必要な部分（②〜⑤）　　**黒板26**

入院・宿泊施設のあるもののみ

- ・地下街の一部（カラオケボックス、旅館、病院、自力避難困難者入居施設、社会福祉施設等）

- ・道路の用に供される部分
  - 屋上：床面積 600m² 以上
  - 屋上以外：床面積 400m² 以上

- ・駐車場のある地階・2階以上　➡　駐車場が床面積 200m² 以上

- ・通信機器室　➡　床面積 500m² 以上

危険物施設に設置する自動火災報知設備 （重要度 ★★☆）

指定数量の 10 倍以上の危険物を扱う以下の施設には、自動火災報知設備の設置が義務付けられています。

危険物施設	設置基準（概略）
製造所・一般取扱所	①指定数量の 100 倍以上で屋内にあるもの ②延べ面積 500m² 以上 ③建物に他の用途部分がある一般取扱所
屋内貯蔵所	①指定数量の 100 倍以上 ②貯蔵倉庫の延べ面積 150m² 超 ③軒高が 6m 以上の平家建
屋外タンク貯蔵所	岩盤タンクにかかわるもの
屋内タンク貯蔵所	タンク専用室が平家建以外の建築物にあり、①液表面積 40m² 以上、②高さ 6m 以上、③危険物の引火点が 40℃ 以上 70℃ 未満のもの
給油取扱所	①一方開放型屋内給油取扱所 ②上部に上階のある屋内給油取扱所

自動火災報知設備の設置を省略できる場合 （重要度 ★★★）

非特定防火対象物に、以下のいずれかの消防用設備を設置した場合は、その設備の有効範囲内に限り、自動火災報知設備の設置を省略できます。

- スプリンクラー設備（総務省令で定める**閉鎖型スプリンクラーヘッド**を備えているものに限る。以下同じ）
- 水噴霧消火設備
- 泡消火設備

 **ひとこと**

特定防火対象物や、煙感知器を設置しなければならない部分には、自動火災報知設備を省略できないので注意してください。

実践問題

▶ 解答 77 ページ
▶ 解説 87 ページ

問1　□□□ ·· 重要度 ★★★

次のうち、延べ面積にかかわらず自動火災報知設備を設置しなければならない防火対象物はどれか。

① 共同住宅
② 診療所（入院施設なし）
③ 老人デイサービスセンター（宿泊施設あり）
④ 幼稚園

問2　□□□ ·· 重要度 ★★★

自動火災報知設備の設置が必要な防火対象物は次のうちどれか。

① 延べ面積 200m^2 の飲食店
② 延べ面積 300m^2 の賃貸マンション
③ 延べ面積 400m^2 の劇場
④ 延べ面積 500m^2 の一般事務所

問3　□□□ ·· 重要度 ★★★

右図のような複合用途防火対象物に対する自動火災報知設備の設置義務について、消防法令上、正しい記述はどれか。ただし、地上階は、すべて無窓階に該当する階とする。

階	用途	面積
3階	事務所	200m²
2階	物品販売店舗	200m²
1階	飲食店	200m²
地階	駐車場	200m²

第1章　消防関係法令

10
自動火災報知設備

① 地階の駐車場と1階の飲食店に設置義務がある。
② すべての階に設置義務がある。
③ 地階の駐車場と1階の飲食店及び2階の物品販売店舗に設置義務がある。
④ この防火対象物には設置義務がない。

問4 ☐☐☐ ·· 重要度 ★★★

　自動火災報知設備を設置しなければならない防火対象物は、次のアからエのうちいくつあるか。ただし、避難階は1階とし、階段はすべて避難階に直通するものとする。

ア　屋内階段が2である地階を除く階数が4の事務所で、延べ面積が800m²のもの
イ　屋内階段が1である地階を除く階数が2の複合用途防火対象物（地下1階が飲食店、1階と2階が展示場）で、延べ面積が250m²のもの
ウ　屋内階段が2である地階を除く階数が3のホテルで、延べ面積が250m²のもの
エ　屋内階段が1である地階を除く階数が2の複合用途防火対象物（1階が遊技場、2階が物品販売店舗）で、延べ面積が400m²のもの

① 1つ　　② 2つ　　③ 3つ　　④ 4つ

次の防火対象物の部分で、法令上、必ずしも自動火災報知設備を設置しなくてもよいものはどれか。

① 飲食店の地階（床面積 150m²）
② 事務所ビルの4階（床面積 200m²）
③ 無窓階ではないネットカフェの2階（床面積 100m²）
④ 共同住宅の地下駐車場（床面積 200m²）

総務省令で定める閉鎖型スプリンクラーヘッドを備えたスプリンクラー設備を技術上の基準に従い設置した場合でも、当該設備の有効範囲内の部分について、自動火災報知設備の設置を省略できない防火対象物はどれか。

① 延べ面積 500m² のホテル
② 延べ面積 800m² の美術館
③ 延べ面積 1,000m² の共同住宅
④ 延べ面積 1,500m² の一般事務所

1-11

ガス漏れ火災警報設備／消防機関へ通報する火災報知設備

学習ポイント

- ガス漏れ火災警報設備を設置しなければならない防火対象物は？
- 消防機関へ通報する火災報知設備を設置しなければならない防火対象物は？

ガス漏れ火災警報設備の基準　　重要度 ★★★

　ガス漏れ火災警報設備は、ガス漏れを検知して警報を発する設備で、以下の防火対象物に設置します。

覚える　ガス漏れ火災警報設備の設置基準　　黒板27

- **地下街** ➡ 延べ面積 1,000m² 以上
- **準地下街** ➡ 延べ面積 1,000m² 以上で、特定用途部分の床面積の合計が 500m² 以上
- **特定防火対象物の地階** ➡ 床面積が合計 1,000m² 以上
- **複合用途防火対象物の地階** ➡ 床面積が合計 1,000m² 以上で、特定用途部分の床面積が合計 500m² 以上
- 内部に**温泉を採取するための設備**が設置されている建築物またはその他の工作物

ひとこと

燃料用ガスを使用していない場合は、設置する必要はありません。

消防機関へ通報する火災報知設備の設置基準 （重要度 ★★★）

　消防機関へ通報する**火災報知設備**は、火災が発生したときに、自動的に消防機関へ通報する設備です。M型火災報知設備と火災通報装置の2種類がありますが、M型火災報知設備は現在では使われていません。

　火災通報装置は、建物の防災センターなどに設置されるもので、押しボタンの操作または自動火災報知設備と連動して、自動的に消防機関に火災の発生を通報する装置です。

　一定の要件に該当する防火対象物には、消防機関へ通報する火災報知設備の設置義務があります。ただし、次のような防火対象物は設置を省略できます。

　　　　　　　　　　　　　　　　　固定電話でOK（スマホ、携帯電話は不可）

①消防機関へ常時通報できる電話を設置した場合
②消防機関から歩行距離500m以内にある場合（病院は消防機関と
　同じ建物内にある場合に限る）
③消防機関から著しく離れている場合

　また、以下の防火対象物については、固定電話を設置した場合でも消防機関へ通報する火災報知設備の設置を省略できません。

> **覚える** 消防機関へ通報する火災報知設備の設置 　黒板㉘
> （固定電話を設置した場合でも設置義務のあるもの）
>
> - 病院・診療所・助産所（入院施設のあるもの）⎫
> - 自力避難困難者入所施設　　　　　　　　　　⎬ すべて
> 　　　　　　　　　　　　　　　　　　　　　　⎭
> - 旅館・ホテル・宿泊所等　　　　　　　　　⎫
> - 診療所・助産所（入院施設のないもの）　　⎬ 延べ面積
> - その他の社会福祉施設等　　　　　　　　　⎭ 500m² 以上

以上の防火対象物が、設置義務のある防火対象物となります。

理解度チェック

正しい記述は○、誤っている記述は × で答えなさい。

1 デパートの地階で、床面積 1,000m² 以上のものにはガス漏れ火災警報設備を設置しなければならない。

2 特定用途部分を含む複合用途防火対象物の地階で、床面積が 1,000m² 以上のものには、ガス漏れ火災警報設備を設置しなければならない。

3 延べ面積 500m² 未満の病院は、消防機関へ通報する火災報知設備の設置を省略できる。

4 延べ面積 500m² 未満の旅館は、消防機関へ通報する火災報知設備の設置を省略できる。

- **解答**

1 ○　特定防火対象物の地階で、床面積 1,000m² 以上のものにはガス漏れ火災警報設備を設置します。

2 ×　複合用途防火対象物の地階は、床面積 1,000m² 以上で、特定用途部分が 500m² 以上の場合にガス漏れ火災警報設備を設置します。

3 ×　病院は、延べ面積にかかわらず消防機関へ通報する火災報知設備を設置します。

4 ○　旅館・ホテル・宿泊所は、延べ面積 500m² 以上の場合に消防機関へ通報する火災報知設備を設置します。

▶ 解答　82 ページ
▶ 解説　88 ページ

問1　□□□ ‥‥‥‥‥‥‥‥‥‥‥‥‥‥ 重要度 ★★★

　ガス漏れ火災警報設備を設置しなければならない防火対象物はどれか。ただし、いずれの防火対象物も燃料用ガスを使用しているものとする。

① 延べ面積 900m² の地下街
② 床面積の合計 1,200m² の準地下街で、特定用途に供される部分の床面積の合計が 400m² のもの
③ 物品販売店舗の地階で、床面積が 1,200m² のもの
④ 複合用途防火対象物の地階で、床面積が 900m²、特定用途に供される部分の床面積の合計が 600m² のもの

問2　□□□ ‥‥‥‥‥‥‥‥‥‥‥‥‥‥ 重要度 ★★★

　消防機関へ通報する火災報知設備を設置しなければならない防火対象物はどれか。

① 延べ面積が 300m² のホテル
② 延べ面積が 300m² の診療所（入院施設のないもの）
③ 延べ面積が 300m² の要介護老人ホーム
④ 延べ面積が 300m² の保育所

実践問題の解説

1-1　防火対象物
▶問題　22 ページ

問1 ❶　☞ 16,20 ページ参照
×❶　防火対象物とは、「山林または舟車、船きょもしくはふ頭に繋留された船舶、建築物その他の工作物もしくはこれらに属する物」をいいます。
○❷　正しい記述です（25 ページ）。
○❸　正しい記述です。
○❹　正しい記述です。舟車とは舟と車両のことで、車両には自動車以外にも電車や路面電車も含まれます。

問2 ❹　☞ 18 ページ参照
×❶　事務所は、令別表第 1（15）項「前各項に該当しない事業場」に分類される非特定防火対象物です。
×❷　共同住宅は令別表第 1（5）項ロの非特定防火対象物です。
×❸　小学校は令別表第 1（7）項の非特定防火対象物です。
○❹　映画館、カラオケボックス、遊技場はいずれも特定防火対象物です。

1-2　火災予防
▶問題　28 ページ

問1 ❹　☞ 24 ページ参照
消防長（消防本部を置かない市町村にあっては市町村長）、消防署長その他の消防吏員は、屋外や防火対象物において火災予防上危険な行為をする者や、消防活動上支障となる物件の所有者等に対して、行為の禁止等の必要な措置を命じることができます。
　消防団長や消防団員には、措置命令を出す権限はありません。

問2 ❷　☞ 25 ページ参照
×❶　夜間でも立入検査を行うことができます。
○❷　立入検査をする消防職員は、市町村長の定める証票を携帯し、関係者の請求があるときはこれを示さなければなりません。
×❸　消防対象物及び期日または期間を指定すれば、消防団員も立入検査を行うことができます。
×❹　個人の住居への立入検査は、関係者の承諾を得た場合または特に緊急の必要がある場合でなければ行うことができません。

問3 ❶　☞ 26 ページ参照
消防同意は、建築物の建築確認検査を行う際、建築物が消防法令上の基準に従っていることについて、消防機関が同意する制度です。

× ❶　防火地域・準防火地域以外
の区域の住宅には、消防同意は必要
ありません。

○ ❷　消防同意は、消防長または
消防署長が行います。

○ ❸　消防同意の申請があった場
合は、その日から 3 日以内（建築物
の規模や区域によっては 7 日以内）
に同意または不同意を通知しなけれ
ばなりません。

○ ❹　消防同意の申請は、建築確
認を行う特定行政庁または指定確認
検査機関が行います。

問 4 > ❷　　　　☞ 25,26 ページ参照

× ❶　防火対象物の改修等の命令
は、消防長（消防本部のない市町村
では市町村長）または消防署長が行い
ます。一般の消防吏員はできません。

○ ❷　正しい記述です。

× ❸　関係者の承諾を得た場合、
または特に緊急の必要がある場合に
は、個人の住居に立入検査できます。

× ❹　消防団員には措置命令を発
する権限はありません。

1-3　防火管理者
▶ 問題　35 ページ

問 1 > ❶　　　　☞ 31 ページ参照

○ ❶　特別養護老人ホームは、収
容人員が 10 人以上の場合に防火管

理者が必要です。

× ❷　飲食店は特定防火対象物な
ので、収容人員が 30 人以上の場合
に防火管理者が必要です。

× ❸　一般事務所は非特定防火対
象物なので、収容人員が 50 人以上
の場合に防火管理者が必要です。

× ❹　同一敷地内にあり、管理権
原者が同じ防火対象物は、合わせて
1 つの防火対象物とみなして防火管
理者を選任します。この場合は収容
人員 40 人の非特定防火対象物とみ
なします。選任が必要なのは 50 人
以上の場合です。

問 2 > ❸　　　　☞ 32 ページ参照

× ❶　老人短期入所施設（19 ペー
ジ）は、地階を除く階数が 3 以上
で、収容人員が 10 人以上の場合に
統括防火管理者を定めます。

× ❷　有床診療所（17 ページ）は
特定防火対象物なので、地階を除く
階数が 3 以上で、収容人員が 30 人
以上の場合に統括防火管理者を定め
ます。

○ ❸　物品販売店舗は特定防火対
象物なので、地階を除く階数が 3 以
上で、収容人員が 30 人以上の場合
に統括防火管理者を定めます。

× ❹　非特定用途（事務所、共同
住宅）の複合用途防火対象物は、地
階を除く階数が 5 以上で、収容人員

が50人以上の場合に統括防火管理者を定めます。

問3 ④　☞33ページ参照

特定1階段等防火対象物は、収容人員30人以上の場合に防火対象物点検が必要です。

×❶　屋内階段が2つあるので、特定1階段等防火対象物には当たりません。通常の特定防火対象物は、収容人員が300人以上の場合に防火対象物点検が必要です。

×❷　屋内階段は1つだけですが、特定用途部分（展示場、遊技場）は1階と2階にあるため（34ページ）、特定1階段等防火対象物には当たりません。

×❸　共同住宅は非特定防火対象物なので、防火対象物点検の対象外です。

○❹　屋内階段が1つしかなく、地下1階に特定用途部分（飲食店）があるので、特定1階段等防火対象物に当たります。

1-4　防災規制
▶問題　39ページ

問1 ②　☞37,38ページ参照
○❶　テレビスタジオ（18ページの（12）ロ）は非特定防火対象物ですが、例外的に防災規制の対象です。

×❷　共同住宅は非特定防火対象物なので、防災規制の対象外です。

○❸　工事中の建築物は、工事用シートなどが防災規制の対象となります。

○❹　高さ31mを超える高層建築物は防災規制の対象となります。

問2 ④　☞38ページ参照
掛布団は防災規制の対象とはなりません。

1-5　危険物
▶問題　44ページ

問1 ④　☞42ページ参照
市町村長等への届出が必要な事項には、以下のものがあります。

- 製造所等の譲渡・引渡し
- 製造所等の廃止
- 危険物の品名、数量の変更
- 危険物保安監督者の選任・解任
- 危険物保安統括監督者の選任・解任

製造所等の設置や変更については、届出だけではなく、申請して許可を得る必要があります。

問2 ④　☞42ページ参照
×❶　消防本部等のある市町村では、市町村長が許可権者です。

× **❷**　消防本部等のない市町村では、都道府県知事が許可権者です。

× **❸**　消防本部等のある１つの市町村の区域内に移送取扱所を設置する場合は、市町村長が許可権者です。

○ **❹**　消防本部等のない市町村や、２以上の市町村の区域にわたって移送取扱所を設置する場合は都道府県知事が許可権者ですが、設置場所が２以上の都道府県にまたがる場合は、総務大臣が許可権者になります。

1-6　消防用設備等
▶ 問題　52 ページ

問1 ❷　☞ 46 ページ参照
　消防用設備等は「消防の用に供する設備」「消防用水」「消火活動上必要な施設」の３つに分類され、このうち「消防の用に供する設備」は①消火設備、②警報設備、③避難設備に区分されます。消火設備には次の10種類があります。

消火設備	消火器・簡易消火用具
	屋内消火栓設備
	スプリンクラー設備
	水噴霧消火設備
	泡消火設備
	不活性ガス消火設備
	ハロゲン化物消火設備
	粉末消火設備
	屋外消火栓設備
	動力消防ポンプ設備

問2 ❸　☞ 47 ページ参照
　消防用設備等は、原則として防火対象物の１棟を１設置単位として設置しますが、いくつか例外があります。とくに、防火対象物の内部を開口部のない耐火構造の床や壁で区画した場合には、それぞれの区画を別の防火対象物とみなします。

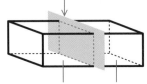
開口部のない耐火構造の壁

1の防火対象物　　1の防火対象物

問3 ❸　☞ 49 ページ参照
× **❶**　消火器および簡易消火用具は、改正後の規定に適合させる必要があります。

× **❷**　避難器具は、改正後の規定に適合させる必要があります。

○ **❸**　すでに設置されているスプリンクラー設備については、改正後の規定に適合させる必要はありません。

× **❹**　特定防火対象物に設置されている自動火災報知設備は、改正後の規定に適合させる必要があります。

問4 ❷　☞ 49 ページ参照
　常に改正後の規定が適用される消

防用設備等には、以下のものがあります。

- ・消火器および簡易消火用具
- ・自動火災報知設備（特定防火対象物、重要文化財等のみ）
- ・ガス漏れ火災警報設備（特定防火対象物、温泉採取施設のみ）
- ・漏電火災警報器
- ・非常警報器具および非常警報設備
- ・避難器具
- ・誘導灯および誘導標識

1-7　消防用設備等の設置・点検
▶問題　57ページ

問1 ❶　　　☞54ページ参照
○❶　病院等は、延べ面積に関係なく届出及び検査の対象となります。

×❷　簡易消火用具や非常警報器具の設置については、届出や検査は必要ありません。

×❸　非特定防火対象物は、延べ面積が300m²以上で、かつ、消防長または消防署長の指定を受けたものに限り、届出及び検査の対象となります。

×❹　設置届は、工事完了の日から4日以内に届け出ます。

問2 ❸　　　☞55,56ページ参照
○❶　消防設備士または消防設備

点検資格者による点検が義務付けられているのは、延べ面積1,000m²以上の防火対象物（ただし、非特定防火対象物については指定を受けたものに限る）と、特定1階段等防火対象物だけです。それ以外の防火対象物は、関係者がみずから点検します。

○❷　点検の種類には、6か月に1回行う機器点検と、1年に1回行う総合点検があります。

×❸　点検報告は消防設備士ではなく、防火対象物の関係者が行います。

○❹　点検報告の期間は、特定防火対象物が1年に1回、その他の防火対象物が3年に1回です。

1-8　消防設備士
▶問題　63ページ

問1 ❸　　　☞60ページ参照
×❶　消防設備士免状を亡失・滅失・汚損・破損した場合には、再交付を申請することができます。再交付の申請は義務ではありません。

×❷　免状の記載事項に変更を生じたときは、遅滞なく、その書換えを申請しなければなりません。ただし、現住所は免状に記載されていないので、変更しても書換えの必要はありません。

○ **❸** 免状の再交付を申請する際には、申請書類に写真を添えて提出します。汚損または破損のために再交付を受ける場合は、その免状も提出します。

× **❹** 免状を亡失して再交付を受けた後、亡失した免状を発見した場合は、これを再交付をした都道府県知事に提出します。提出期限は発見した日から 10 日以内です。

問 2 ❸　　61 ページ参照

○ **❶** 消防設備士は、その責務を誠実に行い、工事整備対象設備等の質の向上に努めなければなりません。

○ **❷** 消防設備士が業務に従事するときは、消防設備士免状を携帯していなければなりません。

× **❸** 甲種消防設備士が消防用設備等の設置工事を行う場合は、消防長または消防署長に着工届を届け出なければなりません。着工届は工事に着手する日の 10 日前までに届け出ます。

○ **❹** 消防設備士は、都道府県知事が行う講習を定期的に受講しなければなりません。

1-9　検定制度
▶ 問題　67 ページ

問 1 ❹　　64 ページ参照

検定対象となる機械器具等は、以下の 12 品目です。消防用ホースは自主表示対象機械器具です。

- ・ **消火器**
- ・ **消火器用消火薬剤（二酸化炭素を除く）**
- ・ **泡消火薬剤（水溶性液体用を除く）**
- ・ **感知器または発信機**
- ・ **中継器**
- ・ **受信機**
- ・ **住宅用防災警報器**
- ・ **閉鎖型スプリンクラーヘッド**
- ・ **流水検知装置**
- ・ **一斉開放弁**
- ・ **金属製避難はしご**
- ・ **緩降機**

問 2 ❹　　65,66 ページ参照

× **❶** 検定には型式承認と型式適合検定があり、このうち型式承認は総務大臣、型式適合検定は日本消防検定協会または登録検定機関が行います。

× **❷** 輸入された製品も型式適合検定を受けなければなりません。

× **❸** 型式適合検定は、対象機械器具等が、型式承認どおりの製品かどうかを検査するものです。「形状等が技術上の基準に適合している旨の承認を行う」のは、型式承認です。

○ **❹** 自主表示制度では、対象となる製品のメーカーや輸入者が、技術上の規格に適合していることを自主的に検査して、その旨を表示します。

検定制度と同様に、表示のない製品は販売や陳列することができません。

1-10　自動火災報知設備
▶問題　74 ページ

問 1 ❸　☞ 68 ページ参照

延べ面積にかかわらず自動火災報知設備を設置しなければならない防火対象物は以下の 7 つです。

- カラオケボックス等
- 旅館、ホテル、宿泊所等
- 病院・診療所・助産所（入院施設あり）
- 自力避難困難者入所施設
- 社会福祉施設等（宿泊施設あり）
- 飛行機の格納庫
- 重要文化財

問題文のうち、このグループに含まれるものは老人デイサービス（宿泊施設あり）の 1 つです。入院・宿泊施設のない病院や社会福祉施設等（老人デイサービスなど）は、延べ面積 300m² 以上の場合に自動火災報知設備が必要です（69 ページの「ひとこと」）。

問 2 ❸　☞ 69 ページ参照

原則として、特定防火対象物は延べ面積 300m² 以上、非特定防火対象物は延べ面積 500m² 以上の場合に自動火災報知設備を設置します。

× ❶　飲食店は特定防火対象物なので、延べ面積 300m² 以上で自動火災報知設備を設置します。

× ❷　マンション（共同住宅）は非特定防火対象物なので、延べ面積 500m² 以上で自動火災報知設備を設置します。

○ ❸　劇場は特定防火対象物なので、延べ面積 300m² 以上で自動火災報知設備を設置します。

× ❹　一般事務所は延べ面積 1,000m² 以上で自動火災報知設備を設置します。

問 3 ❷　☞ 69 ページ参照

防火対象物の延べ面積は $200 \times 4 = 800m^2$ です。特定用途部分を含む複合防火対象物は、延べ面積 300m² 以上で自動火災報知設備の設置義務があるので、この防火対象物ではすべての階に自動火災報知設備を設置する必要があります。

問 4 ❸　☞ 68 〜 70 ページ参照

× ア　特定 1 階段等防火対象物ではなく、延べ面積 1,000m² 以上でもないので、自動火災報知設備は必要ありません。

○ イ　屋内階段が 1 で、地階に特定用途部分があるので、特定 1 階段等防火対象物に該当し、自動火災報知

知設備が必要です。

○ **ウ**　ホテルには延べ面積に関係なく自動火災報知設備が必要です。

○ **エ**　特定用途部分を含む複合用途防火対象物に該当するので、延べ面積 300m² 以上なら自動火災報知設備が必要です。

問5 ▶ **②**　☞ 71,72 ページ参照

× **①**　飲食店の地階または無窓階は、床面積が 100m² 以上の場合に自動火災報知設備を設置します。

○ **②**　防火対象物の地階・無窓階・3 階以上の階は、床面積が 300m² 以上の場合に自動火災報知設備を設置します。

× **③**　ネットカフェは延べ面積にかかわらず、建物全体に自動火災報知設備を設置します。

× **④**　地階または 2 階以上にある駐車場は、床面積が 200m² 以上の場合に自動火災報知設備を設置します。

問6 ▶ **①**　☞ 73 ページ参照

閉鎖型スプリンクラーヘッドを備えたスプリンクラー設備、泡消火設備、水噴霧消火設備のいずれかを設置した場合は、その有効範囲内の部分について、自動火災報知設備の設置を省略できます。ただし、特定防火対象物では省略できません。

1-11　ガス漏れ火災警報設備／消防機関へ通報する火災報知設備

▶ 問題　80 ページ

問1 ▶ **③**　☞ 77 ページ参照

× **①**　地下街には、延べ面積が 1,000m² 以上の場合にガス漏れ火災警報設備を設置します。

× **②**　準地下街には、床面積の合計が 1,000m² 以上で、特定用途部分の床面積の合計が 500m² 以上の場合にガス漏れ火災警報設備を設置します。

○ **③**　店舗などの特定防火対象物の地階には、床面積の合計が 1,000m² 以上の場合にガス漏れ火災警報設備を設置します。

× **④**　複合用途防火対象物の地階には、床面積の合計が 1,000m² 以上で、特定用途部分の床面積の合計が 500m² 以上の場合に設置します。

問2 ▶ **③**　☞ 79 ページ参照

× **①**　ホテル・旅館は延べ面積 500m² 以上で設置します。

× **②**　入院施設のない診療所等は、延べ面積 500m² 以上で設置します。

○ **③**　要介護老人ホームなどの自力避難困難者入所施設は、延べ面積にかかわらず設置します。

× **④**　自力避難困難者入所施設以外の社会福祉施設等は、延べ面積 500m² 以上で設置します。

第 2 章

電気に関する
基礎知識

2-1

オームの法則

学習ポイント

- オームの法則とは？
- 電流、電圧、抵抗の単位と求め方は？

電圧、電流、抵抗の関係

重要度 ★★★

乾電池と豆電球を図のように電線でつなぐと、電線の中を電流が流れ、豆電球が点灯します。

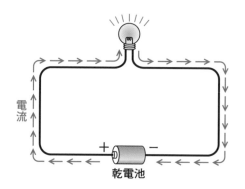

乾電池

電流

電流はプラスからマイナスの方向に流れます。

このように、電流の流れがぐるっとひと回りしているものを回路といいます。電流は、回路の中を ❶ プラスからマイナスに向かって流れます。これは川が上流から下流に向かって流れるのに似ています。川の流れが上流と下流との高低差によって生まれるように、電流もプラスとマイナスとの電気的な差（電位差）によって生じます。この差を電圧といいます。

オームの法則

重要度 ★★★

　電圧と電流は比例関係にあり、電圧を高くするほど回路を流れる電流が多くなります。電圧を記号 V、電流を記号 I とすると、この関係は次の式で表すことができます。

$$V = RI$$

　記号 R は**抵抗**を表し、電圧が同じであれば、抵抗 R の値が大きいほど電流 I の値は少なくなります。つまり、抵抗は回路にある「❶電流の流れにくさ」を表します。乾電池に豆電球をつないだ回路では、豆電球が抵抗として働きます。

　電圧、電流、抵抗の以上のような関係を、**オームの法則**といいます。

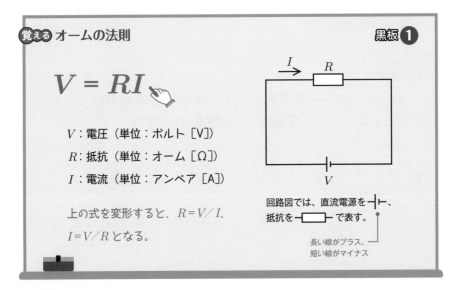

覚える **オームの法則**　　　　黒板❶

$$V = RI$$ 👈

V：電圧（単位：ボルト [V]）

R：抵抗（単位：オーム [Ω]）

I：電流（単位：アンペア [A]）

上の式を変形すると、$R = V/I$、$I = V/R$ となる。

回路図では、直流電源を ⊣⊢、抵抗を ▭ で表す。

長い線がプラス、短い線がマイナス

　電圧の単位は**ボルト** [V]、電流の単位は**アンペア** [A]、抵抗の単位は**オーム** [Ω] です。1ボルトの電圧を加えたとき、1アンペアの電流が流れる場合の回路の抵抗が1オームになります。

　オームの法則は、電圧、電流、抵抗のうち2つの値がわかれば、残りは計算で求めることができることを示しています。

図の回路において、電源電圧が 3V、抵抗が 2Ω のとき、回路を流れる電流[A] はいくらか。

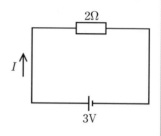

オームの法則の式 $V = RI$ に、$V = 3$、$R = 2$ を当てはめると、$3 = 2I$。したがって、電流 $I = 3 \div 2 = 1.5$ [A] となります（答え：1.5A）。

2-1 オームの法則

実践問題

▶ 解答　94 ページ
▶ 解説 142 ページ

問1 □□□ ···················· 重要度 ★★★

オームの法則を表す式として、誤っているものはどれか。ただし、電圧を V、電流を I、抵抗を R とする。

❶ $I = \dfrac{V}{R}$ ❷ $V = RI$ ❸ $I = VR$ ❹ $R = \dfrac{V}{I}$

2-2
合成抵抗

学習ポイント

- 複数の抵抗を直列に接続した場合の合成抵抗は？
- 複数の抵抗を並列に接続した場合の合成抵抗は？
- 直列接続と並列接続を組み合わせた場合の合成抵抗は？

直列接続の合成抵抗 　　重要度 ★★★

複数の抵抗を直列に接続した、次のような回路を考えます。

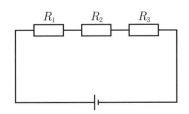

　このような回路では、各抵抗の値の合計が、回路全体の**合成抵抗**になります。

覚える 直列接続の合成抵抗 　　　　　　　　　　　　　黒板 ②

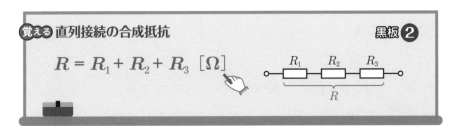

$$R = R_1 + R_2 + R_3 \ [\Omega]$$

並列接続の合成抵抗

重要度 ★★★

今度は、複数の抵抗を並列に接続した、右図のような回路を考えます。このような回路の合成抵抗は、次のように計算します。

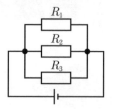

覚える 並列接続の合成抵抗　　　　　　　　　　　　黒板❸

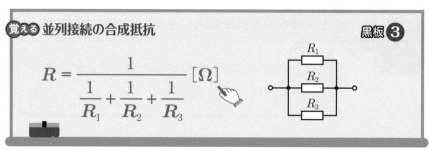

$$R = \cfrac{1}{\cfrac{1}{R_1} + \cfrac{1}{R_2} + \cfrac{1}{R_3}} \, [\Omega]$$

なお、並列接続する抵抗が2本だけの場合の合成抵抗は、

$$R = \cfrac{1}{\cfrac{1}{R_1} + \cfrac{1}{R_2}} \, [\Omega]$$

となりますが、この式は次のように簡略化できます。

$$R = \cfrac{1}{\cfrac{1}{R_1} + \cfrac{1}{R_2}} = \cfrac{1}{\cfrac{R_2}{R_1 R_2} + \cfrac{R_1}{R_1 R_2}} = \cfrac{1}{\cfrac{R_2 + R_1}{R_1 R_2}} = \cfrac{R_1 R_2}{R_1 + R_2} \, [\Omega]$$

（積）（和）

上の式は、分母が和、分子が積の分数なので「**和分の積**」といいます。実際の計算ではこの式を覚えておくと便利です。

覚える 和分の積　　　　　　　　　　　　　　　　黒板❹

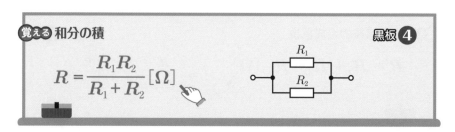

$$R = \frac{R_1 R_2}{R_1 + R_2} \, [\Omega]$$

直列接続と並列接続　重要度 ★★★

　直列接続と並列接続を組み合わせた回路の合成抵抗は、まず部分ごとの合成抵抗を求め、次に各部分を合わせて全体の合成抵抗を求めます。

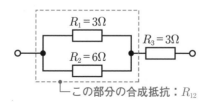

この部分の合成抵抗：R_{12}

　上の回路の合成抵抗は、まず R_1 と R_2 の並列接続の合成抵抗 R_{12} を和分の積で求めます。

$$R_{12} = \frac{R_1 R_2}{R_1 + R_2} = \frac{3 \times 6}{3 + 6} = \frac{18}{9} = 2 \ [\Omega]$$

　回路全体の合成抵抗 R は、R_{12} と R_3 を直列に接続したものなので、

$$R = R_{12} + R_3 = 2 + 3 = 5 \ [\Omega]$$

となります。

理解度チェック

　図の回路において、端子 ab 間の合成抵抗を求めなさい。

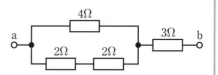

解答

　2Ω の抵抗 2 本が直列に接続されている部分の合成抵抗は、

　$2 + 2 = 4\Omega$ …①

　①と 4Ω の抵抗が並列に接続されている部分の合成抵抗は、

　$\frac{4 \times 4}{4 + 4} = \frac{16}{8} = 2\Omega$ …②

　ab 間の合成抵抗は、②と 3Ω の抵抗を直列に接続したものなので、$2 + 3 = 5\Omega$ となります（答え：5Ω）。

実践問題

▶ 解答　98 ページ
▶ 解説　142 ページ

問1 ☐☐☐ ‥‥‥‥‥‥‥‥‥‥‥‥‥‥‥‥ 重要度 ★★★

図の回路において、端子 ab 間の合成抵抗の値として正しいものはどれか。

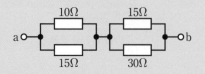

❶　12Ω　　❷　16Ω　　❸　20Ω　　❹　24Ω

問2 ☐☐☐ ‥‥‥‥‥‥‥‥‥‥‥‥‥‥‥‥ 重要度 ★★★

図の回路において、端子 ab 間の合成抵抗が 12Ω であるとき、R の値として正しいものはどれか。

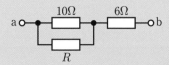

❶　5Ω　　❷　10Ω　　❸　15Ω　　❹　20Ω

問3 ☐☐☐ ‥‥‥‥‥‥‥‥‥‥‥‥‥‥‥‥ 重要度 ★★★

下図の ab 間に 12V の電圧を加えた場合、ab 間に流れる電流の値として、正しいものはどれか。

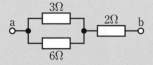

❶　0.2A　　❷　0.3A　　❸　3.0A　　❹　4.0A

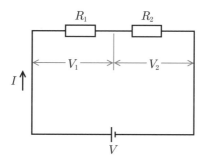

電圧と電流の分配

- 直列回路では、電圧はどのように分配される?
- 並列回路では、電流はどのように分配される?

直列回路の電圧の分配 重要度 ★★★

複数の抵抗を直列に接続した、図のような回路を考えます。

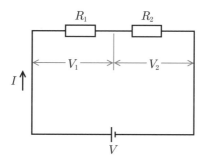

電流の通り道は一本道なので、抵抗 R_1 と R_2 には同じ電流 I が流れます。また、各抵抗に加わる電圧については、オームの法則より、

$$V_1 = R_1 I \quad \cdots ① \qquad V_2 = R_2 I \quad \cdots ②$$

が成り立ちます。回路を流れる電流は、オームの法則より、

$$I = \frac{V}{R} = \frac{V}{R_1 + R_2} \quad \text{——直列接続の合成抵抗}$$

ですから、上の式を①、②に代入すると、それぞれ次のようになります。

$$V_1 = R_1 \times \frac{V}{R_1 + R_2} = \frac{R_1}{R_1 + R_2} \times V$$

$$V_2 = R_2 \times \frac{V}{R_1 + R_2} = \frac{R_2}{R_1 + R_2} \times V$$

このとき V_1 と V_2 の合計は、

$$V_1 + V_2 = R_1 I + R_2 I = (R_1 + R_2)\, I = R I = V$$

となり、電源電圧と等しくなります。さらに電圧 V_1 と V_2 の比は、

$$V_1 : V_2 = R_1 I : R_2 I = R_1 : R_2$$

なので、❶各抵抗に加わる電圧は、電源電圧を各抵抗の比にしたがって分配したものであることがわかります。

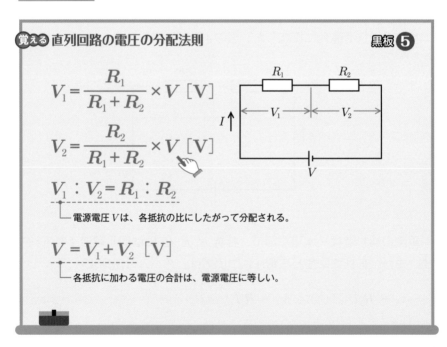

覚える **直列回路の電圧の分配法則**　　　黒板❺

$$V_1 = \frac{R_1}{R_1 + R_2} \times V\ [\text{V}]$$

$$V_2 = \frac{R_2}{R_1 + R_2} \times V\ [\text{V}]$$

$$V_1 : V_2 = R_1 : R_2$$

└ 電源電圧 V は、各抵抗の比にしたがって分配される。

$$V = V_1 + V_2\ [\text{V}]$$

└ 各抵抗に加わる電圧の合計は、電源電圧に等しい。

並列回路の電流の分配

重要度 ★★★

次に、複数の抵抗を並列に接続した図のような回路を考えます。

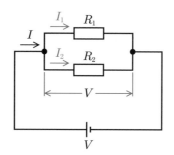

回路は途中で分岐しているので、各抵抗に流れる電流は2つに分かれます。一方、各抵抗に加わる電圧は同じなので、オームの法則より

$$I_1 = \frac{V}{R_1} \quad \cdots ① \qquad I_2 = \frac{V}{R_2} \quad \cdots ②$$

が成り立ちます。一方、電源電圧 V は、

$$V = \boxed{RI} = \frac{R_1 R_2}{R_1 + R_2} \times I \quad \cdots\text{合成抵抗 } R \text{ を「和分の積」で求める}$$

ですから、この式を①と②に代入すると、

$$I_1 = \frac{V}{R_1} = \frac{R_1 R_2}{R_1 + R_2} \times I \times \frac{1}{R_1} = \frac{R_2}{R_1 + R_2} \times I$$

$$I_2 = \frac{V}{R_2} = \frac{R_1 R_2}{R_1 + R_2} \times I \times \frac{1}{R_2} = \frac{R_1}{R_1 + R_2} \times I$$

このとき I_1 と I_2 の合計は、

$$I_1 + I_2 = \frac{R_2}{R_1 + R_2} \times I + \frac{R_1}{R_1 + R_2} \times I = \frac{R_2 + R_1}{R_1 + R_2} \times I = I$$

となり、回路を流れる電流 I と等しいことがわかります。また、電流 I_1 と I_2 の比は、

$$I_1 : I_2 = \frac{R_2 I}{R_1 + R_2} : \frac{R_1 I}{R_1 + R_2} = R_2 : R_1$$

で、 抵抗の逆比と等しくなります。

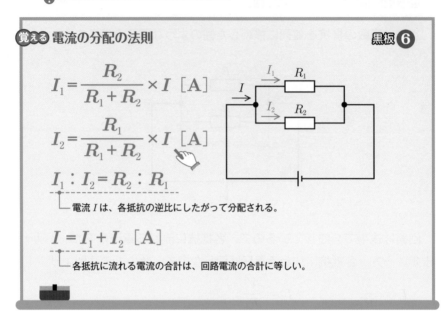

覚える 電流の分配の法則　　　　　　　　　　　　　　　　黒板 ❻

$$I_1 = \frac{R_2}{R_1 + R_2} \times I \ [\mathrm{A}]$$

$$I_2 = \frac{R_1}{R_1 + R_2} \times I \ [\mathrm{A}]$$

$$I_1 : I_2 = R_2 : R_1$$

└─ 電流 I は、各抵抗の逆比にしたがって分配される。

$$I = I_1 + I_2 \ [\mathrm{A}]$$

└─ 各抵抗に流れる電流の合計は、回路電流の合計に等しい。

理解度チェック

　図のような回路において、6Ω の抵抗にかかる電圧 V はいくらか。

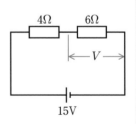

───── 解答 ─────

　4Ω と 6Ω の抵抗には、電源電圧 15V が 4:6 の比率で分配されます（98 ページ）。

$$V = \frac{6}{4 + 6} \times 15 = \frac{6}{10} \times 15 = 9 \ [\mathrm{V}] \quad \cdots 答え$$

2-3 電圧と電流の分配

実践問題

▶ 解答　103 ページ
▶ 解説　143 ページ

問1 .... 重要度 ★★★

図の回路において、電流計 Ⓐ の指示値が **4A** であるとき、
7Ω の抵抗に加わる電圧として正しいものはどれか。

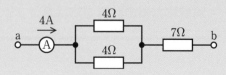

❶　28V　　❷　32V　　❸　36V　　❹　40V

問2 .... 重要度 ★★★

図の回路において、**10Ω** の抵抗に流れる電流はいくらか。

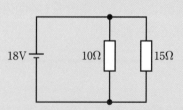

❶　1.2A　　❷　1.8A　　❸　2.4A　　❹　3.0A

問3 .... 重要度 ★★★

下図の ab 間に **24V** の電圧を加えた場合、**3Ω** の抵抗に流
れる電流の値として、正しいものはどれか。

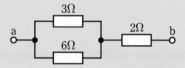

❶　4.0A　　❷　4.8A　　❸　6.0A　　❹　7.2A

2-4

電力と電力量

学習ポイント

- 消費電力の計算方法は？
- 消費電力量の計算方法は？

電力とは

重要度 ★★★

　抵抗に電流を流すと、抵抗に熱が生じます。この熱をジュール熱といいます。R［Ω］の抵抗に I［A］の電流を t 秒間流したときに発生するジュール熱は、次の式で表されます。

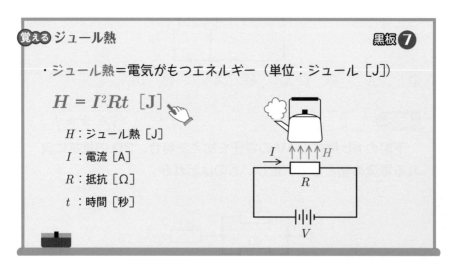

覚える ジュール熱　　　　　　　　　　　　　　黒板 7

- ジュール熱＝電気がもつエネルギー（単位：ジュール［J］）

$$H = I^2 Rt \ [\text{J}]$$

H：ジュール熱［J］

I：電流［A］

R：抵抗［Ω］

t：時間［秒］

　ジュール熱の単位はジュール［J］です。ジュール熱は、電気がもっているエネルギーの大きさを表します。電気はこのエネルギーを使って、

お湯を沸かしたり、モーターを回転させたりといった「仕事」をするのです。電気がもつ1秒当たりのエネルギーを**電力**といいます。

　電気で発生したジュール熱 H を秒数 t で割れば、その電気の1秒当たりのエネルギー、すなわち電力 P が求められます。

$$P = H \div t = I^2 R$$

電力の単位には、**ワット**［W］が用いられます。

電力の式については、次のような変形も覚えておきましょう。

オームの法則 $R = \dfrac{V}{I}$ を代入

$$P = I^2 R = I^2 \left(\frac{V}{I} \right) = VI$$

オームの法則 $I = \dfrac{V}{R}$ を代入

$$P = I^2 R = \left(\frac{V}{R} \right)^2 R = \frac{V^2}{R}$$

覚える **電力**　　　　　　　　　　　　　　**黒板 8**

・電力＝1秒当たりの電気エネルギー（単位：ワット［W］）

$$P = I^2 R = VI = \frac{V^2}{R} \ [\mathrm{W}]$$

　P：電力［W］

　I：電流［A］

　R：抵抗［Ω］

　V：電圧［V］

電力量とは　　　　　　　　　　　　　　（重要度 ★★★）

電力は1秒当たりの電気エネルギーを表すので、電力に使用した秒数

を掛ければ、電気エネルギーの量がわかります。これを**電力量**といいます。電力量の単位には、ジュール [J] ではなく**ワット秒** [W・s] やワット**時** [W・h] を使います。1 ジュール＝ 1 ワット秒です。

覚える 電力量　　　　　　　　　　　　　　　　　　　　黒板**⑨**

・電力量＝電気エネルギー $\left(\begin{array}{l} \text{単位：ワット秒 [W・s]} \\ \text{ワット時 [W・h]} \end{array} \right)$

電力量 [W・s]＝電力 [W] × 秒
電力量 [W・h]＝電力 [W] × 時間

　1 ワット秒＝1 ジュール
　1 ワット時＝3,600 ワット秒

理解度チェック

　図の回路において、20Ω の抵抗の消費電力 [W] はいくつか。

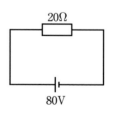

20Ω

80V

--- 解答 ---------------------------------

$P = \dfrac{V^2}{R}$ より、$P = \dfrac{80^2}{20} = 320$ [W]　…答え

2-4 電力と電力量

実践問題

▶ 解答 107 ページ
▶ 解説 144 ページ

問1 □□□ ‥‥‥‥‥‥‥‥‥‥‥‥‥‥‥ 重要度 ★★★

図の回路における消費電力が 250W であるとき、10Ω の抵抗に流れる電流の値として、正しいものはどれか。

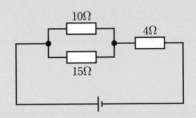

① 1.2A　② 1.5A　③ 2.0A　④ 3.0A

問2 □□□ ‥‥‥‥‥‥‥‥‥‥‥‥‥‥‥ 重要度 ★★★

10Ω の抵抗に 3A の電流が 1 分間流れた場合に発生する熱量として、正しいものはどれか。

① 1.8kJ　② 5.4kJ　③ 18kJ　④ 54kJ

問3 □□□ ‥‥‥‥‥‥‥‥‥‥‥‥‥‥‥ 重要度 ★★★

消費電力 800W の電熱器を 100V の電圧で使用したとき、回路に流れる電流として正しいものはどれか。

① 4.8A　② 8.0A　③ 10.0A　④ 12.5A

2-5

電気に関する基礎知識

コンデンサと静電容量

学習ポイント

- コンデンサの静電容量とは？
- 合成静電容量の計算方法は？

静電容量とは

重要度 ★★★

2枚の金属板を向かい合わせに置き、間に少しだけすき間を空けて電圧を加えます。すると、一方の金属板にプラス、もう一方の金属板にマイナスの電荷が蓄えられます。

> **用語** 電荷
> 物質が帯びる電気のこと。単位はクーロン[C]。1クーロンは、1アンペアの電流が1秒間に運ぶ電荷の量。

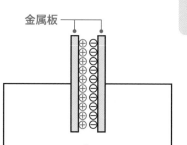

金属板

このような仕組みの装置をコンデンサといいます。コンデンサが蓄える電荷の量 Q は、コンデンサに加える電圧 V と、コンデンサの静電容量 C に比例します。この関係は、次の式で表すことができます。

$$Q = CV$$

5

　静電容量は、コンデンサがもつ電荷の貯蔵性能を表します。単位はファラド［F］ですが、1 ファラドの 100 万分の 1 の単位であるマイクロファラド［μF］もよく使われます。

覚える 静電容量　　　　　　　　　　　　　　　　　**黒板⑩**

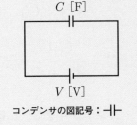

・コンデンサが蓄える電荷の量は、電圧と静電容量に比例する。

$$Q = CV\,[\text{C}]$$

　　Q：電荷の量（単位：クーロン［C］）

　　C：静電容量（単位：ファラド［F］）

　　V：電圧（単位：ボルト［V］）

・静電容量：コンデンサがもつ電荷の貯蔵性能
　　　　　　（単位：ファラド［F］）

$$1\text{F} = 1{,}000{,}000\mu\text{F}$$
　　↑　　　　　　　　↑
　ファラド　　　　マイクロファラド

ひとこと

　直流回路にコンデンサを接続すると、コンデンサに電荷が蓄積される間だけ電流が流れます。交流回路では電圧の向きが交互に入れ替わるので、コンデンサはそのたびに充電・放電を繰り返し、回路には連続的に電流が流れます。

合成静電容量の計算　　　　　　　　　重要度 ★★★

　回路に複数のコンデンサを接続した場合の、合成静電容量の求め方を覚えましょう。

覚える 合成静電容量

・コンデンサを直列に接続した場合

$$C = \cfrac{1}{\cfrac{1}{C_1} + \cfrac{1}{C_2} + \cfrac{1}{C_3}} \ [\mathrm{F}]$$

直列に接続するコンデンサが増えるほど全体の静電容量は小さくなる。

$$C = \frac{C_1 C_2}{C_1 + C_2} \ [\mathrm{F}]$$ ←2本のコンデンサを直列に接続した場合は「和分の積」で計算できる

・コンデンサを並列に接続した場合

$$C = C_1 + C_2 + C_3 \ [\mathrm{F}]$$

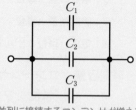

並列に接続するコンデンサが増えるほど全体の静電容量は大きくなる。

ひとこと

合成静電容量の計算は合成抵抗の計算とよく似ていますが、直列接続の計算式と並列接続の計算式が逆になります（93,94ページ参照）。

理解度チェック

図のab間の合成静電容量 [μF] はいくらか。

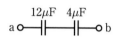

----- 解答 -----

12μF と 4μF のコンデンサが直列に接続されているので、合成静電容量は次のようになります。

$$\frac{12 \times 4}{12 + 4} = \frac{48}{16} = 3 \ [\mu\mathrm{F}] \quad \cdots 答え$$

2-5 コンデンサと静電容量

実践問題

▶ 解答 111 ページ
▶ 解説 144 ページ

5

コンデンサと静電容量

問1 ▢▢▢ .... （重要度 ★★★）

下図の ab 間に 3V の電圧を加えたとき、ab 間に充電される電荷の量として正しいものはどれか。

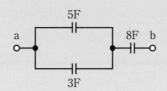

① 10 クーロン
② 12 クーロン
③ 24 クーロン
④ 30 クーロン

問2 ▢▢▢ .... （重要度 ★★★）

下図の ab 間の合成静電容量として正しいものはどれか。

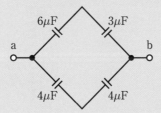

① 1.0 μF
② 2.2 μF
③ 3.6 μF
④ 4.0 μF

2-6

電気と磁気

学習ポイント

- アンペアの右ねじの法則とは？
- フレミングの左手の法則とは？
- 電磁誘導とはどんな現象？

アンペアの右ねじの法則

重要度 ★☆☆

電線に電流を流すと、電線の周囲に磁界が発生します。磁界の向きは電線を中心とした右回りになるので、これをアンペアの右ねじの法則といいます。

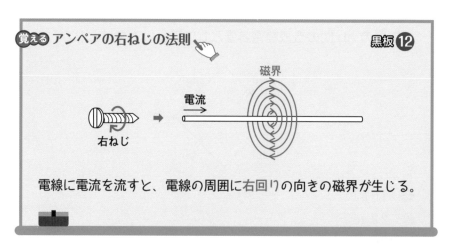

覚える アンペアの右ねじの法則 　　　　　　　　　　　　黒板⓬

磁界

電流

右ねじ

電線に電流を流すと、電線の周囲に右回りの向きの磁界が生じる。

電線をリング状に巻いたコイルに電流を流すと、アンペアの右ねじの法則により、コイルの内側を通る一方向の磁界が生じます。コイルの内側に鉄心を入れると、鉄心が磁化されます。これが電磁石です。

電磁石に生じる磁界の強さ（磁束）は、コイルの巻数と電流に比例します。コイルの巻数と電流の積を起磁力といいます。

フレミングの左手の法則 　　　　　重要度 ★☆☆

図のように、磁石の間に電線を置いて電流を流すと、磁石の作る磁界と電流が作る磁界の作用によって、電線を持ち上げる力が生じます。この力を電磁力といいます。

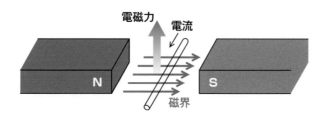

電磁力の方向は、磁界の方向と電流の方向によって決まります。この関係を表したのが、フレミングの左手の法則です。

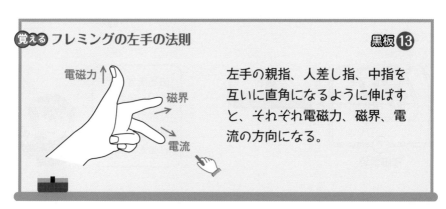

覚える フレミングの左手の法則 　　　　　黒板⑬

左手の親指、人差し指、中指を互いに直角になるように伸ばすと、それぞれ電磁力、磁界、電流の方向になる。

電磁誘導

　磁界の中に置いた導体に電流を流すと、電磁力が生じて導体が動きますが、磁界の中で導体を切るように動かすと、導体に電流が流れます。この現象を電磁誘導といいます。また、電磁誘導によって発生する電圧を誘導起電力といいます。

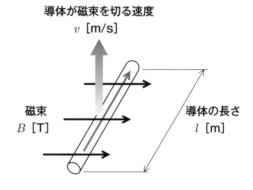

導体が磁束を切る速度
v [m/s]

磁束
B [T]

導体の長さ
l [m]

　誘導起電力 V の大きさは、磁界の磁束密度 B [T] と導体を動かす速度 v [m/s]、導体の長さ l [m] に比例し、

$$V = Blv \,[\mathrm{V}]$$

となります。

　なお、右手の親指と人差し指と中指を互いに直角になるように伸ばすと、導体の動く方向が親指、磁界の方向が人差し指、誘導起電力の方向が中指になります。この関係をフレミングの右手の法則といいます。

　誘導起電力は、導体を次のようにコイル状にして、磁石をコイルの内側に出し入れすることでも生じます。電流は磁束の変化を打ち消す方向に生じるので、磁石を入れるときと出すときとでは、❗電流の向きが逆になります。

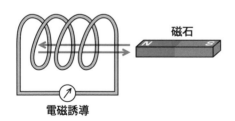

磁石

電磁誘導

磁石をすばやく出し入れしたほうが、大きな電流が流れるんだね。

誘導起電力の大きさは、コイルの巻数と、磁束の変化量に比例します。

ひとこと

発電機は、電磁誘導の原理を応用したものです。

└ 磁石をすばやく出し
入れしたほうが起電
力が大きい

自己誘導と相互誘導　　　重要度 ★★☆

　図のような回路でスイッチを閉じると、コイルに電流が流れてコイル
を貫く磁界が発生します。スイッチの開閉を繰り返すと、コイルに電流
が流れたり流れなかったりするので磁束の量が変化し、電磁誘導によっ
てコイルに誘導起電力が生じます。この現象を自己誘導といいます。

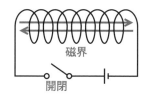

磁界

開閉

　次に2つのコイルを図のように並べ、左側の回路のスイッチを開閉す
ると、左側のコイルに磁界が生じたり、消えたりします。この磁界の変
化は、右側のコイルに磁石を出し入れするのと同様に作用するので、右
側のコイルに電流が流れます。この現象を相互誘導といいます。

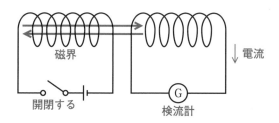

磁界　　　　　　　　　　　　　　　　↓ 電流

開閉する　　　　　　検流計 Ⓖ

　右側のコイルに生じる電流の大きさは、磁束の変化量に比例します。
また、左側の回路のスイッチを閉じたときと開いたときとで、電流の向
きが逆になります。

実践問題

▶ 解答 116 ページ
▶ 解説 144 ページ

問1 ▶ □□□ ⋯⋯⋯⋯⋯⋯⋯⋯ 重要度 ★★★

コイルと棒磁石を使用した右図の実験に関する説明として、誤っているものはどれか。

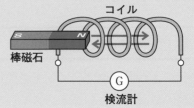

① 磁石を動かしてコイルの中に出し入れすると検流計の針が振れたが、磁石を静止させると針は振れなくなった。
② 磁石を静止させてコイルを動かすと検流計の針が振れたが、コイルを静止させると針は振れなくなった。
③ 磁石をコイルの中に入れるときと出すときとでは、検流計の針の振れが逆になった。
④ 磁石を動かす速度を変えたところ、磁石を素早く動かすほど、検流計の針の振れは小さくなった。

問2 ▶ □□□ ⋯⋯⋯⋯⋯⋯⋯⋯ 重要度 ★☆☆

コイルに電流を流したときに生じる起磁力の大きさに関する記述について、誤っているものはどれか。

① 起磁力の大きさは電流に比例する。
② 起磁力の大きさはコイルの巻数に比例する。
③ コイルの中に鉄心を入れた場合、鉄心に生じる磁束は起磁力に比例する。
④ コイルの中に鉄心を入れた場合、鉄心に生じる磁束は鉄心の磁気抵抗に比例する。

2-7

交流回路

学習ポイント

- 交流の実効値と最大値の関係は？
- 容量リアクタンス、誘導リアクタンスの計算方法は？
- 交流回路の合成インピーダンスの計算方法は？

交流と実効値 　　　　　　　　　　　重要度 ★★★

電流や電圧の大きさが周期的に変化する電気を、交流といいます。

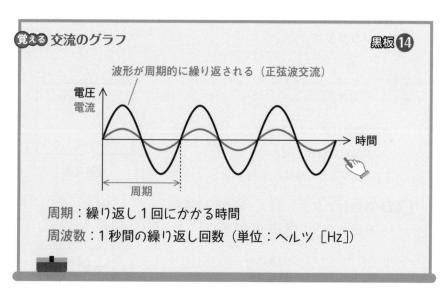

覚える **交流のグラフ**　　　　　　　　　　　　　　　黒板⑭

波形が周期的に繰り返される（正弦波交流）

電圧
電流

時間

周期

周期：繰り返し1回にかかる時間

周波数：1秒間の繰り返し回数（単位：ヘルツ［Hz］）

　交流は絶えず変化している電気です。そのため交流の大きさは、「その交流と同じ働きをする直流の大きさ」に換算して表します。この大きさ

を実効値といいます。交流の実効値は、最大値の 1／√2 で計算します。

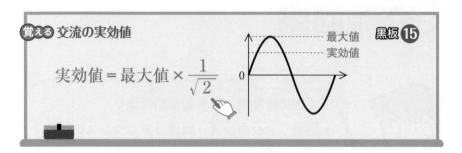

容量リアクタンスと誘導リアクタンス　重要度 ★★★

　直流回路で成り立つオームの法則（91 ページ）は、交流回路でも成り立ちます。ただし交流回路では、抵抗のほかにコンデンサやコイルも電流をさまたげる働きをします。コンデンサによる抵抗を容量リアクタンス、コイルによる抵抗を誘導リアクタンスといいます。

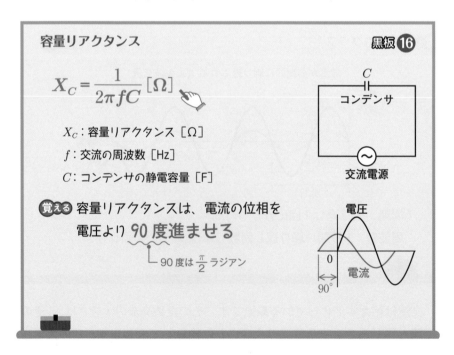

容量リアクタンスは、交流の周波数が低いほど、静電容量が小さいほど大きくなります。またコンデンサを接続した回路では、電流の波形が電圧の波形より90度左にずれます。これを「電流の位相が電圧より90度進む」といいます。

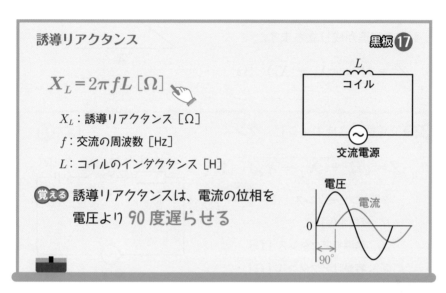

誘導リアクタンス　　　　　　　　　　　　　　　　黒板⑰

$$X_L = 2\pi f L \,[\Omega]$$

X_L：誘導リアクタンス［Ω］

f：交流の周波数［Hz］

L：コイルのインダクタンス［H］

覚える 誘導リアクタンスは、電流の位相を
　　　電圧より90度遅らせる

誘導リアクタンスは、交流の周波数が高いほど、コイルのインダクタンスが大きいほど大きくなります。インダクタンスとはコイルの電磁誘導のしやすさを表す定数です。また、コイルを接続した回路では、電流の波形が電圧の波形より90度右にずれます。これを「電流の位相が電圧より90度遅れる」といいます。

交流回路のインピーダンス　　　　　　重要度 ★★★

抵抗、誘導リアクタンス、容量リアクタンスを合わせてインピーダンスといいます。抵抗、コイル、コンデンサを直列に接続した交流回路の合成インピーダンスを考えてみましょう。

容量リアクタンスや誘導リアクタンスでは、

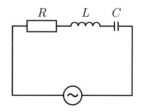

電圧と電流の位相にずれが生じるため、合成インピーダンスは直流回路のような単純な合計にはなりません。

直角三角形の底辺を抵抗 R、高さをリアクタンス（$X_L - X_C$）とすれば、合成インピーダンス Z は斜辺の長さに相当し、三平方の定理が成り立ちます。

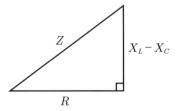

$$Z^2 = R^2 + (X_L - X_C)^2 \ [\Omega]$$

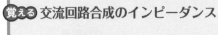

覚える 交流回路合成のインピーダンス　　　　　　黒板⑱

$$Z = \sqrt{R^2 + (X_L - X_C)^2} \ [\Omega]$$

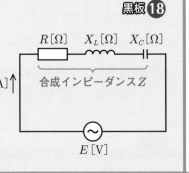

Z：インピーダンス [Ω]

R：抵抗 [Ω]

X_L：誘導リアクタンス [Ω]

X_C：容量リアクタンス [Ω]

合成インピーダンス Z

I [A]

R [Ω] $\quad X_L$ [Ω] $\quad X_C$ [Ω]

E [V]

理解度チェック

図の交流回路において、回路を流れる電流は何 [A] か。

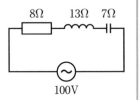

8Ω　　13Ω　7Ω

100V

・ **解答** ・・・

回路全体の合成インピーダンスは、

$$Z = \sqrt{8^2 + (13-7)^2} = \sqrt{8^2 + 6^2} = \sqrt{100} = 10 \ [\Omega]$$

電源電圧は 100V なので、オームの法則より、

$$I = \frac{E}{Z} = \frac{100}{10} = 10 \ [\text{A}] \quad \cdots 答え$$

Z

$13-7\Omega$

8Ω

I：実効値電流 [A] 　　Z：インピーダンス [Ω]　　E：実効値電圧 [V]

2-7 交流回路

実践問題

▶ 解答 121 ページ
▶ 解説 145 ページ

問1 ……………………………… 重要度 ★★★

正弦波交流についての説明として、正しいものはどれか。

① 正弦波交流の電圧の平均値は、その最大値の $\dfrac{\sqrt{2}}{\pi}$ 倍である。

② 正弦波交流の電流の実効値は、その最大値の $\dfrac{1}{\sqrt{2}}$ 倍である。

③ インダクタンスだけをもつ回路に、正弦波交流の電圧を加えると、電流の位相は電圧の位相よりも $\dfrac{\pi}{2}$ [rad] だけ進む。

④ 静電容量だけをもつ回路に、正弦波交流の電圧を加えると、電流の位相は、電圧の位相よりも $\dfrac{\pi}{2}$ [rad] だけ遅れる。

問2 ……………………………… 重要度 ★★★

　インダクタンスと抵抗を直列に接続した図のような正弦波交流回路がある。電源電圧 $E = 100$ [V] のとき、15Ω の抵抗に加わる電圧は 60V であった。この回路のインピーダンスの値はいくらか。

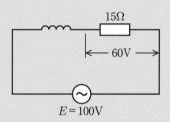

① 10Ω　② 15Ω　③ 20Ω　④ 25Ω

2-8

交流回路の電力と力率

学習ポイント

- 交流回路の電力の計算方法は？
- 力率ってなんだ？
- 皮相電力、有効電力、無効電力の関係は？

交流回路の消費電力

重要度 ★★★

交流回路の消費電力は、直流回路と同様に $P = I^2 R$ で求めることができます（103 ページ）。ただし、回路にコンデンサやコイルが含まれていると、合成インピーダンスと抵抗値にずれが生じます。交流回路のインピーダンスに占める抵抗の割合を、**力率**といいます。

インピーダンスと抵抗の関係を直角三角形で表すと、斜辺に対する底辺の長さの比率（底辺 ÷ 斜辺）が力率となります。

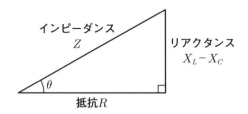

直角三角形の底辺 ÷ 斜辺のことを、三角関数では**余弦**（コサイン）といい、記号 $\cos\theta$ で表します。すなわち、

$$\cos\theta = \frac{R}{Z} \quad \rightarrow \quad R = Z\cos\theta$$

また、オームの法則より、$Z = \dfrac{V}{I}$ なので、

$$R = \frac{V}{I}\cos\theta$$

上式を $P = I^2R$ に代入すると、

$$P = I^2 \frac{V}{I}\cos\theta = VI\cos\theta$$

となります。

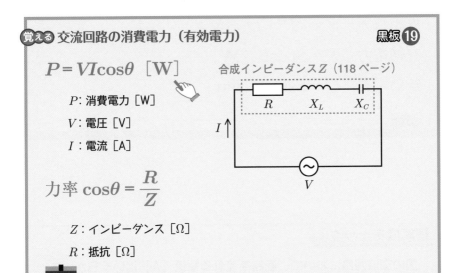

覚える 交流回路の消費電力（有効電力）　　　黒板⑲

$$P = VI\cos\theta \ [\mathrm{W}]$$

　P：消費電力 [W]

　V：電圧 [V]

　I：電流 [A]

力率 $\cos\theta = \dfrac{R}{Z}$

　Z：インピーダンス [Ω]

　R：抵抗 [Ω]

合成インピーダンス Z（118ページ）

電力の三角形　　　重要度 ★★★

　直流回路では、消費電力を単純に電圧と電流の積（$P = VI$）で表すことができました。交流回路では、電圧と電流の積を**皮相電力**といい、皮相電力に力率 $\cos\theta$ を掛けた消費電力を**有効電力**といいます。

　皮相電力と有効電力の関係は、次のように直角三角形の斜辺と底辺の長さで表すことができます。このとき、直角三角形の残りの辺の長さを**無効電力**といいます。

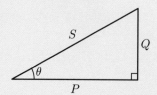

S：皮相電力

（単位：ボルトアンペア [VA]）

P：有効電力（単位：ワット [W]）

Q：無効電力（単位：バール [var]）

皮相電力　$S = \sqrt{P^2 + Q^2}$ [VA]

有効電力　$P = S\cos\theta$ [W]

無効電力　$Q = S\sin\theta$ [var]

理解度チェック

図の交流回路において、回路を流れる電流 [A] はいくらか。

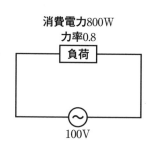

消費電力800W
力率0.8
負荷
100V

解答

$P = VI\cos\theta$ より、$I = \dfrac{P}{V\cos\theta}$ 。したがって、

$$I = \frac{800}{100 \times 0.8} = \frac{800}{80} = 10 \ [\text{A}] \quad \cdots 答え$$

2-8 交流回路の電力と力率

▶ 解答　125 ページ
▶ 解説　146 ページ

8
交流回路の電力と力率

問1 □□□ ………………………… （重要度 ★★★）

下図の交流回路における消費電力として、正しいものはどれか。

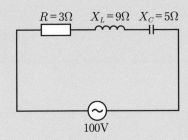

① 1,200W

② 1,000W

③ 800W

④ 200W

問2 □□□ ………………………… （重要度 ★★★）

消費電力 400W の電動機を 100V で運転したところ、5A の電流が流れた。電動機の力率として、正しいものはどれか。

① 75%

② 80%

③ 90%

④ 100%

2-9

電気計測

学習ポイント

- 最大目盛のn倍の電圧や電流を計測するには?
- ホイートストンブリッジの仕組みは?

電圧計と電流計

重要度 ★★★

負荷に加わる電圧を測定するには、電圧計(記号 Ⓥ)を 負荷と並列に接続します。また、負荷に流れる電流を測定するには、電流計(記号 Ⓐ)を 負荷と直列に接続します。

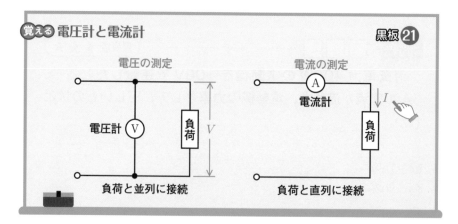

覚える 電圧計と電流計　　　　　　　　　　　　　　　黒板㉑

電圧の測定

電圧計 Ⓥ 　負荷　V

負荷と並列に接続

電流の測定

Ⓐ
電流計　負荷　I

負荷と直列に接続

電圧計と倍率器

重要度 ★★☆

電圧計で、最大目盛を超える電圧を測定するには、電圧計と直列に抵

抗を接続します。このような抵抗を**倍率器**といいます。

たとえば、最大目盛 50V、内部抵抗 10Ω の電圧計で、150V の電圧を測定する場合を考えてみましょう。電圧計をそのまま接続すると、目盛をオーバーしてしまうので測定できません。しかし、電圧計と直列に 20Ω の抵抗を接続すると、電圧計に加わる電圧は、電圧の分配法則（98ページ）より —倍率器

$$\frac{10}{10 + 20} \times 150 = 50 \ [\mathrm{V}]$$

となり、電圧計の目盛で計測できる電圧になります。このとき、電圧計の指針は「50」を指しますが、目盛の数値を 3 倍に読み替えれば、150V の電圧を計測できます。

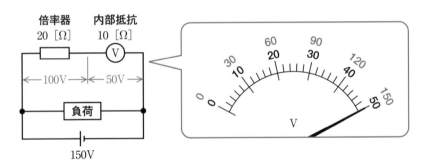

一般に、電圧計の最大目盛の n 倍の電圧を測定するには、倍率器の抵抗を内部抵抗の $n - 1$ 倍にします。

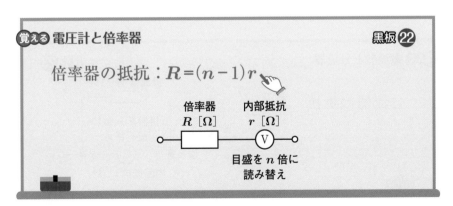

覚える 電圧計と倍率器　　　　　　　　　　黒板22

倍率器の抵抗：$R = (n-1)r$

倍率器　　　　内部抵抗
$R \ [\Omega]$　　　$r \ [\Omega]$

目盛を n 倍に
読み替え

実践問題の解答　問 1：❶　問 2：❷

電流計と分流器

重要度 ★★☆

　電流計で、最大目盛を超える電流を測定するには、**電流計と並列に抵抗**を接続します。このような抵抗を**分流器**といいます。

　たとえば、最大目盛1A、内部抵抗2Ωの電流計で、3Aの電流を測定する場合を考えてみましょう。電流計をそのまま接続すると、目盛をオーバーしてしまいます。しかし、電流計と並列に 1Ω の抵抗を接続すると、電流計に流れる電流は、電流の分配法則（100 ページ）より、　　　　　分流器

$$\frac{1}{2+1} \times 3 = 1 \ [\text{A}]$$

となり、電流計の目盛で計測できるようになります。このとき、電流計の指針は「1」を指しますが、目盛の数値を 3 倍に読み替えれば、3Aの電流を計測できます。

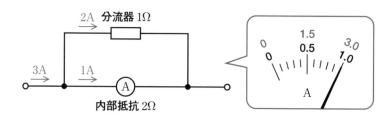

　一般に、電流計の最大目盛の n 倍の電流を測定するには、分流器の抵抗を内部抵抗の $n-1$ 分の 1 にします。

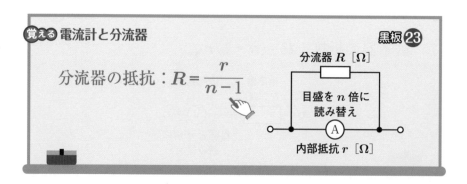

覚える 電流計と分流器

黒板 ㉓

$$\text{分流器の抵抗}：R = \frac{r}{n-1}$$

分流器 R [Ω]

目盛を n 倍に読み替え

内部抵抗 r [Ω]

ホイートストンブリッジ

重要度 ★★★

9

電気計測

ブリッジ回路とは、図のように並列に接続した回路の中間を、橋をわたすようにつないだ回路です。

ブリッジ回路には次のような性質があります。

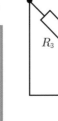

覚える **ブリッジの平衡条件** 👆 黒板**24**

$R_1R_4 = R_2R_3$ が成り立つとき、「このブリッジは平衡している」といい、ab 間には電流が流れない。

ブリッジの平衡条件を利用すると、抵抗値を測定することができます。図のように、ブリッジ回路に測定したい抵抗 R_x を接続し、検流計 Ⓖ がゼロを指すように、可変抵抗 R_v の値を操作します。検流計がゼロを指したとき、ブリッジの平衡条件が成立しているので、次の式が成り立ちます。

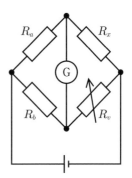

$$R_aR_v = R_bR_x \quad \rightarrow \quad R_x = \frac{R_a}{R_b} R_v$$

このような仕組みで抵抗値を計測する回路を、ホイートストンブリッジといいます。

たとえば上の図で、$R_a = 20\Omega$、$R_b = 10\Omega$、$R_v = 8\Omega$ のとき、検流計の指針がゼロを示した場合、ブリッジの平衡条件より

$$20 \times 8 = 10 \times R_x$$

が成り立ちます。したがって、R_x の値は、

$$R_x = \frac{20}{10} \times 8 = 16 \ [\Omega]$$

のように求めることができます。

実践問題

▶ 解答 130 ページ
▶ 解説 146 ページ

問1 □□□ ⋯⋯⋯⋯⋯⋯⋯⋯⋯⋯⋯⋯⋯⋯ 重要度 ★★★

負荷の電圧と電流を測定するために、電圧計と電流計を接続する接続方法として、正しいものはどれか。

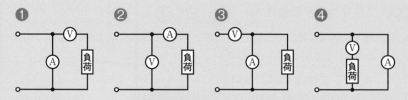

問2 □□□ ⋯⋯⋯⋯⋯⋯⋯⋯⋯⋯⋯⋯⋯⋯ 重要度 ★★☆

最大目盛が 8A、内部抵抗 4Ω の電流計を使って、最大 40A まで測定するためには、分流器の抵抗値をいくつにすればよいか。

❶ 0.5Ω ❷ 0.8Ω ❸ 1.0Ω ❹ 2.0Ω

問3 □□□ ⋯⋯⋯⋯⋯⋯⋯⋯⋯⋯⋯⋯⋯⋯ 重要度 ★★☆

右図のホイートストンブリッジにおいて、$R_1 = 4\Omega$、$R_2 = 5\Omega$、$R_3 = 8\Omega$ のとき、検流計 Ⓖ の指針が 0 を示した。抵抗 R_x の値はいくらか。

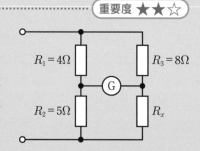

❶ 2.5Ω ❷ 6.4Ω ❸ 8.0Ω ❹ 10.0Ω

2-10

指示電気計器

学習ポイント

• 指示電気計器の種類と記号、直流／交流用の別を覚えよう。

• 誤差と補正、百分率誤差と百分率補正の違いは？

指示電気計器　　　　重要度 ★★★

電圧や電流などの測定値を、指針の動きで示す計測器を指示電気計器といいます。

指示電気計器は、その動作原理によって以下の種類に分類されます。

覚える 指示電気計器　　　　黒板 25

種類	記号	直流／交流	用途
可動コイル形	∩	直流用	電圧計、電流計
可動鉄片形	丰	交流用	電圧計、電流計
誘導形	⊙	交流用	電力量計
整流形	─▶├─	交流用	電圧計、電流計
振動片形	⩜	交流用	周波数計
電流力計形	中	交流／直流両用	電力計、電圧計、電流計
熱電形	⋎	交流／直流両用	電圧計、電流計
静電形	⯊	交流／直流両用	高電圧用電圧計

①可動コイル形（直流用）　永久磁石による磁界の中に可動コイルを置いたもの。可動コイルに直流電流を流すと、電磁力によって可動コイルが動く方式。

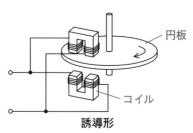

②可動鉄片形（交流用）　固定コイルに交流電流を流して磁界を作り、電磁力で可動鉄片を動かす方式。

③誘導形（交流用）　コイルに交流電流を流して回転磁界を作り、円板に発生する渦電流によって円板を回転させる方式。

④整流形（交流用）　整流器で交流を直流に変換し、可動コイル形の計器で計測する方式。

⑤振動片形（交流用）　振動片と交流電流との共振を利用する方式。

⑥電流力計形（交流・直流用）　固定コイルと可動コイルに電流を流し、電磁力で可動コイルを動かす方式。

⑦熱電形（交流・直流用）　電流によって生じる熱を熱電対（2種類の金属を接合したセンサ）で起電力に変換し、可動コイル形の計器で計測する方式。

⑧静電形（交流・直流用）　固定電極と可動電極に電圧を加え、静電力によって可動電極を動かす方式。

測定値と誤差

重要度 ★★☆

電気計器で測定した値と、実際の値（真値）との間には、多少の誤差があります。誤差の大きさは、次のように計算します。

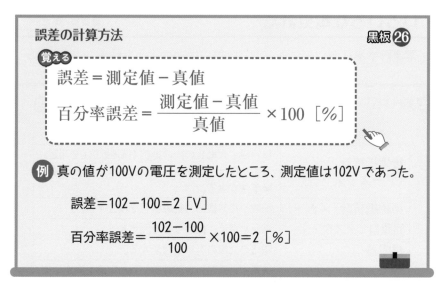

誤差の計算方法 黒板26

覚える

$$誤差 = 測定値 - 真値$$

$$百分率誤差 = \frac{測定値 - 真値}{真値} \times 100 \ [\%]$$

例 真の値が100Vの電圧を測定したところ、測定値は102Vであった。

$$誤差 = 102 - 100 = 2 \ [V]$$

$$百分率誤差 = \frac{102 - 100}{100} \times 100 = 2 \ [\%]$$

また、誤差を真の値に正すことを補正（ほせい）といいます。

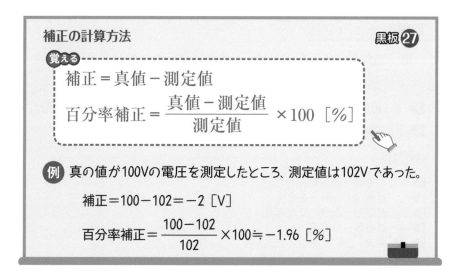

補正の計算方法 黒板27

覚える

$$補正 = 真値 - 測定値$$

$$百分率補正 = \frac{真値 - 測定値}{測定値} \times 100 \ [\%]$$

例 真の値が100Vの電圧を測定したところ、測定値は102Vであった。

$$補正 = 100 - 102 = -2 \ [V]$$

$$百分率補正 = \frac{100 - 102}{102} \times 100 ≒ -1.96 \ [\%]$$

誤差と補正の違いに注意しましょう。

いろいろな電気計器 （重要度 ★☆☆）

電流計や電圧計以外にも、電気計器には次のような種類があります。

覚える いろいろな電気計器　黒板28

電気計器	説明
接地抵抗計 （アーステスター）	接地極と大地との間の抵抗（接地抵抗）を測定。測定法には、コールラウシュブリッジ法や電圧降下法がある。
絶縁抵抗計（メガー）	配線や電気機器の絶縁状態を検査する。
回路計（テスター）	電圧や電流、抵抗などを測定する。
検電器	電路の充電の有無を検査する。
クランプメーター	通電中の回路の負荷電流や漏れ電流を測定する。

理解度チェック

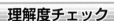

直流で作動する電気計器は○、直流では作動しない電気計器には× で答えなさい。

1 ▸ 丰（可動鉄片形）　　**2** ▸ ⋂（可動コイル形）　　**3** ▸ ⌄（熱電形）

4 ▸ ⊙（誘導形）　　**5** ▸ ⊹（電流力計形）

- 解答 -

1 ▸ ×　可動鉄片形→交流用
2 ▸ ○　可動コイル形→直流用
3 ▸ ○　熱電形→直流／交流両用
4 ▸ ×　誘導形→交流用
5 ▸ ○　電流力計形→直流／交流両用

2-10 指示電気計器

実践問題

▶ 解答　135 ページ
▶ 解説　146 ページ

問1 □□□ .... （重要度 ★★★）

　指示電気計器の動作原理とその記号の組合せとして、正しいものはどれか。

❶　可動鉄片形
❷　可動コイル形
❸　電流力計形
❹　誘導形

問2 □□□ .... （重要度 ★★☆）

　真値が 100V の電圧を測定したところ、測定値は 98V であった。測定値の百分率誤差として正しいものはどれか。

❶　1.96%
❷　2.00%
❸　− 1.96%
❹　− 2.00%

問3 □□□ .... （重要度 ★☆☆）

　接地抵抗を測定する電気計器として、正しいものはどれか。

❶　メガー
❷　クランプメーター
❸　アーステスター
❹　検電器

2-11

電気材料

学習ポイント

- 物質の電気抵抗は何によって決まる？
- 導電材料と絶縁材料の主な種類は？
- 絶縁材料の耐熱クラスとは？

抵抗率とは

重要度 ★★★

一般に物質の電気抵抗は、電気が通る距離が長いほど大きく、断面積が大きいほど小さくなります。この関係は、次のような式で表すことができます。

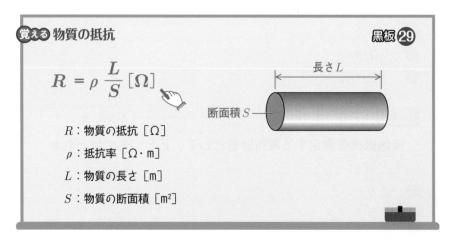

覚える 物質の抵抗

黒板㉙

$$R = \rho \frac{L}{S} [\Omega]$$

長さ L

断面積 S

R：物質の抵抗 [Ω]

ρ：抵抗率 [Ω・m]

L：物質の長さ [m]

S：物質の断面積 [m²]

記号 ρ は、長さ 1m、断面積 1m² の物質の抵抗値のことで、**抵抗率**といいます。抵抗率は物質によって異なり、抵抗率の小さいものは導電材料、抵抗率の大きいものは絶縁材料に使われます。

導電材料　　重要度 ★☆☆

　抵抗率が小さく、電気を通しやすい物質を導体といいます。導体のなかでも特に抵抗率が小さい（＝導電率が高い）ものに、以下のものがあります。

　　　　　　　　　　　　└─抵抗率の逆数

銀　銅　金　アルミニウム　鉄 ←── 抵抗率の小さい順（導電率の高い順）

 **ひとこと**

一般に、金属は温度が上昇すると抵抗が増加します。

絶縁材料　　重要度 ★☆☆

　抵抗率が大きく、電気をほとんど通さない物質を絶縁体といいます。絶縁体は、電流を遮断する絶縁材料として、電線の被覆やがいし（電線とその支持物との間を絶縁する器具）などに使われます。

主な絶縁材料：絶縁油　SF₆（六ふっ化硫黄）ガス　エポキシ樹脂
　　　　　　　磁器　空気

　絶縁材料の耐熱性については、許容最高温度に応じて次のような耐熱クラスが JIS 規格で定められています。

耐熱クラス	Y	A	E	B	F	H	200
許容最高温度	90℃	105℃	120℃	130℃	155℃	180℃	200℃

 **ひとこと**

ゲルマニウムやシリコンなど、導体と絶縁体の中間の性質をもつ物質を半導体といいます。半導体は、ダイオードやトランジスタなどの電子部品の材料です。

実践問題の解答　問1：④　問2：④　問3：③

実践問題

▶ 解答 138 ページ
▶ 解説 147 ページ

問1 □□□ .... 重要度 ★★★

　抵抗率 ρ、断面積 S、長さ L の導線とその抵抗 R との関係を表す式として、正しいものはどれか。

❶ $R = \rho \dfrac{S}{L}$ 　**❷** $R = \dfrac{S}{\rho L}$ 　**❸** $R = \rho \dfrac{L}{S}$ 　**❹** $R = \dfrac{L}{\rho S}$

問2 □□□ .... 重要度 ★☆☆

　金属を、導電率の高い順に並べたものとして、正しいものはどれか。

❶ 鉄、アルミニウム、銀、金、銅
❷ 銅、アルミニウム、銀、鉄、金
❸ 銅、銀、鉄、アルミニウム、金
❹ 銀、銅、金、アルミニウム、鉄

問3 □□□ .... 重要度 ★☆☆

　電気絶縁の耐熱クラスを許容最高温度の低い順に並べたものとして、正しいものはどれか。

❶ Y、A、E、B、F、H
❷ A、B、E、F、H、Y
❸ H、B、Y、F、A、E
❹ A、Y、B、F、E、H

2-12

電気機器

- 変圧器の巻数比と変圧比、電流比の関係は？
- 誘導電動機の同期速度の求め方は？
- 鉛蓄電池の正極と負極、電解液に用いる材質は？

変圧器の仕組み

重要度 ★★☆

図のように、一次巻線、二次巻線と呼ばれるコイルを鉄心に巻いたものを変圧器といいます。

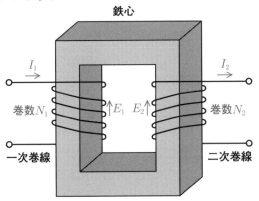

鉄心

I_1

I_2

巻数N_1　　↑E_1　E_2↑　　巻数N_2

一次巻線　　　　　　　　　　　二次巻線

一次巻線に交流電圧を加えると、鉄心に周期的に変化する磁束が発生します。この磁束が二次巻線を通ると、今度は電磁誘導（112ページ）によって二次巻線に起電力が生じます。一次巻線に加える電圧E_1と二次巻線に生じる起電力E_2の比は、一次巻線と二次巻線の巻数の比に等しく、巻数を調整すると交流電圧を変化させることができます。これが、変圧器の原理です。

・変圧比（一次電圧と二次電圧の比）は巻数比に等しい

$$変圧比 = \frac{E_1}{E_2} = \frac{N_1}{N_2}$$

・電流比（一次電流と二次電流の比）は、変圧比の逆数に等しい

$$電流比 = \frac{I_1}{I_2} = \frac{E_2}{E_1} = \frac{N_2}{N_1} = \frac{1}{変圧比}$$

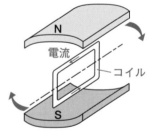

誘導電動機の仕組み 重要度 ★★☆

　磁界の中にコイルを置いて磁界を回転させると、電磁誘導によってコイルに起電力が生じ、電流が流れます。この電流は磁界を通るので電磁力が生まれ、コイルが磁界と同じ方向に回転します。この原理で動作する電動機（モーター）を、誘導電動機といいます。

　実際の誘導電動機は、固定子に取り付けたコイルに三相交流を流して、電気的に回転する磁界（回転磁界）を作り、内側の回転子を回転させます。

　回転磁界が回転する速度を同期速度といいます。回転子は、回転速度より少し遅れて回転するため、同期速度と回転子の回転速度の間にはずれが生じます。このずれの割合をすべりといいます。

12

電気機器

覚える 誘導電動機 黒板 ㉛

同期速度：$N_s = \dfrac{120f}{p}\ [\mathrm{min}^{-1}]$

N_s：同期速度［min⁻¹］

f：交流の周波数［Hz］

p：磁極数

すべり：$s = \dfrac{N_s - N}{N_s}$

s：すべり

N_s：同期速度［min⁻¹］

N：回転子の回転速度［min⁻¹］

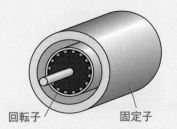

回転子　　　　　固定子

ひとこと

三相誘導電動機では、3本ある電源線のうちの2本を入れ替えると回転磁界の方向が逆になるので、回転子の回転方向も逆になります。

蓄電池の仕組み

重要度 ★☆☆

電池には、一度放電すると使えなくなる**一次電池**と、充電することで繰り返し使用できる**二次電池**（蓄電池）があります。自動火災報知設備は、予備電源として蓄電池を備えています。

鉛蓄電池は自動車のバッテリーなどに利用されている二次電池で、正極に二酸化鉛（PbO_2）、負極に鉛（Pb）、電解液に希硫酸（H_2SO_4）を用います。放電時には、硫酸が両極と反応し、負極では硫酸鉛（$PbSO_4$）と電子、正極では硫酸鉛（$PbSO_4$）と水（H_2O）ができます。電子は電線を通って負極から正極に移動するので、正極から負極に電流が流れます。充電時にはその逆の反応が起こります。

覚える 鉛蓄電池

正極：二酸化鉛　負極：鉛　電解液：希硫酸

黒板 32

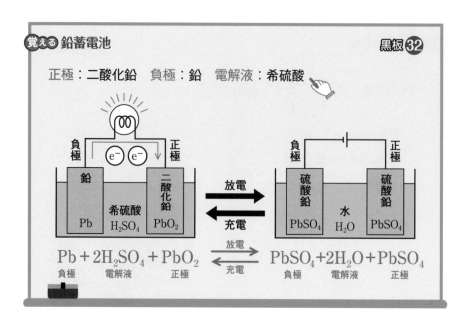

$$Pb + 2H_2SO_4 + PbO_2 \underset{\text{充電}}{\overset{\text{放電}}{\rightleftharpoons}} PbSO_4 + 2H_2O + PbSO_4$$

負極　電解液　正極　　　負極　電解液　正極

ひとこと

鉛蓄電池を長時間放置すると、過放電によって電極板の表面に硫酸鉛の結晶（サルフェーション）が付着します。サルフェーションは電気を通しにくいため、蓄電池の劣化の原因となります。

理解度チェック

正しい記述は○、誤っている記述は × で答えなさい。

1 一次巻線と二次巻線の巻線比が 10：1 の変圧器では、二次側の電圧は一次側の電圧の 10 倍になる。

2 鉛蓄電池は正極に鉛、負極に二酸化鉛、電解液に希硫酸を用いた二次電池である。

─ 解答 ─

1 ×　二次側の電圧は一次側の 10 分の 1 になります。
2 ×　鉛蓄電池では正極に二酸化鉛、負極に鉛を用います。

2-12 電気機器

実践問題

▶ 解答　143 ページ
▶ 解説　147 ページ

問1 □□□ ················· 重要度 ★☆☆

　一次巻線と二次巻線との巻数比が 4：1 の理想変圧器がある。この変圧器の説明として正しいものはどれか。

❶　二次側の電圧は、一次側の電圧の 4 倍になる。
❷　二次側の電流は、一次側の電流の 4 倍になる。
❸　二次側の電力は、一次側の電力の 4 倍になる。
❹　二次側の出力は、一次側の入力の 4 倍になる。

問2 □□□ ················· 重要度 ★☆☆

　60Hz 用、4 極の誘導電動機の無負荷速度として、最も近いものはどれか。

❶　$1,200 \, \text{min}^{-1}$
❷　$1,500 \, \text{min}^{-1}$
❸　$1,800 \, \text{min}^{-1}$
❹　$2,000 \, \text{min}^{-1}$

問3 □□□ ················· 重要度 ★☆☆

　鉛蓄電池の電極が劣化して、起電力を失うことを何というか。

❶　サルフェーション現象
❷　ゼーベック効果
❸　ペルチェ効果
❹　メモリー効果

2-1　オームの法則
▶問題　92 ページ

問1 ❸　　☞ 91 ページ参照

オームの法則の式には、次の式①～③のような変形があります。このうち１つを覚えておけば、残りは式の変形で導くことができます。

$V = RI$ …①

①の両辺を I で割る：

$$\frac{V}{I} = \frac{RI}{I} \rightarrow \frac{V}{I} = R$$

$$\rightarrow R = \frac{V}{I} \quad \text{…②}$$

①の両辺を R で割る：

$$\frac{V}{R} = \frac{RI}{R} \rightarrow \frac{V}{R} = I$$

$$\rightarrow I = \frac{V}{R} \quad \text{…③}$$

ひとこと

次のような図で覚える方法もあります。

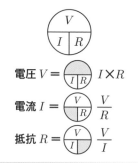

電圧 $V = I \times R$

電流 $I = \dfrac{V}{R}$

抵抗 $R = \dfrac{V}{I}$

2-2　合成抵抗
▶問題　96 ページ

問1 ❷　　☞ 95 ページ参照

①10Ω と 15Ω の抵抗が並列に接続されている部分の合成抵抗

$$\frac{10 \times 15}{10 + 15} = \frac{150}{25} = 6 \ [\Omega]$$

②15Ω と 30Ω の抵抗が並列に接続されている部分の合成抵抗

$$\frac{15 \times 30}{15 + 30} = \frac{450}{45} = 10 \ [\Omega]$$

①と②は直列に接続されているので、ab 間の合成抵抗は

$6 + 10 = 16 \ [\Omega]$

となります。

問2 ❸　　☞ 95 ページ参照

10Ω の抵抗と R が並列に接続されている部分の合成抵抗は、ab 間の合成抵抗12Ω から、6Ω の抵抗を引いた値なので、次の式が成り立ちます。

$$\frac{10 \times R}{10 + R} = 12 - 6$$

$$10R = 6 \ (10 + R)$$

$$10R = 60 + 6R$$

$$10R - 6R = 60$$

$$4R = 60$$

$$\therefore R = 15 \ [\Omega]$$

問3 ❸　☞ 91,95 ページ参照

ab 間の合成抵抗は、

$$\frac{3 \times 6}{3 + 6} + 2 = \frac{18}{9} + 2$$
$$= 2 + 2 = 4 \ [\Omega]$$

4Ω の抵抗に 12V の電圧が加わるので、ab 間に流れる電流は、

$$I = \frac{V}{R} = \frac{12}{4} = 3 \ [A]$$

となります。

2-3　電圧と電流の分配
▶ 問題　101 ページ

問1 ❶　☞ 95,98 ページ参照

ab 間の合成抵抗は、

$$\frac{4 \times 4}{4 + 4} + 7 = \frac{16}{8} + 7$$
$$= 2 + 7 = 9 \ [\Omega]$$

です。ab 間を流れる電流は、電流計の指示値より 4A。したがって、ab 間に加わる電圧は、オームの法則より、

$$9 \times 4 = 36 \ [V]$$

となります。このうち、7Ω の抵抗に加わる電圧は、合成抵抗 9Ω に占める 7Ω の抵抗の割合にしたがって分配されるので、

$$\frac{7}{9} \times 36 = 28V$$

となります。

問2 ❷　☞ 95,100 ページ参照

10Ω の抵抗に流れる電流は、回路電流 I から分岐したものです。したがってまず電流 I の値を求めます。

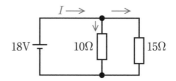

回路全体の合成抵抗は、

$$\frac{10 \times 15}{10 + 15} = \frac{150}{25} = 6 \ [\Omega]$$

です。したがって回路電流 I は、オームの法則より、

$$I = \frac{18}{6} = 3 \ [A]$$

10Ω の抵抗に流れる電流は、電流の分配法則の式（100 ページ）より、次のように求めることができます。

$$\frac{15}{10 + 15} \times 3 = \frac{15}{25} \times 3$$
$$= \frac{3}{5} \times 3 = \frac{9}{5} = 1.8 \ [A]$$

問3 ❶　☞ 95,100 ページ参照

まず、ab 間の合成抵抗を求めます。

$$\frac{3 \times 6}{3 + 6} + 2 = \frac{18}{9} + 2$$
$$= 2 + 2 = 4 \ [\Omega]$$

4Ω の抵抗に 24V の電圧が加わるので、ab 間に流れる電流は、

$$\frac{24}{4} = 6 \ [A]$$

実践問題の解答　問1：❷　問2：❸　問3：❶

です。3Ω の抵抗に流れる電流は電流の分配法則より、

$$\frac{6}{3+6} \times 6 = \frac{6}{9} \times 6 = \frac{36}{9}$$
$$= 4 \ [\text{A}]$$

となります。

2-4　電力と電力量

問1 ❹　　☞ 103 ページ参照

回路の合成抵抗（94 ページ）は、

$$\frac{10 \times 15}{10+15} + 4 = \frac{150}{25} + 4$$
$$= 6 + 4 = 10 \ [\Omega]$$

消費電力 $P = I^2 R$ より、回路に流れる電流を I とすれば、次の式が成り立ちます。

$$I^2 \times 10 = 250 \quad \therefore \ I = 5 \ [\text{A}]$$

10Ω の抵抗に流れる電流は、電流の分配法則（100 ページ）より、

$$\frac{15}{10+15} \times 5 = \frac{15}{25} \times 5 = 3 \ [\text{A}]$$

問2 ❷　　☞ 102 ページ参照

ジュールの法則 $H = I^2 R t$ より、

$$H = 3^2 \times 10 \times 60 = 5,400 \ [\text{J}]$$

1kJ = 1,000J なので、5.4kJ になります。

問3 ❷　　☞ 103 ページ参照

$P = VI$ より、$I = P \ / \ V$。した

がって、回路に流れる電流は、

$$I = \frac{800}{100} = 8 \ [\text{A}]$$

となります。

2-5　コンデンサと静電容量
▶問題　109 ページ

問1 ❷　　☞ 107,108 ページ参照

ab 間の合成静電容量を求めます。

$$\frac{(5+3) \times 8}{(5+3) + 8} = \frac{8 \times 8}{8+8}$$
$$= \frac{64}{16} = 4 \ [\text{F}]$$

ab 間の電荷は、$Q = CV$ より、

$$Q = 4 \times 3 = 12 \ [\text{C}]$$

となります。

問2 ❹　　☞ 108 ページ参照

ab 間の合成静電容量は次のようになります。

$$\frac{6 \times 3}{6+3} + \frac{4 \times 4}{4+4} = \frac{18}{9} + \frac{16}{8}$$
$$= 2 + 2 = 4 \ [\mu\text{F}]$$

2-6　電気と磁気
▶問題　114 ページ

問1 ❹　　☞ 112 ページ参照

○❶　コイルの中に磁石を出し入れすると、コイルに誘導起電力が生じて電流が流れるので、検流計の針が振れ

ます。誘導起電力はコイルの中を通る磁束の変化によって生じるので、磁石を静止させると電流も停止します。

○ ② 　コイルを固定して磁石を出し入れしても、磁石を固定してコイルを動かしても、コイルの中の磁束は同じように変化します。

○ ③ 　コイルに入れるときは磁束が増加し、コイルから出すと磁束が減少します。磁束が増加するときと減少するときとでは、誘導起電力の向きが逆になります。

× ④ 　誘導起電力の大きさは、単位時間当たりの磁束の変化量に比例します。そのため、磁石を素早く動かすほど、検流計の針の振れは大きくなります。

問2 ▶ ④ 　　☞ 111 ページ参照

電流とコイルの巻数の積を起磁力といいます。鉄心を入れたコイルに電流を流すと、鉄心に磁束が生じます。この磁束は起磁力に比例し、鉄心の磁気抵抗（磁束の伝わりにくさ）に反比例します。

○ ❶ 　起磁力は電流とコイルの巻数の積なので、電流が大きいほど起磁力も大きくなります。

○ ❷ 　起磁力はコイルの巻数が大きいほど大きくなります。

○ ❸ 　鉄心に生じる磁束は起磁力に比例して大きくなります。

× ④ 　鉄心に生じる磁束は鉄心の磁気抵抗に反比例します。

2-7　交流回路
▶ 問題　119 ページ

問1 ▶ ② 　　☞ 116 ページ参照

× ❶ 　正弦波交流では正負が交互に現われるので、1 周期分の電圧の平均値は 0 です。半周期分の平均値は、半周期分の波形と面積が等しい下図の色網部分の高さで、その値は最大値の 2 ／ π 倍になります。

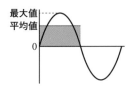

○ ② 　正弦波交流の電流の実効値は、最大値の 1 ／√2 倍になります。

× ❸ 　インダクタンス（コイル）は、電流の位相を 90 度（π ／ 2 ラジアン）遅らせます。

× ④ 　静電容量（コンデンサ）は、電流の位相を 90 度（π ／ 2 ラジアン）進ませます。

ひとこと

ラジアン[rad]は、360 度を 2π[rad] とする角度の単位。90 度は 360 度の 4 分の 1 なので、2π ×1/4 ＝π／2[rad]となります。

問2 ④　☞ 117 ページ参照

15Ωの抵抗に流れる電流は、オームの法則より60÷15 = 4［A］。直列回路なので、回路全体に4Aの電流が流れます。回路電圧100V、回路電流4Aより、回路全体のインピーダンスは、100÷4 = 25［Ω］となります。

2-8　交流回路の電力と力率
▶ 問題　123 ページ

問1 ❶　☞ 118,121 ページ参照

回路の合成インピーダンスは、

$$Z = \sqrt{3^2 + (9-5)^2}$$
$$= \sqrt{3^2 + 4^2}$$
$$= \sqrt{9 + 16}$$
$$= \sqrt{25} = 5 \ [\Omega]$$

回路電流 I はオームの法則より、
$$I = 100 \div 5 = 20 \ [\text{A}]$$
回路の力率は、$\cos\theta = R / Z$ より
$$\cos\theta = \frac{3}{5} = 0.6$$

消費電力 $P = VI\cos\theta$ より、
$$P = 100 \times 20 \times 0.6 = 1200 \ [\text{W}]$$

問2 ❷　☞ 121 ページ参照

消費電力 $P = VI\cos\theta$ より、$\cos\theta = P / VI$。したがって、
$$\cos\theta = \frac{400}{100 \times 5} = \frac{400}{500}$$

$$= \frac{4}{5} = 0.8 \to 80 \ [\%]$$

2-9　電気計測
▶ 問題　128 ページ

問1 ❷　☞ 124 ページ参照

電圧計は負荷と並列に、電流計は負荷と直列に接続します。

問2 ❸　☞ 126 ページ参照

最大目盛の5倍（= 40A÷8A）の電流を測定する場合の分流器の抵抗値は、次のように求められます。

$$R = \frac{r}{n-1} = \frac{4}{5-1} = 1 \ [\Omega]$$

問3 ④　☞ 127 ページ参照

検流計⑥の値がゼロなので、ブリッジの平衡条件が成立し、
$$R_1 \times R_x = R_2 \times R_3$$
となります。したがって、
$$R_x = \frac{R_2 R_3}{R_1} = \frac{5 \times 8}{4} = \frac{40}{4}$$
$$= 10 \ [\Omega]$$
となります。

2-10　指示電気計器
▶ 問題　133 ページ

問1 ④　☞ 129 ページ参照

正しい記号は以下のようになります。

❶ 可動鉄片形 ⚡

❷ 可動コイル形 🔲

❸ 電流力計形 ⊥

❹ 誘導形 ◑

問2 ❹ ☞ 131ページ参照

百分率誤差は次のように求められ
ます。

$$百分率誤差 = \frac{測定値 - 真値}{真値} \times 100$$

$$= \frac{98 - 100}{100} \times 100 = -2 \ [\%]$$

問3 ❸ ☞ 132ページ参照

× **❶** メガー（絶縁抵抗計）は絶
縁抵抗を測定します。

× **❷** クランプメーターは通電中
の回路の電流を測定します。

○ **❸** アーステスターは接地抵抗
を測定します。

× **❹** 検電器は電路の充電の有無
を検査します。

2-11 電気材料
▶ 問題 136ページ

問1 ❸ ☞ 134ページ参照

物質の抵抗 R は、物質の長さ L
に比例し、断面積 S に反比例します。
また、抵抗率 ρ [$\Omega \cdot m$] は、長さ
1m、断面積 $1m^2$ の物質の抵抗値で
す。したがって、抵抗 R を表す式

は、次のようになります。

$$R = \rho \frac{L}{S}$$

問2 ❹ ☞ 135ページ参照

導電率は抵抗率の逆数で、電気の
伝わりやすさを示す数値です。金属
を電気の伝わりやすい順に並べる
と、銀、銅、金、アルミニウム、鉄
の順になります。銀や金は高価なの
で、電線などの材料には銅やアルミ
ニウムが主に使われています。

問3 ❶ ☞ 135ページ参照

電気絶縁の耐熱クラスには、次の
ような種類があります。

耐熱クラス	許容最高温度
Y	90℃
A	105℃
E	120℃
B	130℃
F	155℃
H	180℃

2-12 電気機器
▶ 問題 141ページ

問1 ❷ ☞ 138ページ参照

変圧器では、一次側電圧 E_1 と二
次側電圧 E_2 の比は巻数比に等しく、
一次側電流 I_1 と二次側電流 I_2 の比
は巻数比の逆数に等しくなります。

$$\frac{E_2}{E_1} = \frac{N_2}{N_1} = \frac{I_1}{I_2}$$

147

× **❶** 巻数比が４：１なので、一次側電圧と二次側電圧の比も４：１です。したがって、二次側電圧は一次側電圧の４分の１になります。

○ **❷** 一次側電圧と二次側電圧の比は１：４になるので、二次側電流は一次側電流の４倍になります。

× **❸** 力率を考慮しなければ、電力は電圧と電流の積で表されます。二次側電圧は一次側電圧の４分の１になりますが、二次側電流は一次側電流の４倍になるので、一次側電力と二次側電力は等しくなります。

× **❹** 変圧器の入力は一次側電力、出力は二次側電力と同じです。実際の変圧器の出力は入力より少なくなりますが、理想変圧器は損失ゼロの変圧器なので、入力と出力は等しくなります。

問2 **❸**　☞ 139 ページ参照

誘導電動機の回転速度（同期速度）は、すべりを考慮しなければ、次のように求められます。

$$N_s = \frac{120f}{p} = \frac{120 \times 60}{4}$$

$$= 1800 \ [\text{min}^{-1}]$$

問3 **❶**　☞ 140 ページ参照

鉛蓄電池の電極に硫酸塩の結晶が付着し、性能が劣化する現象をサルフェーション現象といいます。

○ **❶** 正しい記述です。

× **❷** ゼーベック効果とは、半導体や異なる金属に温度差を与えると、電圧が発生する現象です。

× **❸** ペルチェ効果は、ゼーベック効果の逆で、半導体や異なる金属に電圧を加えると、温度差が得られる現象です。

× **❹** メモリー効果とは、ニッケル電池などで放電しきっていない電池を充電すると、その付近で起電力が低下し、電池の容量が減ったようにみえる現象です。

第 3 章

自動火災報知設備の構造と機能

3-1
受信機の構造と機能①

- 受信機にはどんな種類がある？
- P型受信機とR型受信機の違いは？
- 各受信機に共通する構造は？

自動火災報知設備の構成　　重要度 ★★★

　自動火災報知設備は、建物内で発生した火災を自動的に感知し、非常ベルなどを鳴らして火災発生を知らせるための設備です。おおまかに、次のような装置で構成されています。

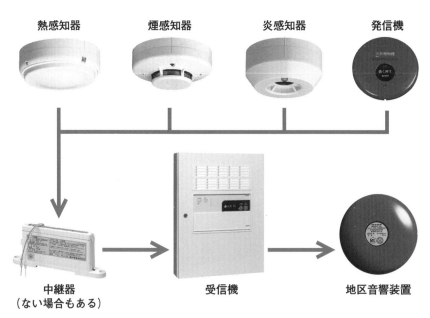

| 熱感知器 | 煙感知器 | 炎感知器 | 発信機 |

中継器
（ない場合もある）　　　　受信機　　　　　　　地区音響装置

①感知器

火災の発生を自動的に感知し、火災信号や火災情報信号を受信機に送ります。火災を感知する方法によって、熱感知器、煙感知器、炎感知器などの種類があります。

②発信機

発信機は、人間が火災を発見したときに、押しボタンを押して手動で受信機に信号を送る装置です。

自動火災報知設備の主な図記号

感知器	⏝ S △
発信機	Ⓟ
中継器	▭
受信機	✕
地区音響装置	Ⓑ

③中継器

感知器や発信機から発信された各種信号を受け取り、信号の種類や場所に応じて、受信機や他の消火設備に信号を送信する中継装置です。

④受信機

感知器や発信機から発信された各種信号を受け取って、火災の発生を関係者に知らせる装置です。必要に応じて、屋内消火栓設備・非常警報設備・エレベーターの強制帰着装置などと連動する機能をもちます。

⑤地区音響装置

建物内の各階に設置され、受信機からの信号を受け取って、ベルや音声で火災の発生を知らせる装置です。

この節では、このうちの受信機の構造と機能について説明します。

受信機の種類　重要度 ★★★

受信機には、自動火災報知設備用のもの（P型、R型）とガス漏れ火災警報設備用のもの（G型）、両者兼用のもの（GP型、GR型）があり

ます。

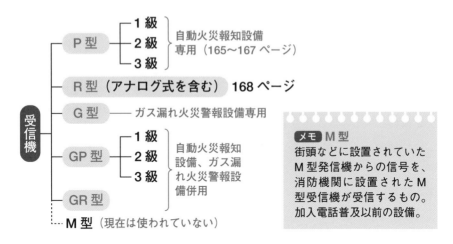

R型（アナログ式を含む）168ページ

メモ M型
街頭などに設置されていた
M型発信機からの信号を、
消防機関に設置されたM
型受信機が受信するもの。
加入電話普及以前の設備。

以上から、自動火災報知設備用の受信機は、大きくP型とR型に分かれます。そこでまず、P型とR型の違いをよく理解しておきましょう。

覚える P型受信機とR型受信機の違い　　　　　　黒板❶

・P型受信機：火災信号もしくは火災表示信号を、**共通の信号**として受信するもの（165ページ）

・R型受信機：火災信号、火災表示信号もしくは火災情報信号を、**固有の信号**として受信するもの（168ページ）

共通の信号とは、各感知器や発信機が発する信号に区別がないという意味です。どの感知器が火災を感知したかといった情報は、信号自体には含まれていません。そのためP型受信機では、警戒区域ごとに回線を設け、信号が届いた回線によって火災の発生場所を区別します。P型受信機のパネルには回線ごとに地区表示灯が必要なので、一般にR型より大型になります。

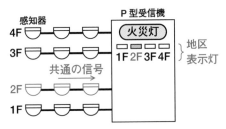

受信した回線によって地区を判別し、地区表示灯を点灯させる。

一方、**固有の信号**とは、火災を感知した感知器などの情報が、信号自体に含まれているものをいいます。具体的には、感知器本体や中継器にアドレスを設定しておき、火災が発生するとアドレスとともに受信機に信号を送ります。受信機は、このアドレスから火災の発生場所を特定します。この仕組みによって、一般にR型受信機は配線を簡略化でき、パネルもP型よりコンパクトになっています。

> **用語 火災信号**
> 火災発生を知らせる感知器や発信機からの信号
>
> **用語 火災情報信号**
> アナログ式感知器による周辺温度や煙濃度などの火災の程度に係る信号
>
> **用語 火災表示信号**
> 火災情報信号の内容から、火災が発生したと判断されたときに中継器が発信する信号

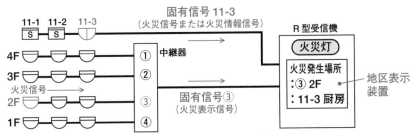

固有信号から火災発生場所を特定し、表示装置に表示する。

アナログ式受信機は、周辺温度や煙濃度などの情報を感知器から連続的に受信できるもので、R型受信機の高機能版といえます。アナログ式受信機ではこの仕組みを利用し、感知器から届く情報を分析して、火災が発生する前段階で異常を知らせる**注意表示**を行います。

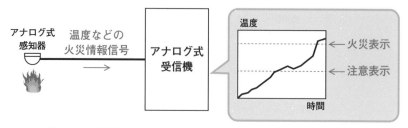

感知器から連続的に届く情報を分析し、注意表示や火災表示を行う。

アナログ式受信機では通常の感知器も利用できますが、注意表示などの機能を利用するには、アナログ式感知器が必要です。

火災が発生したときの動作（火災表示） 重要度 ★★★

受信機は、火災信号を受信すると、次のようにして火災を知らせます。これらの一連の動作を火災表示といいます。

①火災灯（赤い表示灯）を点灯

②主音響装置（受信機本体から発するブザーや音声）の鳴動

③地区表示装置（火災の発生場所を表示）の点灯

④地区音響装置（館内の非常ベル）の鳴動

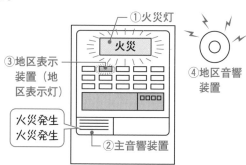

受信機の火災表示については、以下の基準があります。

★信号の受信から火災表示までの所要時間は5秒以内とすること（地区音響装置の鳴動を除く）。

★いったん火災表示の状態になったら、人間が手動で復旧しない限り、表示状態を保持すること（P型3級受信機を除く）。これを火

災表示の保持機能といいます。
・2回線から同時に火災信号を受信した場合でも、火災表示ができること（P型3級受信機を除く）。

　なお、受信した火災信号が**非火災報**だった場合は、次のように操作して、通常の監視状態に戻します。

━━ 実際には火災ではないのに、
　　感知器が発報すること

①**主音響停止スイッチを押す**　➡　主音響装置が停止します。

②**地区音響（一時）停止スイッチを押す**　➡　地区音響装置が一時的に停止します。

③**受信機の復旧スイッチを押す**　➡　監視状態に戻ります。

非火災報への対策　　重要度 ★★☆

　蓄積式受信機や二信号式受信機は、次のような仕組みで**非火災報**を防止しています。

①蓄積式受信機

　蓄積式受信機は、感知器や中継器からの火災信号が一定時間継続して発信されているのを確認してから、火災表示を行います。蓄積時間は**5秒を超え60秒以下**でなければなりません。また、❗**発信機から信号が発信された場合は、蓄積機能を自動的に解除し、すぐに火災表示を行います。**

②二信号式受信機

　同じ区域内にある2つの感知器から信号を受信して、はじめて火災表示を行います。最初の信号を受信したときは主音響装置と地区表示灯の

みを作動させ、2つ目の信号を受信した時点で、火災灯と地区音響装置を作動させます。蓄積式受信機と同様に、発信機から信号が発信された場合は、すぐに火災表示を行います。

①火災信号1
感知器

②主音響装置、地区表示装置が作動

受信機

③火災信号2
感知器

④火災灯、地区音響装置が作動

　なお、蓄積型の感知器や蓄積式の中継器を設けた場合、受信機はその警戒区域において二信号式の機能を有しないこととします。

受信機に共通する構造と機能　重要度 ★★★

　すべてのタイプの受信機が、共通して備えていなければならない主な構造は以下のとおりです。

①一般的な構造

- ・確実に作動し、取扱いや保守点検、付属部品の取替えが容易にできること。
- ・耐久性があること。
- ・水滴が浸入しにくいこと。
- ・ほこりや湿気により機能に異常を生じないこと。
- ・腐食により機能に異常を生ずるおそれのある部分には、防食のための措置を講ずること。
- ・不燃性または難燃性の外箱で覆<ruby>覆<rt>おお</rt></ruby>うこと。
- ・配線は十分な電流容量を有し、かつ、接続が的確であること。
- ・部品は、機能に異常を生じないように、的確に、かつ、容易に緩<ruby>緩<rt>ゆる</rt></ruby>まないように取り付けること。
- ・周囲温度が0℃以上40℃以下のとき、機能に異常を生じないものであること。

②電源部分の構造

- 充電部は、外部から容易に人が触れないように、十分に保護すること。
- ★金属製外箱には接地端子を設けること（定格電圧60Vを超える場合）。 ほとんどの受信機が該当
- ★主電源の両極を同時に開閉できる電源スイッチを、受信機の内部に設けること（P型3級受信機を除く）。
- 主電源回路の両線及び予備電源回路の1線並びに受信機から外部負荷に電力を供給する回路に、ヒューズ、ブレーカ等の保護装置を設けること。
- ★予備電源を設けること（回線数1のP型2級及びP型3級受信機を除く）。
- 主電源を監視する装置（交流電源灯等）を受信機の前面に設けること。
- ★電源の電圧が以下の範囲内で変動したとき、機能に異常を生じないこと。

主電源の電圧	定格電圧の90％以上110％以下
予備電源の電圧	定格電圧の85％以上110％以下

③操作部の構造

- 受信機の試験装置は、受信機の前面において容易に操作できること。
- 復旧スイッチや音響停止スイッチは専用のものとすること（スイッチを受信機内部に設ける場合またはP型3級、GP型3級受信機を除く）。
- ★定位置に自動的に復旧しないスイッチが定位置にないとき、音響装置または点滅する注意灯（スイッチ注意灯）が作動すること。 倒れ切りスイッチ（または回路）
- ★地区音響停止スイッチには、再鳴動機能を設けること。

再鳴動機能とは、地区音響装置の鳴動が停止状態のときでも、火災信号を受信したら、一定時間以内に自動的に鳴動状態に移行する機能です。また、受信機が火災表示をしている間は、たとえ地区音響装置を手動で

停止しても、他の警戒区域から火災信号を受信すれば自動的に地区音響
装置が鳴動します。

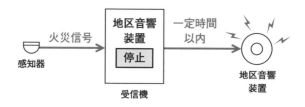

停止状態になっていても、火災信号を受信したら自動的に鳴
動状態になるんだ。

　再鳴動機能の停止スイッチは受信機の内部に設けます。また、再鳴動
機能の停止中には、音響装置と専用の点滅する注意灯が作動する必要が
あります。

└─ 地区音響完全停止中灯、保守地区音響停止灯
　　など（メーカーによって違う）

受信機各部の構造と機能　〔重要度 ★★★〕

①表示灯の構造・機能

　受信機の前面には、火災灯や地区表示装置（地区表示灯）をはじめ、
多くの表示灯が並んでいます。これらの表示灯については、次のような
基準があります。

┌─ 1個が切れても表示できるように

> ★2個以上の電球を並列に接続すること。ただし、放電灯または発
> 　光ダイオードを用いる場合は1個でも可。　　　LEDのこと──┘
> ・周囲の明るさが300ルクスの状態で、3m離れた地点から点灯して
> 　いることを明確に識別できること。

　受信機に設けられる主な表示灯には、次のようなものがあります。

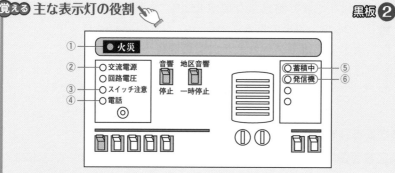

覚える 主な表示灯の役割　　　　　　　　　　　　　　黒板②

①火災灯	火災発生時に点灯する赤色のランプ。
②交流電源灯	受信機の主電源が入っているときに点灯。
③スイッチ注意灯	各スイッチが定位置にないときに点滅して注意をうながす。
④電話灯	発信機から電話の呼び出しがあると点灯。
⑤蓄積中灯	蓄積式受信機で、火災信号が蓄積中に点灯。
⑥発信機灯	発信機の押しボタンが押されると点灯。

ひとこと

火災灯はＰ型１級（２回線以上）とＲ型受信機には必ず設けますが、それ以外では省略できます。同様に、地区表示装置はＰ型１級（２回線以上）とＰ型２級（２回線以上）、Ｒ型受信機には必ず設けます。また、発信機灯は設けなくてもよいです。

②主音響装置の構造・機能

　主音響装置は、受信機本体のスピーカーなどから警報音（ブザーなど）や音声を出す装置です。すべての受信機には主音響装置を設けなければなりません。

- ・ 定格電圧の90％（予備電源がある場合は、予備電源の定格電圧の85％）の電圧で音響を発すること。

③地区音響装置の構造・機能

　地区音響装置は、火災の発生をベルやブザー、スピーカーなどによっ
て各地区に知らせる装置です。P 型 1 級、P 型 2 級（2 回線以上）、R
型受信機には、地区音響装置を設置しなければなりません。

　地区音響装置は、音響装置の中心から 1m 離れた距離で　**❗音圧が
90dB 以上**（音声による警報は 92dB 以上）とします。

④予備電源の構造・機能

　受信機には、停電時でも監視状態を継続できるように、**予備電源**を設
けます。予備電源には次のような基準があります。

予備電源（密閉型蓄電池）

ひとこと

予備電源は、P 型 1 級と P 型 2 級（2 回線
以上）、R 型受信機には必ず設けますが、そ
れ以外では省略できます。

⑤電話連絡装置と確認応答装置の構造・機能

　電話連絡装置は、発信機と受信機との間で連絡をとる機能で、❶P型1級受信機とR型受信機に設けます。

　P型1級発信機から火災信号を受信したときは、受信した旨を発信機に知らせるとともに、火災信号の伝達に支障なく発信機との間で電話連絡ができなければなりません。具体的には、発信機の応答ランプを点灯させて信号を受信したことを知らせます。また、発信機との通話は電話ジャックに受話器を接続して行います。

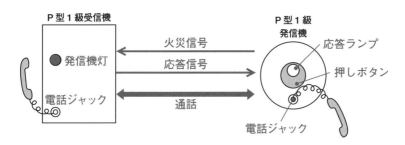

理解度チェック

　正しい記述は〇、誤っている記述は × で答えなさい。

1 P型受信機は、火災信号もしくは火災表示信号を固有の信号として受信する。

2 G型受信機は、ガス漏れ信号を受信し、ガス漏れの発生を防火対象物の関係者に報知する。

3 蓄積式受信機は、同一の警戒区域から異なる2の火災信号を受信したときに火災表示を行うことができる。

-- 解答 --------------------------------

1 × 　P型受信機は火災信号等を共通の信号として受信します。
2 〇 　G型受信機はガス漏れ火災警報設備用の受信機です。
3 × 　二信号式受信機の説明です。

実践問題

▶ 解答 165 ページ
▶ 解説 205 ページ

問1 ☐☐☐ ……………………………… 重要度 ★★★

　受信機に関する次の記述のうち、文中の（　　）に当てはまる名称として、規格省令上、正しいものはどれか。

「火災信号、火災表示信号もしくは火災情報信号を固有の信号として、または設備作動信号を共通もしくは固有の信号として受信し、火災の発生を防火対象物の関係者に報知するものを（　　　）という。」

❶　P 型受信機　　　❷　R 型受信機
❸　M 型受信機　　　❹　G 型受信機

問2 ☐☐☐ ……………………………… 重要度 ★★★

　受信機の構造及び機能について、規格省令上、誤っているものはどれか。

❶　定格電圧が 60 ボルトを超える受信機の金属製外箱には、接地端子を設けること。
❷　主電源の両極を同時に開閉することができる電源スイッチを受信機の内部に設けること。
❸　定位置に自動的に復旧しないスイッチが定位置にないとき、音響装置または点滅する注意灯が作動すること。
❹　1 報目の火災信号を受信した後、地区音響停止スイッチが停止状態にある間は、新たな火災信号を受信しても、自動的に鳴動状態に移行しないこと。

問3 ☐☐☐ .... （重要度 ★★★）

　P型1級受信機が受信した火災信号が非火災報であったとき、これを復旧させる方法として最も適当なものはどれか。

❶ 火災復旧スイッチを手動で操作する。
❷ 作動した感知器または発信機を手動で操作する。
❸ 主電源のスイッチを切る。
❹ 自動的に復旧するまで手動で操作してはならない。

問4 ☐☐☐ .... （重要度 ★★★）

　P型1級、P型2級またはR型受信機（アナログ式を除く）の火災表示と蓄積機能について、規格省令上、正しいものはどれか。

❶ 火災表示が手動により復旧されない場合は、一定時間が経過した後に自動的に復旧すること。
❷ 火災信号または火災表示信号の受信開始から火災表示（地区音響装置の鳴動を除く）までの所要時間は30秒以内であること。
❸ 蓄積式受信機の蓄積時間は5秒を超え、90秒以内とすること。
❹ 蓄積式受信機が発信機からの火災信号を検出したときは、蓄積機能を自動的に解除すること。

1

受信機の構造と機能①

受信機に用いる部品の構造及び機能について、規格省令上、正しいものはどれか。

❶ 音響装置は予備電源の定格電圧の 90％の電圧で音響を発すること。

❷ P 型 3 級受信機に設ける主音響装置の音圧は 70dB 以上であること。

❸ 表示灯に用いる発光ダイオードは、2 以上を並列に接続すること。

❹ 予備電源を設ける受信機にあっては、主電源が停止したときは自動的に主電源から予備電源に切り替える装置を設け、主電源が復旧したときは手動で予備電源から主電源に切り替えること。

受信機の電源電圧変動試験に関する次の記述のうち、文中の（　）に当てはまる数値の組合せとして、規格省令上、正しいものはどれか。

「受信機は、主電源の電圧が定格電圧の（　A　）％以上（　B　）％以下の範囲内で変動した場合、及び予備電源の電圧が定格電圧の（　C　）％以上（　B　）％以下の範囲内で変動した場合において、機能に異常を生じないこと。」

	A	B	C
❶	90	110	85
❷	85	120	80
❸	85	110	90
❹	90	120	85

受信機の構造と機能②

学習ポイント

- P型受信機の1級、2級、3級の違いは？
- 受信機ごとに備えなければならない機能は？

P型1級受信機　　　　　　　　　重要度 ★★★

　P型受信機は、感知器や発信機からの火災信号を共通の信号として受信する受信機です（152ページ）。P型受信機は、機能によって1級、2級、3級に分かれます。P型1級受信機は、❶接続できる回線数に制限のないものです。

P型1級受信機の操作パネル例

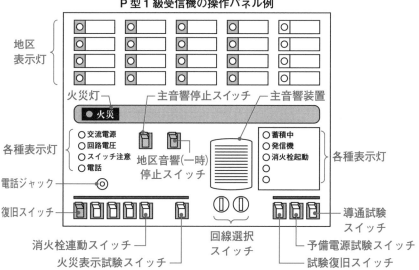

覚える P型1級受信機が備えるべき構造と機能 黒板

- ・火災灯 ← 1回線のみの場合は省略可
- ・地区表示灯（地区表示装置） ← 1回線のみの場合は省略可
- ・主音響装置（中心から前方1m離れた地点で85dB以上）
- ・地区音響装置（中心から1m離れた地点で90dB以上）
- ・火災表示の保持機能
- ・火災表示試験装置
- ・導通試験装置 ← 1回線のみの場合は省略可
- ・予備電源
- ・電話連絡装置・確認応答装置 ← 1回線のみの場合は省略可

P型1級受信機が必ず設けなければならない機能には上記のものがあります。

火災表示試験装置とは、火災表示（火災灯と地区表示灯の点灯、主音響装置と地区音響装置の鳴動）が正常に作動することを確認する装置で、一般には火災表示試験スイッチで作動します。

また、**導通試験装置**は、受信機に感知器を接続する回路が断線してないかどうかを回線ごとに確認する装置で、導通試験スイッチなどで作動します。

 ひとこと

導通試験装置の代わりに、回線を常時監視して、断線を自動的に検知する機能をもつ受信機もあります。

P型2級受信機　　　重要度 ★★★

P型2級受信機は、接続できる回線数が5回線以下のP型受信機です。

P型2級受信機の操作パネル例

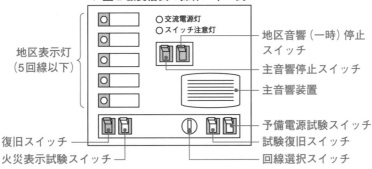

地区表示灯
（5回線以下）

○交流電源灯
○スイッチ注意灯

地区音響（一時）停止
スイッチ

主音響停止スイッチ

主音響装置

予備電源試験スイッチ

復旧スイッチ

試験復旧スイッチ

火災表示試験スイッチ

回線選択スイッチ

覚える P型2級受信機が備えるべき構造と機能 　　　黒板④

・**地区表示灯** ← 1回線のみの場合は省略可

・**主音響装置**（中心から前方1m離れた地点で85dB以上）

・**地区音響装置**（中心から1m離れた地点で90dB以上）
　　　　　　　　　　　　　　↑
・**火災表示の保持機能**　　1回線のみの場合は省略可

・**火災表示試験装置**

・**予備電源** ← 1回線のみの場合は省略可

P型3級受信機　　　　　　重要度 ★★★

　P型3級受信機は、接続できる回線数が1回線のみのP型受信機です。共同住宅に設けられることが多く、G型受信機とインターホンの機能を兼ねた製品がポピュラーです。

　P型3級受信機が最低限備えていなければならない機能は、

・**主音響装置**（中心から前方1m離れた地点で70dB以上）

・**火災表示試験装置**

インターホン機能を備えた
GP型3級受信機

のみとなります。火災灯、地区表示灯、火災表示の保持機能、地区音響装置、予備電源は設ける必要はありません。

R型受信機　(重要度 ★★★)

　R型受信機は、火災信号を固有の信号として受信する受信機です（152ページ）。P型受信機のような地区表示灯ではなく、地区表示装置を兼ねた表示パネルと、プリンタ等が搭載^{とうさい}されているのが一般的です。

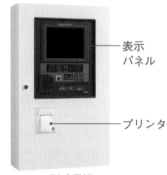

表示
パネル

プリンタ

R型受信機

 R型受信機が備えるべき構造と機能　黒板❺

- ・火災灯
- ・地区表示装置
- ・主音響装置（中心から前方1m離れた地点で85dB以上）
- ・地区音響装置（中心から1m離れた地点で90dB以上）
- ・火災表示の保持機能
- ・火災表示試験装置
- ・断線／短絡検出装置による試験機能
- ・予備電源
- ・電話連絡装置・確認応答装置

　R型受信機の備えるべき機能はP型1級受信機とほぼ同じですが、導通試験装置の代わりに、断線及び短絡を検出する回路による試験機能を

設ける必要があります。R型受信機は感知器回路が回線ごとに分かれて
いないため、回路の1か所が断線や短絡すると、広範囲の感知器が作動
しなくなるおそれがあるためです。

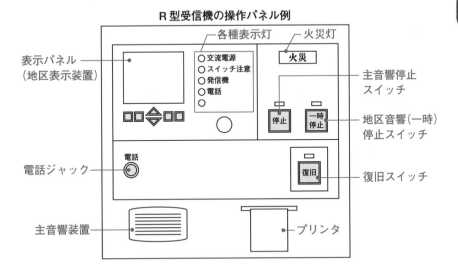

R型受信機の操作パネル例

アナログ式受信機　重要度 ★★★

　アナログ式受信機はR型受信機の一種で、アナログ式の感知器（180
ページ）が検出した周囲温度や煙濃度を火災情報信号として連続的に受信
する受信機です。

　アナログ式受信機には、感知器から受け取った周囲温度や煙濃度が一
定の値になると注意をうながす注意表示の機能があります。そのため、
通常のR型受信機の機能に加えて、以下の装置を設ける必要があります。

- 注意表示試験装置　注意表示が正常に作動することを試験する装
  置
- 感度設定装置　火災情報信号の値がどれくらいになったら注意表
  示や火災表示を行うかを設定する装置。熱アナログ式感知器の場
  合は周囲温度、煙アナログ式感知器の場合は煙濃度で設定します。

受信機の機能比較

受信機の種類ごとに必要な機能をまとめると、以下のようになります。

覚える 受信機の機能比較　　　　　　　　　　　　　黒板❻

機能 ＼ 種類	P型1級	P型2級	P型3級	R型（非アナログ式）	アナログ式
火災灯	◯	―	―	◎	◎
地区表示装置	◯	◯	―	◎	◎
主音響装置	◎ 85dB	◎ 85dB	◎ 70dB	◎ 85dB	◎ 85dB
地区音響装置	◎	◯	―	◎	◎
火災表示の保持	◎	◎	―	◎	◎
予備電源	◎	◯	―	◎	◎
電話連絡装置	◯	―	―	◎	◎
火災表示試験装置	◎	◎	◎	◎	◎
注意表示試験装置	―	―	―	―	◎
導通試験装置	◯	―	―	―	―
断線／短絡検出装置	―	―	―	◎	◎
感度設定装置	―	―	―	―	◎

◎：必要　◯：2回線以上の場合に必要　―：不要

理解度チェック

　規格省令上、P型2級受信機（1回線のものを除く）では設けなくてもよい機能をすべて答えよ。

1▶ 火災灯　　　　　　**2▶** 地区表示装置　　　　**3▶** 主音響装置

4▶ 火災表示の保持機能　**5▶** 予備電源　　　　　　**6▶** 電話連絡装置

7▶ 火災表示試験装置　　**8▶** 導通試験装置

解答

1、**6**、**8**

3-2 受信機の構造と機能②

実践問題

▶ 解答 173 ページ
▶ 解説 206 ページ

問1 □□□ ‥‥‥‥‥‥‥‥‥‥‥‥‥‥ 重要度 ★★★

P型1級受信機に必要な機能として、誤っているものはどれか。

① 火災表示の作動を容易に確認できる装置による試験機能
② 予備電源
③ 手動で復旧しない限り火災表示を保持する機能
④ 接続することができる回線の数は20以下であること

問2 □□□ ‥‥‥‥‥‥‥‥‥‥‥‥‥‥ 重要度 ★★★

接続する回線の数が1のP型1級受信機が必ず備えていなければならない機能はどれか。

① 火災灯
② 地区音響装置
③ 導通試験装置
④ 電話連絡装置

問3 □□□ ‥‥‥‥‥‥‥‥‥‥‥‥‥‥ 重要度 ★★★

P型2級受信機（接続する回線の数が1のものを除く）に必要な機能として、誤っているものはどれか。

① 火災灯
② 火災の発生に係る地区表示装置
③ 地区音響装置
④ 火災表示試験装置

2

受信機の構造と機能②

R型受信機に必要な機能として、誤っているものはどれか。

❶ 受信機から終端器に至る外部配線の断線を検出すること
   ができる装置
❷ 受信機から中継器（感知器からの火災信号を直接受信す
   るものにあっては、感知器）に至る外部配線の短絡を検
   出することができる装置
❸ 受信機から終端器に至る信号回路の導通を回線ごとに容
   易に確認することができる装置
❹ 2回線から火災信号または火災表示信号を同時に受信し
   たとき、火災表示をすることができること

P型3級受信機に設ける主音響装置の音圧について、正し
いものはどれか。

❶ 中心から前方1m離れた地点で測定した値が70dB以上で
   あること。
❷ 中心から前方1m離れた地点で測定した値が85dB以上で
   あること。
❸ 中心から前方2m離れた地点で測定した値が70dB以上で
   あること。
❹ 中心から前方2m離れた地点で測定した値が85dB以上で
   あること。

3-3

熱感知器の構造と機能

学習ポイント

• 差動式と定温式の違いは？

• 熱感知器の種類ごとの作動原理を理解しよう

熱感知器の種類　　　　重要度 ★★★

　自動火災報知設備の感知器は、大きく熱感知器、煙感知器、炎感知器に分かれます。このうちの**熱感知器**は、火災によって生じる熱を感知して、火災の発生を知らせる感知器です。

　熱感知器には、次のような種類があります。

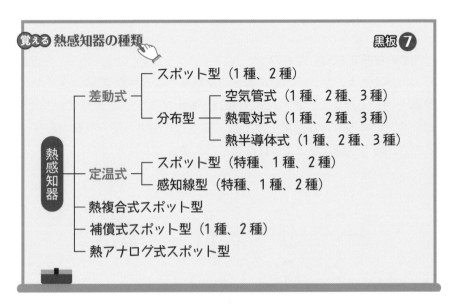

覚える **熱感知器の種類**　　　　　　　　　　黒板 7

熱感知器
- 差動式
  - スポット型（1種、2種）
  - 分布型
    - 空気管式（1種、2種、3種）
    - 熱電対式（1種、2種、3種）
    - 熱半導体式（1種、2種、3種）
- 定温式
  - スポット型（特種、1種、2種）
  - 感知線型（特種、1種、2種）
- 熱複合式スポット型
- 補償式スポット型（1種、2種）
- 熱アナログ式スポット型

熱感知器の方式は、大きく**差動式**と**定温式**に分かれます。差動式は、火災の際の 🄵 急激な温度上昇を感知する方式です。これに対し定温式は、周囲の温度があらかじめ 🄵 決められた温度以上になると作動します。熱複合式と補償式は、差動式と定温式を組み合わせたものです。

差動式：周囲温度の上昇率が一定の値以上になると作動する方式
定温式：周囲の温度が一定の温度以上になると作動する方式

　また、熱感知器は、感度に応じてさらに特種、1種、2種、3種といった種別に分かれます。一般に、感度のよい感知器のほうが1個あたりの感知面積が広く、取付け面を高くすることができます。

差動式スポット型感知器 （重要度 ★★★）

　スポット型感知器は、感知する部分が**一局所に限られる**タイプの感知器です。感知する部分の温度が上昇しなければ作動しないので、一定の面積ごとに取り付けなければなりません。

　差動式スポット型感知器は、熱感知の仕組みによって、次のような種類があります。

①空気の膨張を利用したもの

　火災が発生すると、その熱によって**空気室**の空気が膨張し、**ダイヤフラム**を押し上げます。これにより接点が閉じて火災信号が送られます。暖房などのゆるやかな温度上昇では、膨張した空気が**リーク孔**から逃げるので、接点が閉じないようになっています。

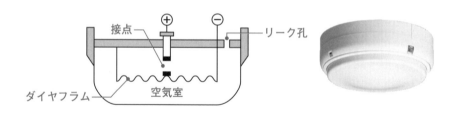

接点　⊕　⊖　リーク孔
ダイヤフラム　空気室

②温度検知素子を利用したもの

　サーミスタなどの温度検知素子で周囲の温度上昇率を検出し、上昇率が一定の値を超えると火災信号が送られます。

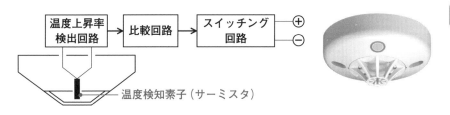

　差動式スポット感知器には感度によって1種と2種があり、それぞれ以下の試験に合格するものとします。

種別	作動試験	不作動試験
1種	・室温より20℃高い風速70cm/sの垂直気流に投入 ➡30秒以内に作動 ・毎分10℃の割合で上昇する水平気流を加える ➡4.5分以内に作動	・室温より10℃高い風速50cm/sの垂直気流に投入 ➡1分以内に作動しない ・毎分2℃の割合で上昇する水平気流を加える ➡15分以内に作動しない
2種	・室温より30℃高い風速85cm/sの垂直気流に投入 ➡30秒以内に作動 ・毎分15℃の割合で上昇する水平気流を加える ➡4.5分以内に作動	・室温より15℃高い風速60cm/sの垂直気流に投入 ➡1分以内に作動しない ・毎分3℃の割合で上昇する水平気流を加える ➡15分以内に作動しない

差動式分布型感知器　　　重要度 ★★★

　差動式分布型感知器は、温度上昇を広範囲の熱効果の累積によって感知するものをいいます。感知の仕組みよって、次のような種類があります。

①空気管式

　天井面にめぐらせた金属製のパイプ（空気管）内の空気が、火災の熱

によって膨張すると、検出部のダイヤフラムがふくらんで接点が閉じる仕組みです。ゆるやかな温度上昇の場合はリーク孔から空気が逃げるので、急激な温度上昇のときのみ作動します。

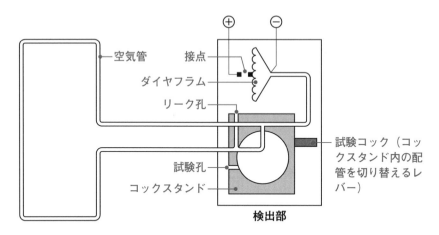

検出部

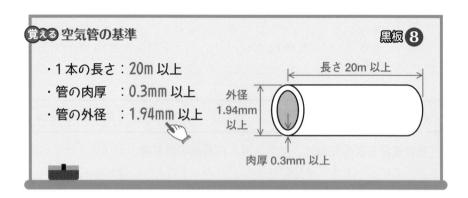

差動式分布型感知器には感度によって１～３種があり、それぞれの感度は以下の試験に合格するものとします。

	作動試験	検出部から最も離れた空気管の部分20mが、毎分t_1℃の割合で上昇 ➡ 1分以内に作動
	不作動試験	空気管全体が毎分t_2℃の割合で上昇 ➡ 作動しない

種別	t_1	t_2
1種	7.5	1
2種	15	2
3種	30	4

②熱電対式

　熱電対とは、2種類の金属を接合した素子で、温度が上昇すると熱起電力が発生します（ゼーベック効果）。この熱電対を天井面にめぐらせ、熱起電力を検出部の電子回路で検出して火災信号を送ります。

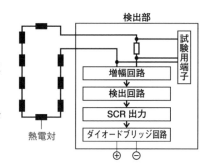

③熱半導体式

　熱半導体素子を組み込んだ感熱部を天井にめぐらせ、検出部で温度上昇を検出して火災信号を送ります。

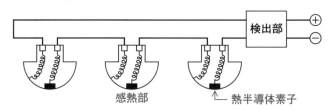

定温式スポット型感知器　　重要度 ★★★

　定温式スポット型感知器は、一局所の周囲の温度が一定の温度以上になると作動する熱感知器です。熱感知の仕組みによって、次のような種類があります。

①バイメタルによるもの

②温度検知素子によるもの

③金属の膨張係数の差を利用したもの

177

熱感知器の構造と機能

3

①バイメタルによるもの

　バイメタルは熱膨張率の異なる2種類の金属を張り合わせたもので、温度によって形が変化します。この性質を利用し、火災が発生すると円形バイメタルのたわみが熱によって反転し、接点が押し上げられて火災信号が送られます。

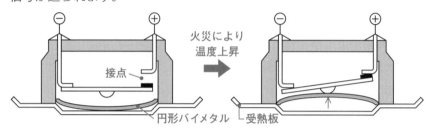

②温度検知素子によるもの

　サーミスタなどの温度検知素子で周囲の温度を検出し、一定の温度を超えると火災信号が送られます。

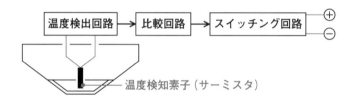

③金属の膨張係数の差を利用したもの

　外筒に膨張係数の大きい金属を使用し、その内部に膨張係数の小さい金属板を組み込みます。温度が上昇すると外筒が伸びて内側の接点が接触し、火災信号が送られます。

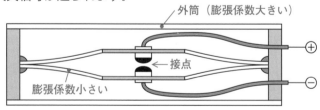

　定温式感知器の作動温度（公称作動温度）は60℃以上150℃以下で、80℃までは5℃刻み（60、65、70、75、80）、80℃を超えると

10℃刻み（90、100、110、…、150）になっています。

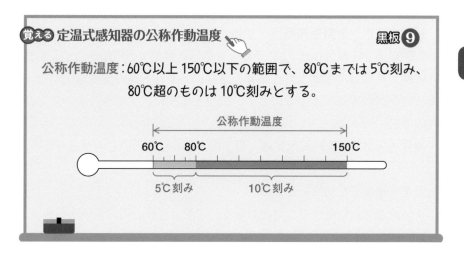

定温式感知線型感知器 重要度 ★★☆

定温式感知線型感知器は、ケーブル状（電線状）の感知線を天井にめぐらせたものです。絶縁物で被覆された2本のピアノ線をより合わせてあり、温度が一定以上になると絶縁物が融けて2本のピアノ線が接触し、火災信号が送られます。

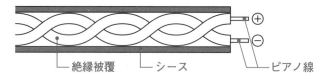

絶縁被覆 ── シース ── ピアノ線

熱複合式スポット型感知器 重要度 ★★☆

熱複合式スポット型感知器は、差動式スポット型感知器と定温式スポット型感知器を組み合わせたもので、差動式の感知器と定温式の感知器それぞれによって、❶2以上の火災信号を発信します。複数の感知方式で火災をより確実に感知でき、二信号式受信機（155ページ）と組み合わせると非火災報を防ぐことができます。

補償式スポット型感知器 重要度 ★★★

補償式スポット型感知器は、差動式スポット型感知器と定温式スポット型感知器を組み合わせ、❶1つの火災信号を発信する感知器です。差動式はゆっくりした温度上昇を感知できないので、一定の温度以上になったら定温式が感知するようにして、火災を確実に感知できるようにしたものです。

補償式スポット型感知器には、以下のような仕組みのものがあります。

①温度検知素子を利用したもの

1つの温度検知素子で、周囲の温度と温度上昇率の両方を検出します。

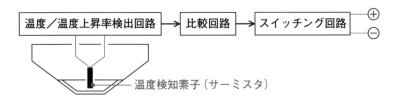

②空気の膨張と金属の膨張を利用したもの

急激な温度上昇があった場合は、空気室の空気が膨張してダイヤフラムを押し上げ、接点が接触します。また、温度が一定以上になった場合は、バイメタル（178ページ）が反転して接点が接触します。

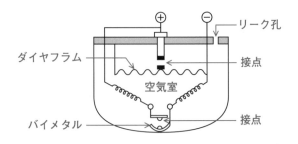

熱アナログ式スポット型感知器 重要度 ★★☆

熱アナログ式スポット型感知器は、一局所で測定した周囲温度が一定

の範囲内になると、その温度を火災情報信号として受信機に送信します。
アナログ式受信機（169 ページ）と組み合わせて使います。

└─ 公称感知温度範囲

覚える 熱アナログ式スポット型感知器の公称感知温度範囲 🖐️ 黒板⑩

上限値：60℃以上　165℃以下

下限値：10℃以上　上限値の 10℃低い温度以下

| 下限値 10℃～ | 上限値 |
| 上限値－10℃ | 60～165℃ |

公称感知温度範囲（1℃刻み）

3-3 熱感知器の構造と機能

実践問題

▶ 解答　184 ページ
▶ 解説　206 ページ

問1 ☐ ☐ ☐ ‥‥‥‥‥‥‥‥‥‥‥‥‥ 重要度 ★★★

差動式分布型感知器の説明として、正しいものはどれか。

❶ 一局所の周囲の温度が一定の温度以上になったときに火
災信号を発信するもので、一局所の熱効果により作動す
るもの。

❷ 一局所の周囲の温度が一定の温度以上になったときに火
災信号を発信するもので、外観が電線状のもの。

❸ 周囲の温度の上昇率が一定の率以上になったときに火災信
号を発信するもので、一局所の熱効果により作動するもの。

❹ 周囲の温度の上昇率が一定の率以上になったときに火災
信号を発信するもので、広範囲の熱効果の累積により作
動するもの。

差動式スポット型感知器と補償式スポット型感知器の構造上の共通事項として、誤っているものはどれか。ただし、温度検知素子を利用したものは除くものとする。

❶ 空気の膨張によって作動する空気室が設けられている。
❷ ダイヤフラムが設けられている。
❸ バイメタルが設けられている。
❹ リーク孔が設けられている。

差動式分布型感知器（空気管式）の構造と機能について、規格省令上、誤っているものはどれか。

❶ リーク抵抗及び接点水高を容易に試験することができること。
❷ 空気管は1本の長さが20m以上で、内径及び外径が均一であること。
❸ 空気管の肉厚は0.3mm以上であること。
❹ 空気管の内径は1.94mm以上であること。

定温式スポット型感知器の適切な公称作動温度の組合せとして、規格省令上、正しいものはどれか。

❶ 50℃、55℃、60℃、65℃、70℃
❷ 60℃、65℃、70℃、75℃、80℃
❸ 70℃、75℃、80℃、85℃、90℃
❹ 80℃、100℃、120℃、140℃、160℃

3-4

煙感知器の構造と機能

学習ポイント

- イオン化式と光電式の違いは？
- 煙感知器の種類ごとの作動原理を理解しよう。

煙感知器の種類

重要度 ★★★

煙感知器は、火災によって生じる煙を検出して火災信号を発信する感知器で、以下のような種類があります。

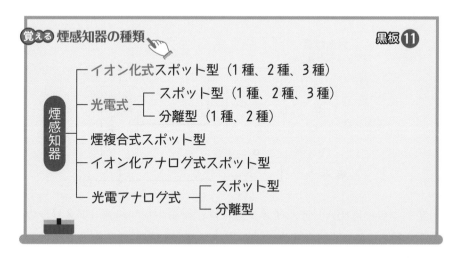

覚える 煙感知器の種類 👆 黒板⑪

煙感知器
- イオン化式スポット型（1種、2種、3種）
- 光電式
  - スポット型（1種、2種、3種）
  - 分離型（1種、2種）
- 煙複合式スポット型
- イオン化アナログ式スポット型
- 光電アナログ式
  - スポット型
  - 分離型

煙を検出する方式には、大きく**イオン化式**と**光電式**があります。イオン化式は、煙によるイオン電流の減少を利用する方式、光電式は煙による光量の変化を検出する方式です。

イオン化式、光電式の煙感知器の構造と機能には、次の基準があります。

・原則として作動表示装置を設けること。
・目開き 1mm 以下の網、円孔板等により虫の侵入防止のための措置を講ずること（スポット型の煙感知器）。
・光源は半導体素子とすること（光電式感知器）

作動表示灯
虫の侵入防止用の網

イオン化式スポット型感知器

重要度 ★★★

イオン化式スポット型感知器は、一局所の煙によるイオン電流の変化を検出して作動する煙感知器です。

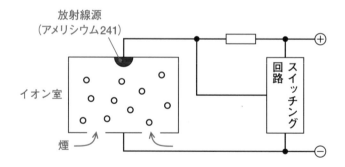

放射線源
（アメリシウム241）
イオン室
煙
回路
スイッチング

空気が自由に出入りする**イオン室**には、微量の放射線源（アメリシウム241）が入っています。イオン室内の空気は放射線によってイオン化され、微弱な電流が流れます。イオン室内に煙が入ると、煙の粒子がイオンと結合して電流が減少し、イオン室に加わる電圧が上昇します。この上昇分が一定以上になると、火災信号を発信する仕組みです。

光電式スポット型感知器 重要度 ★★★

光電式スポット型感知器は、一局所の煙による光電素子の受光量の変化を検出して作動する煙感知器です。

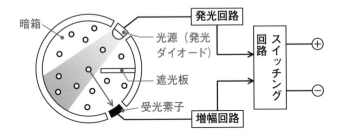

暗箱の中に図のように光源（発光ダイオード）と受光素子を設けます。光源の光は、通常は遮光板に遮られて受光素子に届きませんが、暗箱の中に煙が入ると光が散乱して受光素子に光が届きます。この変化を電子回路で検出し、火災信号を送ります。

光電式分離型感知器 重要度 ★★★

光電式分離型感知器は、広範囲の煙の累積によって、光電素子の受光量が変化するのを検出して作動する煙感知器です。

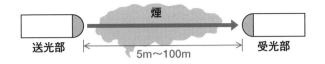

図のように、送光部と受光部を離して設置し、送光部から出た光を受光部が検出します。たちこめた煙で光が遮られると、受光部の受光量が減るので、これを検出して火災信号を送信します。

送光部と受光部との間の公称監視距離は、5m以上100m以下で、5m刻みとします。

4

煙感知器の構造と機能

煙複合式スポット型感知器　重要度 ★★☆

　煙複合式スポット型感知器は、イオン化式スポット型感知器の機能と、光電式スポット型感知器の機能を組み合わせた感知器です。

イオン化アナログ式スポット型感知器　重要度 ★★☆

　イオン化アナログ式スポット型感知器は、一局所の煙濃度をイオン電流の変化を検出し、煙濃度が一定の範囲になると、その値を火災情報信号としてアナログ式受信機に送信する煙感知器です。

光電アナログ式スポット型感知器　重要度 ★★☆

　光電アナログ式スポット型感知器は、一局所の煙濃度を光電素子の受光量の変化を検出し、煙濃度が一定の範囲になると、その値を火災情報信号としてアナログ式受信機に送信する煙感知器です。

光電アナログ式分離型感知器　重要度 ★★☆

　光電アナログ式分離型感知器は、送光部と受光部の間にたちこめる広範囲の煙の濃度を検出して、煙濃度が一定の範囲になると、その値を火災情報信号としてアナログ式受信機に送信する煙感知器です。

熱煙複合式スポット型感知器　重要度 ★★☆

　熱煙複合式スポット型感知器は、熱感知器（差動式スポット型または定温式スポット型）の機能と、煙感知器（イオン化式スポット型または光電式スポット型）の機能を組み合わせた感知器です。

3-4 煙感知器の構造と機能

実践問題

▶ 解答 189 ページ
▶ 解説 207 ページ

4

煙感知器の構造と機能

問1 ☐☐☐ ………………………………… 重要度 ★★★

　光電式感知器（光電アナログ式感知器を含む）の性能を有する感知器の構造及び機能について、規格省令上、誤っているものはどれか。

❶ 光源は、半導体素子とすること。
❷ 作動表示装置を設けること。ただし当該感知器が信号を発信した旨を表示する受信機に接続することができるものにあっては、この限りでない。
❸ 光電式分離型感知器の公称監視距離は 10m 以上 20m 以下とし、5m 刻みとする。
❹ スポット型感知器にあっては、目開き 1mm 以下の網、円孔板等により虫の侵入防止のための措置を講ずること。

問2 ☐☐☐ ………………………………… 重要度 ★★★

　光電式スポット型感知器の誤作動の原因として、考えられるものはいくつあるか。

ア　感知器の内部に小さな虫が侵入した。
イ　光源の発光ダイオードが故障により消灯した。
ウ　台風の接近にともない気圧が低下した。
エ　室内に多量のたばこの煙が累積した。

❶ 1つ
❷ 2つ
❸ 3つ
❹ 4つ

3-5

炎感知器の構造と機能

学習ポイント

- 紫外線式と赤外線式の違いは？
- 炎感知器の種類ごとの作動原理を理解しよう。

炎感知器の種類　重要度 ★★★

炎感知器は、火災の炎を感知して火災信号を発信する感知器で、以下のような種類があります。

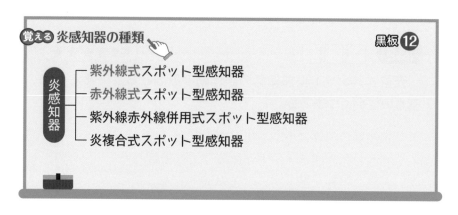

覚える 炎感知器の種類　黒板⑫

炎感知器 ─ 紫外線式スポット型感知器
　　　　 ─ 赤外線式スポット型感知器
　　　　 ─ 紫外線赤外線併用式スポット型感知器
　　　　 ─ 炎複合式スポット型感知器

炎感知器には、**屋内型**と**屋外型**、**道路型**があります（233ページ）。種類はすべてスポット型で、方式は大きく**紫外線式**と**赤外線式**に分かれます。

炎感知器の構造と機能には、次のような基準があります。

炎感知器の構造と機能

- 受光素子は、感度の劣化や疲労現象が少なく、長時間の使用に耐えること。
- 検知部の清掃を容易に行えること。
- 原則として作動表示装置を設けること。
- 汚れ監視型のものは、検知部に機能を損なう汚れが生じたとき、その旨を受信機に自動的に送信できること。
- 公称監視距離（炎を感知できる距離）は視野角5度ごとに定め、20m未満の場合は1m刻み、20m以上のものは5m刻みとする。
- 道路型の炎感知器は、最大視野角が180度以上でなければならない。
- 屋内型のものは、通電状態において、白熱ランプおよび蛍光灯を用い、それぞれ照度5,000ルクスの外光を5分間照射したとき、火災信号を発信しないこと。

作動表示装置
（作動確認灯）

受光素子

紫外線式スポット型感知器　　重要度 ★★★

　紫外線式スポット型感知器は、炎から放射される紫外線の変化を、受光素子の受光量の変化を検出し、変化が一定以上になると火災信号を送ります。

赤外線式スポット型感知器　　重要度 ★★★

　赤外線式スポット型感知器は、炎から放射される赤外線の変化を、受光素子の受光量の変化を検出し、変化が一定以上になると火災信号を送ります。

紫外線赤外線併用式スポット型感知器 重要度 ★☆☆

紫外線赤外線併用式スポット型感知器は、受光素子で紫外線と赤外線の両方が一定量変化した場合に、火災信号を送る炎感知器です。

炎複合式スポット型感知器 重要度 ★☆☆

炎複合式スポット型感知器は、紫外線式スポット型感知器の機能と赤外線式スポット型感知器の機能を組み合わせたもので、紫外線か赤外線のいずれかが一定量変化した場合に、火災信号を送る炎感知器です。

3-5 炎感知器の構造と機能

実践問題

▶ 解答 192 ページ
▶ 解説 207 ページ

問1 □□□ .... 重要度 ★☆☆

炎感知器の構造及び機能について、規格省令上、誤っているものはどれか。

❶ 検知部の清掃を容易に行えること。

❷ 屋内型のものは、通電状態において、白熱ランプ及び蛍光灯を用い、それぞれ照度 5,000 ルクスの外光を 5 分間照射したとき、火災信号を発信すること。

❸ 道路型のものは、最大視野角が 180 度以上であること。

❹ 公称監視距離は視野角 5 度ごとに定めるものとし、20m 未満の場合は 1m 刻み、20m 以上のものは 5m 刻みとする。

発信機の構造と機能

学習ポイント

- P型1級発信機とP型2級発信機の違いは？
- 発信機の主な構造と機能を覚えよう。

発信機の種類　　　　　　　　　　（重要度 ★★★）

　発信機は、火災が発生したときに、火災信号を手動で受信機に送るものです。発信機にはP型とT型、M型（現在は使われていない）があり、P型はさらに1級と2級に分かれます。

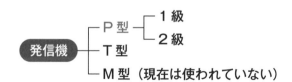

P型発信機　　　　　　　　　　（重要度 ★★★）

　P型発信機は、共通または固有の火災信号を受信機に手動で発信するもので、「発信と同時に通話することができないもの」をいいます。外観は一般に赤い円形で、中央に火災信号を発信する押しボタンスイッチがあります。

　P型1級発信機とP型2級発信機は、応答ランプと電話ジャックがあるかどうかが違います。

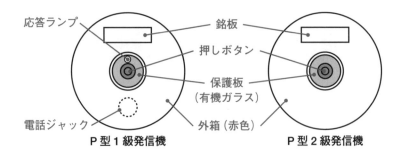

応答ランプ　　　　　　　　　　　　　銘板

押しボタン

保護板
（有機ガラス）

電話ジャック　　　　　　　　　　　外箱（赤色）

P型1級発信機　　　　　　　　　　P型2級発信機

覚える P型発信機の構造 　　　　　　　　　黒板 ⑬

- ・火災信号は押しボタンスイッチを押したときに伝達されること。
- ・押しボタンスイッチの前方に、押しボタンスイッチを保護する保護板（透明の有機ガラス）を設けること。
- ・保護板は 20N の力を加えた場合に押し破られることがなく、80N の力を加えた場合に押し破られること。
        ──ニュートン
- ・P型1級発信機には、受信機が火災信号を受信したことを確認する装置（応答ランプ）を設けること。
- ・P型1級発信機には、受信機との間で相互に電話連絡できる装置（電話ジャック）を設けること。
- ・外箱の色は赤色であること。

T型発信機　　　　　　　　　　　　重要度 ★★★

　T型発信機は、受話器を取り上げたときに火災信号が発信され、同時に受信機との間で相互に電話連絡ができるものです。現在ではほとんど使われていません。

3-6 発信機の構造と機能

実践問題

▶ 解答　195 ページ
▶ 解説　208 ページ

問1 □□□ ・・・・・・・・・・・・・・・・・・・・・・・・・ 重要度 ★★☆

　P 型発信機の構造及び機能について、規格省令上、誤っているものはどれか。

❶　火災信号は、押しボタンスイッチが押されたときに伝達されること。

❷　押しボタンスイッチを押した後、当該スイッチが自動的に元の位置にもどらない構造の発信機にあっては、当該スイッチを元にもどす操作を忘れないための措置を講ずること。

❸　押しボタンスイッチは、その前方に保護板を設け、その保護板を破壊し、または押し外すことにより、容易に押すことができること。

❹　保護板は、透明の有機ガラスまたは無機ガラスを用いること。

問2 □□□ ・・・・・・・・・・・・・・・・・・・・・・・・・ 重要度 ★★☆

　P 型 2 級発信機の構造及び機能について、規格省令上、正しいものはどれか。

❶　外箱の色は、赤色であること。

❷　火災信号を伝達したとき、受信機が当該信号を受信したことを確認することができる装置を有すること。

❸　火災信号の伝達に支障なく、受話器との間で、相互に電話連絡をすることができる装置を有すること。

❹　火災信号は、送受話器を取り上げたときに伝達されること。

6

発信機の構造と機能

3-7

中継器の構造と機能

中継器の役割

重要度 ★★☆

中継器は、感知器や発信機から発信され
た火災信号や火災情報信号を受け取って、
その信号を受信機などに発信する装置です。

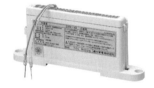

感知器や発信機の発する信号の規格が受信
機と異なると、受信機は直接信号を受け取ることができません。中継器は
そのような場合に用いられます。たとえばR型受信機は、受け取った火災
信号に含まれるアドレスから、信号を発信した感知器や発信機を特定しま
す。しかし感知器によっては、アドレス付きの信号を送信できないものも
あります。そこで、感知器からの火災信号をいったん中継器が受け取り、
アドレス付きの信号に変換して受信機に送信します。

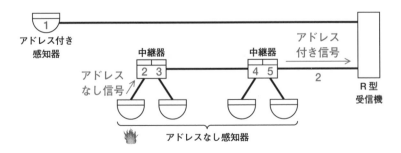

中継器の構造と機能

重要度 ★★☆

中継器の構造と機能に関する主な基準は、以下のとおりです。

- ・信号の受信開始から発信開始までの所要時間は5秒以内とすること。
- ・蓄積式の中継器の場合は、蓄積時間を5秒を超え60秒以内とし、発信機からの火災信号を検出した場合は蓄積機能を自動的に解除すること。
- ・地区音響装置を鳴動させる中継器は、受信機で操作しない限り、鳴動を継続させること。
- ★電力を他から供給されない中継器（中継器に電源がある場合）には予備電源を設けること（❶ガス漏れ火災警報設備用の中継器を除く）。また、主電源と予備電源回路に保護装置（ヒューズ、ブレーカ等）を設け、主電源が停止したり保護装置が作動したときは、その旨の信号を受信機に自動送信すること。
- ・他から電力を供給されない方式の中継器の主電源は、5の警戒区域の回線を作動させることができる負荷と、監視状態にあるときの負荷のうち、どちらか大きい方の負荷に連続して耐える容量を有すること。
- ・中継器から外部負荷に電力を供給する場合は、その回路に保護装置を設け、保護装置が作動した場合はその旨の信号を受信機に自動送信すること。

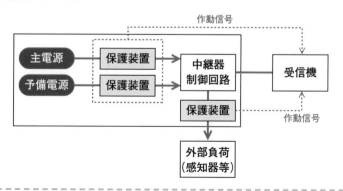

実践問題

▶ 解答 198 ページ
▶ 解説 208 ページ

問1 ☐☐☐ ………………………………… 重要度 ★☆☆

中継器の構造及び機能について、規格省令上、誤っているものはどれか。

❶ 中継器の受信開始から発信開始までの所要時間は、5秒以内でなければならない。

❷ 地区音響装置を鳴動させる中継器にあっては、当該地区音響装置の鳴動を停止するためのスイッチを設けること。

❸ 蓄積式の中継器の蓄積時間は、5秒を超え60秒以内であること。

❹ 外部負荷に電力を供給する方式の中継器にあっては、当該電力を供給する回路に保護装置を設けること。

問2 ☐☐☐ ………………………………… 重要度 ★★☆

ガス漏れ検知器、受信機または他の中継器から電力を供給されない方式の中継器（電池を用いる無線式中継器を除く）の構造及び機能について、規格省令上、誤っているものはどれか。

❶ 主電源回路の両線及び予備電源回路の一線に、ヒューズ、ブレーカその他の保護装置を設けること。

❷ 主電源は、5の警戒区域の回線を作動させることができる負荷または監視状態にあるときの負荷のうち、いずれか大きい方の負荷に連続して耐える容量を有すること。

❸ 主電源が停止したときや保護装置が作動したときは、その旨の信号を受信機に自動的に送ること。

❹ ガス漏れ火災警報設備に使用する中継器にあっては、予備電源を設けること。

3-8

ガス漏れ火災警報設備の構造と機能

学習ポイント

• ガス漏れ検知器の検知方式を知ろう
• 検知器、G 型受信機、中継器のそれぞれの性能を理解しよう

ガス漏れ火災警報設備の構成　重要度 ★★★

ガス漏れ火災警報設備は、室内に漏れた可燃性ガスを検知して警報を発する設備で、次のような装置から構成されています。

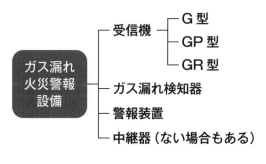

ガス漏れ火災警報設備
- 受信機 ── G 型
　　　　　── GP 型
　　　　　── GR 型
- ガス漏れ検知器
- 警報装置
- 中継器 (ない場合もある)

ガス漏れ火災警報設備では「感知器」ではなく「検知器」、「音響装置」ではなく「警報装置」になります。

ガス漏れ検知器の構造　重要度 ★★★

ガス漏れ検知器 (検知器) は、空気中に滞留するガスを検知して、中継器または受信機にガス漏れ信号を発信します。

①検知方式

検知方法には、主に次のような種類があります。

②ガス漏れ信号の発信

　可燃性ガスは、空気と混合することで爆発します。爆発が起こるガス濃度の範囲を爆発範囲といい、その下限を**爆発下限界**といいます。ガス漏れ検知器は、ガス濃度が以下のときに作動しなければなりません。

> ★ガス濃度が爆発下限界の 1 ／ 4 以上になったときに確実に作動すること（温泉採取設備に設ける場合は 1 ／ 10 以上）。
>
> ・爆発下限界の 1 ／ 4 以上の濃度のガスにさらされている間は、継続して作動すること。
>
> ★ガス濃度が爆発下限界の 1 ／ 200 以下のときは作動しないこと。

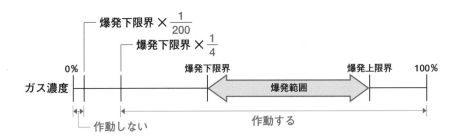

　検知器は、ガス漏れを検知してから **60 秒以内**に信号を発信しなければなりません。また、ガス漏れを検知してから信号を発するまでの時間（標準遅延時間）と、受信機が信号を受信してからガス漏れ表示を行うまでの時間は、合計で 60 秒以内でなければなりません。

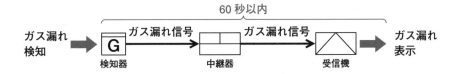

③検知器の警報機能

　検知器によっては、ガス漏れを検知するとみずから警報を鳴らす機能をもつものもあります。警報機能をもつ検知器については、次の基準があります。

199

- 通電表示灯（通電状態にあることを確認するランプ）と作動確認灯（信号を発したことを確認するランプ）を設けること。
- 警報音の音圧は 1m 離れた位置から 70dB 以上であること。

G 型受信機の構造　　重要度 ★★★

　ガス漏れ火災警報設備に設ける受信機には、G 型、GP 型、GR 型の 3 種類があります。このうち、GP 型と GR 型は、自動火災報知設備の受信機の機能を併せもつものです。

G 型受信機　：ガス漏れ火災警報設備専用
GP 型受信機：ガス漏れ火災警報設備＋ P 型受信機
GR 型受信機：ガス漏れ火災警報設備＋ R 型受信機

　G 型受信機の主な構成は次のようになります。

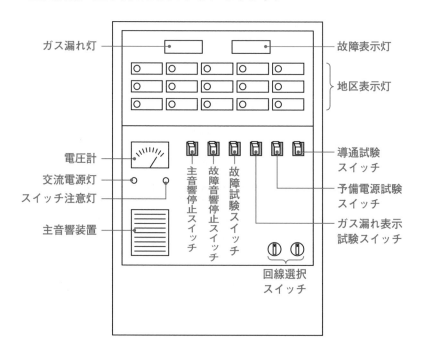

　受信機がガス漏れ信号を受信すると、**黄色のガス漏れ灯**と主音響装置でガス漏れの発生を知らせ、地区表示灯でガス漏れが発生した警戒地域を示します。この機能を**ガス漏れ表示**といいます（ただし、地区表示灯は、1回線のみのG型受信機では省略できます）。

　このほか、G型受信機は次のような機能をもちます。

- **ガス漏れ表示試験機能**：ガス漏れ表示の作動を容易に確認できる装置による試験機能（ガス漏れ表示試験スイッチ）を有し、この装置の操作中に他の回線からのガス漏れ信号を受信したとき、ガス漏れ表示をすることができること。
- **導通試験機能**（導通試験スイッチ）　← 5回線以下の場合は省略可。
- 2回線から同時にガス漏れ信号を受信したときガス漏れ表示ができること。
- 検知器や中継器の主電源が停止した場合や、これらから外部負荷に電力を供給する回路で保護装置（ヒューズ、ブレーカー）が作動した場合に、故障表示灯と主音響装置でこれを知らせること。
- ガス漏れ信号の受信からガス漏れ表示までの所要時間は**60秒以内**であること。

中継器の構造と機能　　重要度 ★★★

　ガス漏れ火災警報設備の中継器の構造や機能は、基本的に自動火災報知設備と同様ですが、以下の点に注意します。

- 受信機等から電源を供給されない方式の中継器には、原則として予備電源を設けますが、ガス漏れ火災警報設備の中継器については、予備電源を省略できます。
- 信号の受信開始から発信開始までの所要時間は通常5秒以内ですが、ガス漏れ信号については、ガス漏れ表示を5秒以内に行う受信機に接続する場合に限り、60秒以内とすることができます。

警報装置の構造と機能 重要度 ★★★

　ガス漏れ火災警報設備の警報装置には、音声警報装置、検知区域警報装置、ガス漏れ表示灯の3種類があります。

音声警報装置	ガス漏れの発生を音声によって知らせる装置。
検知区域警報装置	検知器の作動と連動して、付近にいる人にガス漏れの発生を知らせる装置。
ガス漏れ表示灯	各部屋の出入口付近に設置して、通路にいる人にガス漏れが発生した部屋を知らせるランプ。

理解度チェック

　正しい記述は○、誤っている記述は × で答えなさい。

1 半導体式の検知器には、酸化スズが使われている。

2 検知器は、ガス濃度が爆発下限界の 200 分の 1 以上のときに確実に作動しなければならない。

3 G 型受信機のガス漏れ灯は赤色であること。

4 ガス漏れ火災警報設備に用いる中継器では、予備電源を省略できる。

解答

1 ○　正しい記述です。
2 ×　爆発下限界の 4 分の 1 以上で確実に作動し、200 分の 1 以下では作動してはいけません。
3 ×　火災灯は赤色、ガス漏れ灯は黄色です。
4 ○　正しい記述です。

3-8 ガス漏れ火災警報設備の構造と機能

▶ 解答 205 ページ
▶ 解説 208 ページ

問1 ☐☐☐ .... 重要度 ★★★

ガス漏れ火災警報設備に用いられている検知器の検知方式として、誤っているものはどれか。

❶ 可燃性ガスの接触燃焼による白金線の電気抵抗の変化を利用する。
❷ 可燃性ガスによる半導体の電気抵抗の変化を利用する。
❸ 可燃性ガスによるイオン電流の変化を利用する。
❹ 可燃性ガスと空気との熱伝導度の違いを利用する。

問2 ☐☐☐ .... 重要度 ★★★

ガス漏れ火災警報設備の検知器の標準遅延時間及び受信機の標準遅延時間の合計として、消防法令上、正しいものはどれか。

❶ 5秒以内
❷ 20秒以内
❸ 30秒以内
❹ 60秒以内

8
ガス漏れ火災警報設備の構造と機能

ガス漏れ検知器の性能について、誤っているものはどれか（温泉の採取のための設備以外）。

❶ ガスの濃度が爆発下限界の1／2以上のときに確実に作動し、1／100以下のときに作動しないこと。
❷ 爆発下限界の1／4以上の濃度のガスにさらされているときは、継続して作動すること。
❸ 信号を発する濃度のガスに断続的にさらされたとき、機能に異常を生じないこと。
❹ 信号を発する濃度のガスに接したとき、60秒以内に信号を発すること。

G型受信機（接続することができる回線の数が1のものを除く）の機能として、規格省令上、誤っているものはどれか。

❶ ガス漏れ信号を受信したとき、赤色のガス漏れ灯及び主音響装置によりガス漏れの発生を、地区表示装置により当該ガス漏れの発生した警戒区域をそれぞれ自動的に表示すること。
❷ ガス漏れ表示の作動を容易に確認することができる装置による試験機能を有すること。
❸ 2回線からガス漏れ信号を同時に受信したとき、ガス漏れ表示をすることができること。
❹ ガス漏れ信号の受信開始からガス漏れ表示までの所要時間は60秒以内であること。

実践問題の解説

3-1 受信機の構造と機能①
▶問題 162ページ

問1 ❷ ☞152ページ参照

火災信号等を「固有の信号」として受信する受信機はR型受信機です。

火災信号を

- ・**共通の信号として受信**
  - ➡**P型受信機**
- ・**固有の信号として受信**
  - ➡**R型受信機**

なお、設備作動信号とは、消火栓などの他の設備が作動したことを通知する信号で、P型、R型ともに共通もしくは固有の信号として受信します。

問2 ❹ ☞157ページ参照

1報目の火災信号を受信した状態において、地区音響停止スイッチが停止状態にある間に新たな火災信号を受信したときは、自動的に鳴動状態に移行しなければなりません（再鳴動機能）。この機能のある受信機の地区音響停止スイッチには、「地区音響一時停止」などの名称がついています。

問3 ❶ ☞155ページ参照

非火災報から通常の監視状態に戻すには、主音響停止スイッチと地区音響（一時）停止スイッチを押して音響装置の鳴動を停止してから、復旧スイッチを押します。

問4 ❹ ☞154,155ページ参照

蓄積機能は、発信機からの信号を検出した場合には自動的に解除されます。

×❶ 火災表示は、手動で復旧しない限り、表示状態を保持しなければなりません（P型3級受信機を除く）。

×❷ 火災信号の受信開始から火災表示までの所要時間は5秒以内です。

×❸ 蓄積時間は5秒を超え、60秒以内です。

○❹ 正しい記述です。

問5 ❷ ☞158〜160ページ参照

×❶ 音響装置は、主電源の定格電圧の90％（予備電源を設ける場合は、予備電源の定格電圧の85％）の電圧で音響を発することが必要です。

○❷ 主音響装置の音圧は通常85dB以上ですが、P型3級受信機は70dB以上となります。

×❸ 表示灯は電球が切れた場合

に備えて2以上を並列に接続します
が、放電灯または発光ダイオードを
用いる場合は1つでかまいません。

× ❹ 主電源が復旧したときも、
予備電源から主電源に自動で切り替
わるようにします。

問6 ❶　　☞ 157ページ参照
　主電源では90%以上110%以下、
予備電源では85%以上110%以下
の範囲内の電圧変動において、異常
が生じないようにします。

3-2　受信機の構造と機能②
▶問題　171ページ

問1 ❹　　☞ 165ページ参照
　P型1級受信機は、接続すること
ができる回線数に制限がありませ
ん。

問2 ❷　　☞ 166ページ参照
　地区音響装置は、回線数にかかわ
らずP型1級受信機には必ず設け
ます。

問3 ❶　　☞ 167ページ参照
× ❶ 火災灯は、P型2級受信機
では省略できます。
○ ❷ 地区表示装置は、回線数2
以上のP型2級受信機では省略で
きません。

○ ❸ 地区音響装置は、回線数2
以上のP型2級受信機では省略で
きません。

○ ❹ 火災表示試験装置は、すべ
てのP型受信機で省略できません。

問4 ❸　　☞ 168ページ参照
　R型受信機には警戒区域ごとの回
線がないので、回線ごとの導通試験
装置ではなく、外部配線の断線／短
絡を検出する装置を設けます。

問5 ❶　　☞ 167ページ参照
　主音響装置の音圧は、中心から前
方1m離れた地点で測定した値が
85dB以上とします。ただし、P型
3級受信機については70dB以上と
します（GP型3級受信機も同じ）。

3-3　熱感知器の構造と機能
▶問題　181ページ

問1 ❹ ☞ 174～181ページ参照
× ❶ 定温式スポット型感知器の
説明です。
× ❷ 定温式感知線型感知器の説
明です。
× ❸ 差動式スポット型感知器の
説明です。
○ ❹ 差動式分布型感知器の説明
です。

206

問2 ❸　☞ 174,180 ページ参照

空気の膨張と金属の膨張を利用した補償式スポット型感知器では、差動式スポット型の機能として空気室やダイヤフラム、リーク孔が設けられています。バイメタルは2枚の金属を張り合わせたもので、差動式スポット型感知器では用いられていません。

問3 ❹　☞ 176 ページ参照

差動式分布型感知器の空気管は、内径ではなく外径を 1.94mm 以上とします。

問4 ❷　☞ 179 ページ参照

定温式スポット型感知器の公称作動温度は、60℃以上 150℃以下で、80℃までは5℃刻み、80℃を超えると 10℃刻みになります。

× ❶　50℃、55℃は公称作動温度の範囲外です。

○ ❷　すべて正しい公称作動温度です。

× ❸　85℃は公称作動温度として不適切です。

× ❹　160℃は公称作動温度の範囲外です。

3-4　煙感知器の構造と機能
▶ 問題　187 ページ

問1 ❸　☞ 185 ページ参照

光電式分離型感知器の公称監視距離は、5m 以上 100m 以下の 5m 刻みです。

問2 ❷　☞ 185 ページ参照

光電式スポット型感知器の内部には、光源の光が届かない位置に受光素子が設けられています。侵入した煙の粒子によって光が散乱すると、ふだんは届かない光を受光素子が検知して作動します。そのため、火災による煙以外にも、小さな虫やほこり、たばこの煙などによって作動することがあります。

発光ダイオードの故障は、火災のとき作動しない原因になります。また、気圧の変化は煙感知器には影響しません。

3-5　炎感知器の構造と機能
▶ 問題　190 ページ

問1 ❷　☞ 189 ページ参照

炎感知器は、白熱ランプや蛍光灯の光を炎と誤認して火災信号を発信しないように、これらの光を照射したとき、火災信号を発信しないものでなければなりません。

3-6 発信機の構造と機能
▶問題 193 ページ

問1 ❹   ☞ 192 ページ参照
Ｐ型発信機の保護板には、透明の有機ガラスを用います。

問2 ❶   ☞ 192 ページ参照
○❶ 正しい記述です。
×❷ 応答ランプはＰ型１級発信機に設けます。
×❸ 電話連絡装置（電話ジャック）はＰ型１級発信機に設けます。
×❹ 送受話器を取り上げたときに火災信号が伝達されるのはＴ型発信機です。

3-7 中継器の構造と機能
▶問題 196 ページ

問1 ❷   ☞ 195 ページ参照
地区音響装置は、受信機で操作しない限り、鳴動を継続させなければなりません。

問2 ❹   ☞ 195 ページ参照
中継器には、電力を受信機等から供給されるものと、電源装置を内蔵していて、受信機等から電力を供給されないものがあります。後者のタイプには、原則として予備電源を設けます。ただし、ガス漏れ火災警報設備に使用する中継器は、例外として予備電源を設けなくてもよいことになっています。

3-8 ガス漏れ火災警報設備の構造と機能
▶問題 203 ページ

問1 ❸   ☞ 198 ページ参照
検知器の検知方式には、半導体式、接触燃焼式、気体熱伝導度式などがあります。
○❶ 接触燃焼方式の説明です。
○❷ 半導体式の説明です。
×❸ イオン化式煙感知器の感知方式です。
○❹ 気体熱伝導度式の説明です。

問2 ❹   ☞ 199 ページ参照
検知器の標準遅延時間（ガス漏れを検知してからガス漏れ信号を発信するまでの時間）と受信機の標準遅延時間（ガス漏れ信号を受信してからガス漏れ表示を行うまでの時間）は、合計で 60 秒以内です。

問3 ❶   ☞ 199 ページ参照
検知器は、爆発下限界の 1/4 以上のときに確実に作動し、1/200 以下のときに作動してはいけません。

問4 ❶   ☞ 201 ページ参照
自動火災報知設備の火災灯は赤色ですが、ガス漏れ灯は黄色です。

第 **4** 章

自動火災報知設備の工事・整備

警戒区域の設定方法

学習ポイント

- 警戒区域の面積と1辺の長さの上限は？
- 2つの階にまたがって警戒区域を設定できる 場合は？
- 階段やエレベーターに警戒区域を設定するに は？

警戒区域とは

重要度 ★★★

　自動火災報知設備では、火災が発生した区域を特定するために、建物 の内部をいくつかの区域に分けて監視します。この区域の最小単位を警 戒区域といいます。火災が発生したときは、最低限、どの警戒区域で火 災が発生したかがわかるようになっていなければなりません。

　警戒区域は、次のルールにしたがって設定します。

覚える 警戒区域の設定　　　　　　　　　　　　　黒板 ❶

① **原則** 面積は 600m² 以下とし、1辺の 長さは 50m 以下とすること

　　例外 ・主要な出入口から内部を見通せ る場合 ➡ 1,000m² まで可

　　　　　・光電式分離型感知器を設置する 場合 ➡ 1辺 100m まで可

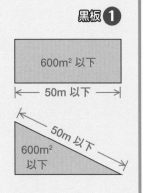

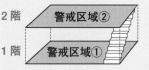

② **原則** 2以上の階にわたらないこと

例外 ・ **2つの階が合計 500m²以下の場合**

・ **たて穴区画の場合**

たて穴区画：もともと縦方向に作られている区画。階段、傾斜路、エレベーター昇降路、リネンシュート、パイプシャフト。

①面積は 600m² 以下とし、1辺の長さは 50m 以下とすること

　1フロアの面積が 600m² より広い場合や、1辺が 50m を超える場合には、1フロアを複数の警戒区域に分ける必要があります。ただし例外として、❶主要な出入口から1フロア全体を見渡せる体育館のような建物では、1,000m² まで1つの警戒区域とすることができます。

　また、❶光電式分離型感知器（185，230ページ）を設置する場合は、1辺の長さを 100m まで延長できます。

出入口から見通せる場合

1,000m² 以下

出入口

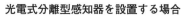

光電式分離型感知器を設置する場合

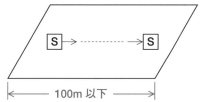

S → - - - - - - → S

100m 以下

②2以上の階にわたらないこと

　警戒区域は、原則として❶複数の階をまたいで設定することはできません。ただし例外として、合計面積が 500m² 以下であれば、2つの階を合わせて1つの警戒区域とすることができます。

　　　└── いずれかの部分に階段があること。

　また、❶階段や傾斜路、エレベーター昇降路、リネンシュート、パイプシャフトなど、もともと縦方向にできているたて（堅）穴区画は、各階とは別の警戒区域とし、❶煙感知器を取り付けます。

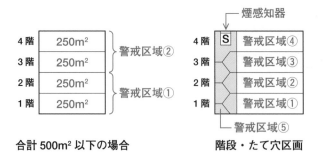

合計 500m² 以下の場合　　　　階段・たて穴区画

警戒区域には番号をつけ、①、②、③のような丸数字で表します。番号は通常は下から上の順で、階段やたて穴区画は各階の後にします。

階段、たて穴に設定する警戒区域　重要度 ★★★

階段、傾斜路、エレベーター昇降路などに警戒区域を設定する場合は、次の基準にしたがいます。

①水平距離 50m 以下の範囲内に複数の階段等がある場合は、それらをまとめて１つの警戒区域にできます（ただし、頂部が３階層以上離れている場合は別の警戒区域とすること）。

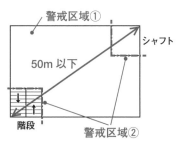

②高層建築物の階段やたて穴は、垂直距離 45m 以下ごとに１つの警戒区域とします。

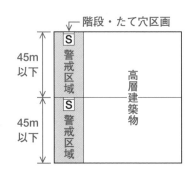

③階段は、地下1階までは地上部分と同じ警戒区域に含めることができ
　ますが、地階が2階以上ある場合は、地階と地上階をそれぞれ別警戒
　区域とします。

地下1階までは地上の階段に
含める

地下2階以上は地上と別警戒区域
にする

理解度チェック

　　□□□内に入る適切な数値を答えよ。

1 1つの警戒区域の面積は、原則として □□□ m^2 以下とし、1
　辺の長さは □□□ m 以下とすること。

2 主要な出入口から内部を見通せる警戒区域は、その面積を
　□□□ m^2 以下にできる。

3 光電式分離型感知器を設置する警戒区域は、1辺の長さを
　□□□ m 以下にできる。

4 合計面積が □□□ m^2 以下の場合は、警戒区域を2つの階にま
　たがって設定できる。

5 水平距離 □□□ m 以内にあるたて穴区画は、まとめて1警戒
　区域にできる。

6 階段等は垂直距離 □□□ m ごとに1警戒区域とする。

◆ 解答 ◆ --

1 600、50　　**2** 1,000　　**3** 100　　**4** 500　　**5** 50　　**6** 45

実践問題

▶ 解答 216 ページ
▶ 解説 256 ページ

問1 ☐ ☐ ☐ ⋯⋯⋯⋯⋯⋯⋯⋯⋯⋯⋯⋯⋯⋯ 重要度 ★★★

　自動火災報知設備の警戒区域に関する次の記述のうち、文中の（　）に当てはまる数値の組合せとして、正しいものはどれか。

「1の警戒区域の面積は（　A　）m² 以下とし、その一辺の長さは（　B　）m 以下とすること（光電式分離型感知器を設置する場合を除く）。ただし、防火対象物の主要な出入り口からその内部を見通すことができる場合にあっては、その面積を（　C　）m² 以下とすることができる。」

	A	B	C
❶	500	50	800
❷	500	60	1,000
❸	600	50	1,000
❹	600	60	800

問2 ☐ ☐ ☐ ⋯⋯⋯⋯⋯⋯⋯⋯⋯⋯⋯⋯⋯⋯ 重要度 ★★☆

　自動火災報知設備の 1 の警戒区域として、適切なものはどれか。

❶ 面積が 600m² で、かつ、当該警戒区域が防火対象物の 2 の階にわたる場合

❷ 一辺の長さが 100m で、かつ、光電式スポット型感知器を設置する場合

❸ 防火対象物（地階の階数1、地上3階建て）の各階に垂直に設けた階段に、煙感知器を設置する場合

❹ 相互の水平距離が60mの範囲内にある階段とパイプシャフトに、それぞれ煙感知器を設置する場合

感知器の設置

学習ポイント

- 熱感知器や煙感知器を設置できない場所は？
- 取付け面の高さによって設置できる感知器の種別は？

感知器を設置する場所　　重要度 ★★★

　感知器は、天井または壁の屋内に面する部分および天井裏の部分に、有効に火災の発生を感知できるように設置します。

　ただし、次の場所では感知器の設置を省略できます。

- ・ 取付け面の高さが 20m 以上の場所（炎感知器を除く）
- ・ 上屋その他外部の気流が流通する場所で、感知器（炎感知器を除く）によっては火災の発生を有効に感知できないもの
- ・ 主要構造部を耐火構造とする建築物の天井裏
- ・ 天井と上階の床との間の距離が 0.5m 未満の天井裏
- ・ 便所、浴室、シャワー室など

熱感知器を設置できない場所　　重要度 ★★★

　感知器には熱感知器、煙感知器、炎感知器の３種類があります。実際の自動火災報知設備では、熱感知器か煙感知器を主に設置します。

　ただし、防火対象物の部分によっては、熱感知器では有効に火災を感知できない場合があります。次のような場所には、煙感知器や熱煙複合

式スポット型感知器、炎感知器を必要に応じて設置します。

覚える 熱感知器を設置できない場所　　黒板❷

設置場所	感知器の種別
階段・傾斜路	煙
廊下及び通路（**下表参照**）	煙　熱煙
エレベーターの昇降路、リネンシュート、パイプシャフト等	煙
カラオケボックス等の個室	煙　熱煙
地階、無窓階、11階以上の階（**下表参照**）	煙　熱煙　炎
天井等の高さが15m以上20m未満の場所	煙　炎
天井等の高さが20m以上の場所	炎

煙：煙感知器　　熱煙：熱煙複合式スポット型感知器　　炎：炎感知器

煙感知器等を設置する廊下および通路と、煙感知器等を設置する地階・無窓階・11階以上の階は、それぞれ以下の防火対象物のものに限られます。

覚える

廊下・通路	特定防火対象物、共同住宅、公衆浴場、工場、スタジオ、一般的な事務所等
地階・無窓階・11階以上の階	特定防火対象物、一般的な事務所等

煙感知器・炎感知器を設置できない場所　重要度 ★★★

　煙感知器や炎感知器は、ほこりや水蒸気が多い場所などでは有効に作動しません。そのような場所では、その場所に適応する感知器を設置します。

場所	煙感知器	熱感知器					炎感知器
		差動式スポット型	差動式分布型	補償式スポット型	定温式スポット型	熱アナログ式スポット型	
じんあい、微粉が多量に滞留する場所	×	○	○	○	○	○	○
水蒸気が多量に滞留する場所	×	○（防水型）	2種のみ	2種のみ（防水型）	○（防水型）	○（防水型）	×
腐食性ガスが発生するおそれのある場所	×	×	○	○（耐酸型）（耐アルカリ型）	○（耐酸型）（耐アルカリ型）	○（耐酸型）（耐アルカリ型）	×
厨房その他正常時において煙が滞留する場所	×	×	×	×	○（防水型）	○（防水型）	×
著しく高温となる場所	×	×	×	×	○	○	×
排気ガスが多量に滞留する場所	×	○	○	○	×	○	○
煙が多量に流入するおそれのある場所	×	○	○	○	○	○	×
結露が発生する場所	×	○（防水型）	○	○（防水型）	○（防水型）	○（防水型）	×
火を使用する設備で火炎が露出するものが設けられている場所	○	×	×	×	○	○	×

○：設置可　　×：設置不可

取付け面の高さによる感知器の種別　重要度 ★★★

取付け面や天井の高さによっても設置できる感知器の種別が異なります。一般に、取付け面が高くなるほど感度の良いものを設置する必要が

あります。また、熱感知器は 15m 以上の高さには設置できず、煙感知器は 20m 以上の高さには設置できません。

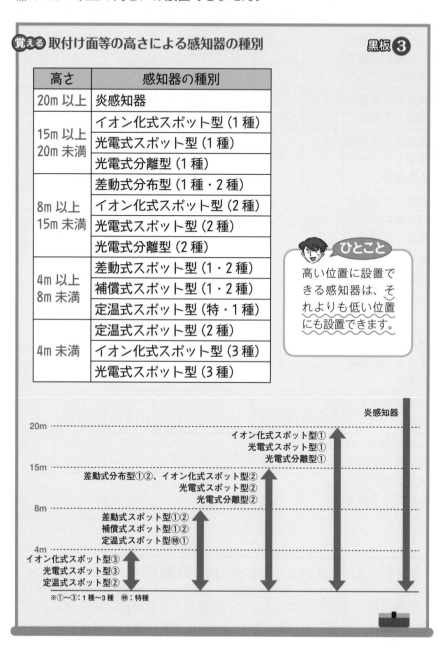

覚える 取付け面等の高さによる感知器の種別　　黒板❸

高さ	感知器の種別
20m 以上	炎感知器
15m 以上 20m 未満	イオン化式スポット型（1 種）
	光電式スポット型（1 種）
	光電式分離型（1 種）
8m 以上 15m 未満	差動式分布型（1 種・2 種）
	イオン化式スポット型（2 種）
	光電式スポット型（2 種）
	光電式分離型（2 種）
4m 以上 8m 未満	差動式スポット型（1・2 種）
	補償式スポット型（1・2 種）
	定温式スポット型（特・1 種）
4m 未満	定温式スポット型（2 種）
	イオン化式スポット型（3 種）
	光電式スポット型（3 種）

ひとこと
高い位置に設置できる感知器は、それよりも低い位置にも設置できます。

炎感知器

20m ‥‥‥‥‥‥‥‥‥‥‥‥‥‥‥‥‥‥‥‥‥‥‥‥‥‥‥‥‥‥‥‥‥
イオン化式スポット型①
光電式スポット型①
光電式分離型①

15m ‥‥‥‥‥‥‥‥‥‥‥‥‥‥‥‥‥‥‥‥‥‥‥‥‥‥‥‥‥‥‥‥‥
差動式分布型①②、イオン化式スポット型②
光電式スポット型②
光電式分離型②

8m ‥‥‥‥‥‥‥‥‥‥‥‥‥‥‥‥‥‥‥‥‥‥‥‥‥‥‥‥‥‥‥‥‥
差動式スポット型①②
補償式スポット型①②
定温式スポット型特①

4m ‥‥‥‥‥‥‥‥‥‥‥‥‥‥‥‥‥‥‥‥‥‥‥‥‥‥‥‥‥‥‥‥‥
イオン化式スポット型③
光電式スポット型③
定温式スポット型②

※①～③：1 種～3 種　特：特種

感知区域とは

重要度 ★★★

感知器が火災の発生を有効に感知できる範囲は、壁や天井から突き出たはりによって遮^{さえぎ}られる場合があります。これらによって区分される範囲を感知区域といいます。

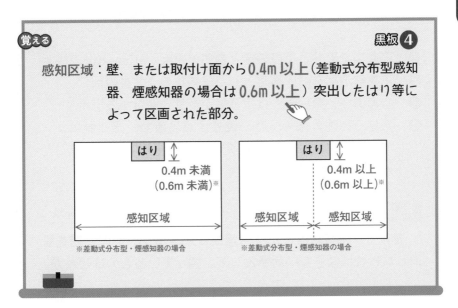

一方、1個の感知器の監視範囲の床面積を感知面積といいます。感知器は、感知区域全体をカバーできるように設置しなければなりません。1つの感知区域に設置する感知器の最小設置個数は、

$$設置個数 = \frac{感知区域の面積}{感知器1個の感知面積}$$

で求めることができます。

※ 小数点以下は切り上げます。

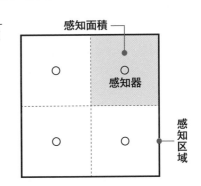

219

実践問題

▶ 解答 222 ページ
▶ 解説 256 ページ

問1 ▢▢▢ ················· 重要度 ★★★

自動火災報知設備の感知器（炎感知器を除く）を設置しなくてもよい場所として、誤っているものはどれか。

① 天井裏で天井と上階の床との間の距離が 0.5m 未満の場所
② 主要構造部を耐火構造とした建築物の天井裏の部分
③ じんあい、微粉または水蒸気が多量に滞留する場所
④ 上屋その他外部の気流が流通する場所で、感知器によっては当該場所における火災の発生を有効に感知することができない場所

問2 ▢▢▢ ················· 重要度 ★★★

法令上、煙感知器または熱煙複合式スポット型感知器を設置しなければならない場所として、誤っているものはどれか。

① 小学校の廊下
② オフィスビルの地上 12 階の部分
③ カラオケボックスの個室
④ 百貨店の地階

問3 ☐☐☐ ················· 重要度 ★★★

　差動式スポット型感知器の設置場所として、適切ではない場所はどれか。

❶　じんあい、微粉等が多量に滞留する場所
❷　排気ガスが多量に滞留する場所
❸　煙が多量に流入するおそれのある場所
❹　厨房その他正常時において煙が滞留する場所

問4 ☐☐☐ ················· 重要度 ★★★

　自動火災報知設備の感知器は、取付け面の高さに応じて、定められた種別の感知器を設置しなければならない。設置できる取付け面の高さとして、誤っているものはどれか。

❶　定温式スポット型感知器の特種にあっては、15m 未満
❷　差動式スポット型感知器の2種にあっては、8m 未満
❸　光電式スポット型感知器の1種にあっては、20m 未満
❹　差動式分布型感知器1種にあっては、15m 未満

問5 ☐☐☐ ················· 重要度 ★★★

　高さ17m の天井に取付け可能な感知器として、最も適当なものはどれか。

❶　差動式分型感知器の1種
❷　光電式分離型感知器の1種
❸　補償式スポット型感知器の1種
❹　光電式スポット型感知器の2種

熱感知器の設置基準

学習ポイント

- 差動式スポット型・定温式スポット型感知器の主な設置基準は？
- 差動式分布型感知器の主な設置基準は？

差動式スポット型・定温式スポット型等の設置　重要度 ★★★

　差動式スポット型、定温式スポット型、補償式スポット型、熱複合式スポット型感知器は、以下の基準にしたがって取り付けます。

★感知器の下端は、取付け面の下方 0.3m 以内の位置に設けること。

★換気口等の空気の吹出し口から 1.5m 以上離れた位置に設けること。

★45 度以上傾斜させないこと。

★公称作動温度（火災と判断する温度）より 20℃以上低い場所に設けること（定温式の感知器）。

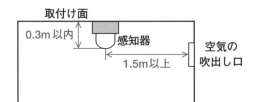

　感知器の設置個数は、感知区域ごとに、以下の床面積につき 1 個以上を設置します。

覚える 差動式スポット型・定温式スポット型等の感知面積　黒板❺

取付け面の高さ		差動式スポット型 補償式スポット型		定温式スポット型		
		1 種	2 種	特種	1 種	2 種
4m 未満	主要構造部が耐火構造の場合	$90m^2$	$70m^2$	$70m^2$	$60m^2$	$20m^2$
	その他の場合	$50m^2$	$40m^2$	$40m^2$	$30m^2$	$15m^2$
4m 以上 8m 未満	主要構造部が耐火構造の場合	$45m^2$	$35m^2$	$35m^2$	$30m^2$	—
	その他の場合	$30m^2$	$25m^2$	$25m^2$	$15m^2$	—

たとえば、床面積 $200m^2$、天井高さ 3m の感知区域（主要構造部が耐火構造）に、定温式スポット型感知器（1 種）を設置する場合、感知面積は上の表より $60m^2$ なので、設置個数は次のように計算できます。

$$設置個数 = \frac{200m^2}{60m^2} ≒ 約 3.3 個 ➡ 4 個（小数点以下切上げ）$$

差動式分布型感知器の設置　重要度 ★★★

差動式分布型感知器には、空気管式、熱電対式、熱半導体式があります（175 ～ 177 ページ）。それぞれの設置基準は次のようになります。

①空気管式

★空気管は取付け面の下方 0.3m 以内、取付け面の各辺（壁など）から 1.5m 以内の位置に設けること。

★空気管の相互間隔は、主要構造部が耐火構造の場合 9m 以下、その他の場合は 6m 以下であること。

3

熱感知器の設置基準

★1つの感知区域の空気管の露出長は 20m 以上であること。

★1台の検出部に接続する空気管の長さは 100m 以下であること。

・検出部は取付面に対して 5 度以上傾斜させないこと。

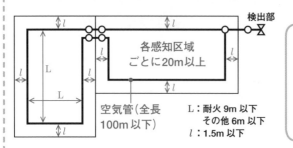

ひとこと

感知区域が小さい場合は、空気管を二重にしたりして 20m 以上にします。

・空気管は、ステップル等の止め金具により固定すること。

・空気管同士の接続は、接続管（スリーブ）を用いてはんだ付けすること。

②熱電対式

・熱電対部の下端は、取付け面の下方 0.3m 以内に設けること。

★熱電対部の個数は感知区域ごとに最低 4 個以上、検出部 1 台につき 20 個以下とする。

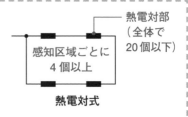

熱電対式

熱電対部の個数

感知区域の床面積	最小個数
88m² （72m²）以下	4 個以上
88m² （72m²）を超える場合	4 個＋ 22m² （18m²）を超えるごとに＋ 1 個

（　）内は、主要構造部が耐火構造ではない場合の数値

4-3 熱感知器の設置基準

実践問題

▶ 解答　227 ページ
▶ 解説　257 ページ

問1 ☐☐☐ ………………………………… 重要度 ★★★

　定温式スポット型感知器の設置について、正しいものはどれか。

❶ 感知器の下端は、取付け面の下方 0.6 メートル以内の位置に設けること。

❷ 換気口等の空気吹出し口から 0.6m 以上離れた位置に設けること。

❸ 90 度以上傾斜させないように設けること。

❹ 正常時における最高周囲温度が、公称作動温度より 20℃以上低い場所に設けること。

問2 ☐☐☐ ………………………………… 重要度 ★★★

　差動式スポット型感知器の種別、取付け面の高さ及び設置個数について、誤っているものは次のうちどれか。ただし、主要構造部を耐火構造とする防火対象物に取り付けるものとする。

❶ 取付け面の高さが 4m 未満の箇所に 1 種のものを設ける場合は、床面積 90m² につき 1 個以上とすること。

❷ 取付け面の高さが 4m 未満の箇所に 2 種のものを設ける場合は、床面積 60m² につき 1 個以上とすること。

❸ 取付け面の高さが 4m 以上 8m 未満の箇所に 1 種のものを設ける場合は、床面積 45m² につき 1 個以上とすること。

❹ 取付け面の高さが 4m 以上 8m 未満の箇所に 2 種のものを設ける場合は、床面積 35m² につき 1 個以上とすること。

3

熱感知器の設置基準

問3 ☐☐☐ ‥‥‥‥‥‥‥‥‥‥‥‥‥‥‥ 重要度 ★★★

定温式スポット型感知器の1種を、取付け面の高さ3m、床面積200m² の部屋に設置する場合、設置個数は最小でいくつになるか。ただし、建物の主要構造は耐火構造とし、取付け面に0.4m以上突出したはり等はないものとする。

① 3個
② 4個
③ 6個
④ 8個

問4 ☐☐☐ ‥‥‥‥‥‥‥‥‥‥‥‥‥‥‥ 重要度 ★☆☆

差動式分布型感知器（空気管式のもの）の設置について、誤っているものはどれか。

① 感知器の露出部分は、感知区域ごとに10m以上とすること。
② 感知器は、取付け面の下方0.3m以内の位置に設けること。
③ 相対する感知器の相互間隔が、主要構造部を耐火構造とした防火対象物にあっては9m以下、その他の構造の防火対象物にあっては6m以下となるように設けること。
④ 1の検出部に接続する空気管の長さは、100m以下とすること。

煙感知器の設置基準

学習ポイント

- イオン化式スポット型・光電式スポット型感知器の主な設置基準は？
- 光電式分離型感知器の主な設置基準は？

イオン化式スポット型・光電式スポット型等の設置　重要度 ★★★

　イオン化式スポット型・光電式スポット型感知器は、感度によって1種、2種、3種があります。このうち、3種は高さ4m以上の場所には設置できません。また、2種は高さ15m以上の場所には設置できません。

　設置にはこのほかに以下のような基準があります。

★感知器の下端は、取付け面の下方0.6m以内の位置に設けること。
★壁またははりから0.6m以上離れた位置に設けること（廊下等の幅が1.2m未満の場合は中心に設ける）。
・天井が低い居室や狭い居室の場合は、入口付近に設けること。
・天井付近に吸気口のある居室では、吸気口付近に設けること。
★換気口等の空気の吹出し口から1.5m以上離れた位置に設けること。
・45度以上傾斜させないこと。

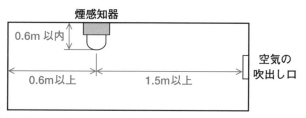

煙感知器

0.6m以内

0.6m以上　　　1.5m以上

空気の吹出し口

感知器の設置個数は、以下の基準にしたがって求めます。

覚える 煙感知器の設置個数の基準

黒板❻

①感知区域ごとに、以下の床面積につき1個以上を設置（廊下および通路、階段、傾斜路を除く）。

取付け面の高さ	1種	2種	3種
4m 未満	150m²	150m²	50m²
4m 以上 15m 未満	75m²	75m²	–
15m 以上 20m 未満	75m²	–	–

②廊下・通路には、1種、2種では歩行距離30m（3種では20m）につき1個以上を設置する。

廊下・通路

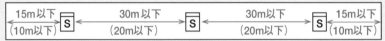

（　）は3種の場合

ただし、10m 以下の廊下・通路や、階段までの歩行距離が10m 以下の廊下・通路（下図）には、設置を省略することができる。

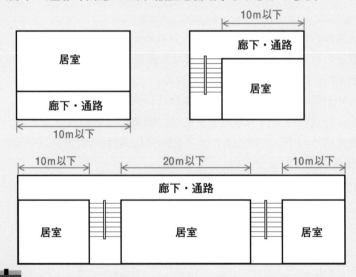

③階段・傾斜路には、1種、2種では垂直距離 15m（3種では 10m）につき 1 個以上を設置する。ただし、特定 1 階段等防火対象物の場合は垂直距離 7.5m（3 種は使用不可）につき 1 個以上とする。

特定 1 階段等防火対象物

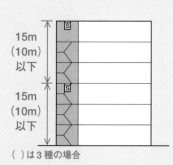

（　）は 3 種の場合

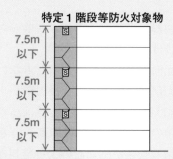

地階の階数が 2 以上の場合は、地上階と地下階を別の警戒区域とし、それぞれに感知器を設置する。

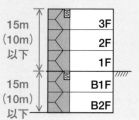

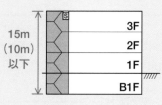

④エレベーター昇降路、パイプシャフト等（水平断面積 1㎡ 以上）には、最上部に 1 個以上を設置する。

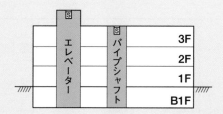

4

煙感知器の設置基準

光電式分離型感知器の設置

　光電式分離型感知器には1種と2種があり、高さ15m以上の場所には1種しか取り付けできません。取り付けは以下の基準にしたがって行います。

★感知器の光軸が、平行する壁から0.6m以上離れた位置となるように設けること。

・受光面に直射日光等が当たらないようにすること。

★送光部と受光部は、背後の壁から1m以内の位置に設けること。

・1種は高さ20m未満、2種は高さ15m未満の場所に設けること。

★光軸の高さが、天井等の高さの80%以上となるように設けること。

★光軸の長さが感知器の公称監視距離以内で、5m以上100m以下であること。

★壁によって区画された区域ごとに、その区域の各部分から1つの光軸までの水平距離が7m以下となるように設けること。

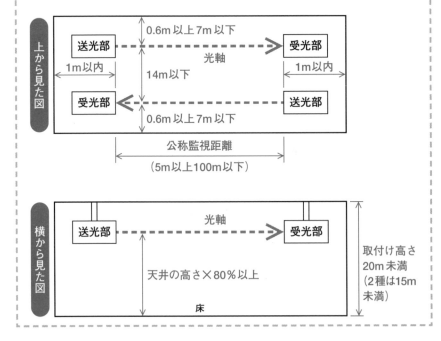

4-4 煙感知器の設置基準

実践問題

▶ 解答　234 ページ
▶ 解説　257 ページ

問1 ☐☐☐ ·· 重要度 ★★★

　煙感知器を設置する場合の基準について、誤っているものはどれか。

❶　壁またははりから 0.6m 以上離れた位置に設けること。
❷　感知器の下端は、取付け面の下方 0.6m 以内の位置に設けること。
❸　天井付近に吸気口のある居室にあっては、吸気口から 1.5m 以上離れた位置に設けること。
❹　天井が低い居室にあっては、感知器を入口付近に設けること

問2 ☐☐☐ ·· 重要度 ★★★

　煙感知器（光電式分離型感知器を除く）の種別、取付け面の高さ及び設置個数について、誤っているものはどれか。

❶　取付け面の高さが 4m 未満の箇所に、1種または2種のものを設ける場合は、床面積 150m² につき1個以上とすること。
❷　取付け面の高さが 4m 未満の箇所に、3種のものを設ける場合は、床面積 50m² につき1個以上とすること。
❸　取付け面の高さが 4m 以上 15m 未満の箇所に、1種または2種のものを設ける場合は、床面積 75m² につき1個以上とすること。
❹　取付け面の高さが 15m 以上 20m 未満の箇所に、2種のものを設ける場合は、床面積 75m² につき1個以上とすること。

4

煙感知器の設置基準

煙感知器（光電式分離型感知器を除く）を特定1階段等防火対象物以外の防火対象物に設置する場合について、正しいものはどれか。

❶ 1種または2種の感知器を階段及び傾斜路に設ける場合は、垂直距離15mにつき1個以上となるように設けること。

❷ 3種の感知器を階段及び傾斜路に設ける場合は、垂直距離7.5mにつき1個以上となるように設けること。

❸ 1種または2種の感知器を廊下及び通路に設ける場合は、歩行距離20mにつき1個以上設けること。

❹ 3種の感知器を廊下及び通路に設ける場合、歩行距離15mにつき1個以上設けること。

光電式分離型感知器を設置する場合の基準に関する次の記述について、文中の（　）に入る数値の組合せとして、最も適切なものはどれか。

ア　感知器の光軸が、並行する壁から（　A　）m以上離れた位置となるように設けること。

イ　感知器の光軸の高さが、天井等の高さの（　B　）%以上となるように設けること。

ウ　感知器は、壁によって区画された区域ごとに、当該区域の各部分から1の光軸までの水平距離が（　C　）m以下となるように設けること。

	A	B	C
❶	0.4	70	5
❷	0.4	80	7
❸	0.6	70	5
❹	0.6	80	7

4-5

炎感知器の設置基準

学習ポイント

- 道路用以外の炎感知器の主な設置基準は？
- 道路用の炎感知器の主な設置基準は？

炎感知器の設置（道路用以外）　　重要度 ★★☆

　炎感知器（188 ページ）には屋内用（型）、屋外用、道路用があります。このうち道路用以外の炎感知器は、以下の基準にしたがって取り付けます。

- ・天井または壁に設けること。
- ★壁によって区画された区域ごとに、床面から高さ1.2mまでの空間（監視空間）の各部分から感知器までの距離が、公称監視距離の範囲内となるように設けること。
- ・障害物等により有効に火災の発生を感知できないことがないようにすること。
- ・日光を受けない位置に設けること（遮光板等を設ける場合を除く）。

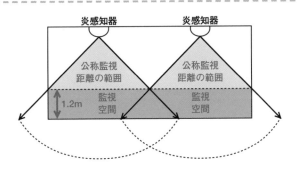

道路用の炎感知器の設置

重要度 ★★☆

　道路に設置する炎感知器については、以下の基準にしたがって取り付けます。

- ・道路の側壁部または路端の上方に設けること。
- ★道路面（監視員通路が設けられている場合は、当該通路面）からの高さが**1.0m 以上1.5m 以下**の部分に設けること。
- ・道路の各部分から感知器までの距離が、公称監視距離の範囲内となるように設けること（設置個数が1となる場合は、2個設置すること）。
- ・障害物等により有効に火災の発生を感知できないことがないようにすること。
- ・日光を受けない位置に設けること。

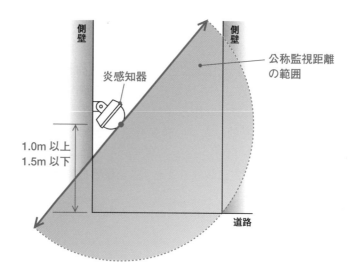

側壁

側壁

公称監視距離
の範囲

炎感知器

1.0m 以上
1.5m 以下

道路

4-5 炎感知器の設置基準

▶ 解答　237 ページ
▶ 解説　258 ページ

問1 ☐☐☐ ⋯⋯⋯⋯⋯⋯⋯⋯⋯⋯ 重要度 ★★★

炎感知器の設置場所について、誤っているものはどれか。

❶ 火を使用する場所で火炎が露出するものが設けられている場所には設けないこと。

❷ じんあい、微粉等が多量に滞留する場所には設けないこと。

❸ 紫外線式の炎感知器にあっては、ハロゲンランプ、殺菌灯等の直射光や反射光が当たる場所に設けないこと。

❹ 水蒸気が多量に滞留する場所には設けないこと。

問2 ☐☐☐ ⋯⋯⋯⋯⋯⋯⋯⋯⋯⋯ 重要度 ★★★

道路の用に供される部分に設けられる炎感知器の設置について、誤っているものはどれか。

❶ 道路の側壁部または路端の上方に設けること。

❷ 道路面からの高さが 1.5m 以上 2.0m 以下の部分に設けること。

❸ 道路の各部分から当該感知器までの距離が公称監視距離の範囲内となるように設け、設置個数が1となる場合は2個設けること。

❹ 感知障害が生じないように遮光板等を設ける場合を除き、直射日光を受けない位置に設けること。

5

炎感知器の設置基準

受信機その他の設置基準

学習ポイント

- 受信機の主な設置基準は？
- 発信機の主な設置基準は？
- 地区音響装置の主な設置基準は？

受信機の設置　　　　　　　　　　　　　重要度 ★★★

　自動火災報知設備の受信機は、以下の基準にしたがって設置します。

防災センター、中央管理室、守衛室など

- 受信機は、防災センター等、常時人がいる場所に設けること。
- ★受信機の操作スイッチは、床面からの高さが 0.8m（いすに座って操作する場合は 0.6m）以上、1.5m 以下の箇所に設けること。
- P型1級（1回線のみ）、P型2級、P型3級受信機は、1つの防火対象物に2台までとすること（GP型受信機も同様）。
- ★P型2級（1回線のみ）、GP型2級（1回線のみ）受信機は、延べ面積 350m^2 以下の防火対象物に設置すること。
- P型3級、GP型3級受信機は、延べ面積 150m^2 以下の防火対象物に設置すること。
- 受信機の付近には原則として警戒区域一覧図を備えておくこと。アナログ式受信機の場合はさらに表示温度等設定一覧図を備えておくこと。

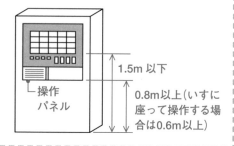

操作パネル

1.5m 以下

0.8m以上（いすに座って操作する場合は0.6m以上）

覚える 受信機の設置台数と延べ面積　　　　　黒板 **7**

受信機	設置台数	延べ面積
P型1級（多回線）、GP型1級（多回線）、R型、GR型	制限なし	制限なし
P型1級（1回線）、GP型1級（1回線）	2台まで	制限なし
P型2級（多回線）、GP型2級（多回線）		制限なし 注)最大5回線まで
P型2級（1回線）、GP型2級（1回線）		350m² 以下
P型3級、GP型3級		150m² 以下

※ 複数の受信機を設けるときは、これらの受信機のある場所相互間で同時に通話できる設備を設けること。

 **ひとこと**

P型1級やP型2級（多回線）の受信機は、延べ面積に制限がありませんが、警戒区域は1区域につき600（または1,000）m² 以下の制限があります（210ページ）。

発信機の設置　　　　　　　　（重要度 ★★★）

自動火災報知設備の発信機は、以下の基準にしたがって設置します。

★押しボタンスイッチの位置は、床面から 0.8m 以上 1.5m 以下となるように設けること。

★各階ごとに、その階の各部分からひとつの発信機までの歩行距離が 50m 以下となるように設けること。

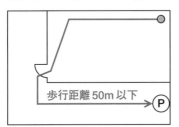

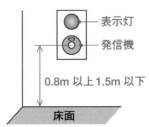

★発信機の直近の箇所に、**表示灯**を設けること。表示灯は**赤色**の灯火で、取付け面と**15度**以上の角度となる方向に沿って**10m**離れたところから点灯していることが容易に識別できるものであること。

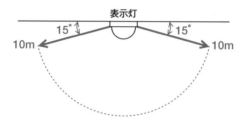

★接続する受信機の種別に応じて、以下の発信機を設けること。

受信機	適応発信機
P型1級、GP型1級、R型、GR型	P型1級発信機
P型2級（多回線）、GP型2級（多回線）	P型2級発信機
P型2級（1回線）、P型3級、GP型2級（1回線）、GP型3級	発信機なし

発信機は、消火栓ポンプの起動装置としても使用できます。その場合は、表示灯も屋内消火栓設備の表示灯を兼ねることができます。

地区音響装置の設置

重要度 ★★★

地区音響装置は、次の基準にしたがって設置します。

★各階ごとに、その階の各部分からひとつの地区音響装置までの水平距離が25m以下となるように設けること。

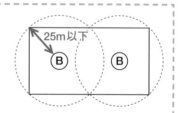

★音圧は、音響装置の中心から1m離れた位置で90dB以上（音声により警報を発する場合は92dB以上）とする。

・音声による警報の場合、感知器作動警報（例：ただいま○階の火災感知器が作動しました）は女声、火災警報（例：火事です　火事です）は男声とします。

・1つの防火対象物に2つ以上の受信機が設けられているときは、どの受信機からも鳴動させることができること。

★地階を除く階数が5以上で、延べ面積3,000m²を超える防火対象物にあっては、区分鳴動にすること。

　区分鳴動とは、防火対象物の一部の階でのみ、地区音響装置を鳴動させることをいいます。区分鳴動では、**出火階とその直上階を鳴動させる**のが原則ですが、**1階または地階が出火階の場合は、直上階に加えて地階全部も鳴動させます**。

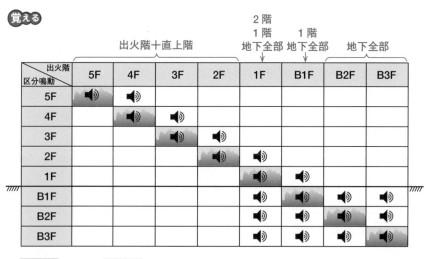

出火階　鳴動階

実践問題

▶ 解答　244 ページ
▶ 解説　258 ページ

問1 ☐☐☐ ·· 重要度 ★★★

　自動火災報知設備の受信機を設置する場合について、法令上、誤っているものはどれか。

① 守衛室に設置した。

② 1の防火対象物にP型2級受信機を2台設け、これらの受信機のある場所相互間で同時に通話できるようにした。

③ 受信機の操作スイッチを床面からの高さが0.5m以上1.5m以下になるように設け、いすに座って操作するようにした。

④ 受信機の付近に警戒区域一覧図を常備した。

問2 ☐☐☐ ·· 重要度 ★★★

　防火対象物に設置する自動火災報知機の受信機について、法令上、誤っているものはどれか。

① 延べ面積800m²の防火対象物に、P型1級受信機（多回線のもの）を3台設置した。

② 延べ面積500m²の防火対象物に、GP型1級受信機（1回線のもの）を2台設置した。

③ 延べ面積300m²の防火対象物に、P型2級受信機（1回線のもの）を1台設置した。

④ 延べ面積200m²の防火対象物に、P型3級受信機を2台設置した。

問3 □□□ .... （重要度 ★★★）

　Ｐ型１級発信機の設置について、正しいものはどれか。

❶　各階ごとに、その階の各部分から一の発信機までの歩行
　距離が60m以下となるように設けた。
❷　屋内消火栓設備の表示灯の直近に設けたので、発信機の
　表示灯は省略した。
❸　押しボタンを床面より1.8mの高さに設けた。
❹　Ｐ型２級受信機に接続した。

問4 □□□ .... （重要度 ★★★）

　自動火災報知設備の地区音響装置の設置について、正しい
ものはどれか。

❶　各階ごとに、その階の各部分から一の地区音響装置まで
　の歩行距離が25m以下となるように設けること。
❷　１の防火対象物に２以上の受信機が設けられているとき
　は、１の受信機から当該受信機の受け持つ警戒区域の地
　区音響装置のみを鳴動させること。
❸　放送設備を、地区音響装置の代用として使用することが
　できる。
❹　Ｐ型１級受信機で接続することができる回線の数が１の
　ものには、地区音響装置を設けないことができる。

6

受信機その他の設置基準

地階を除く階数が5以上で延べ面積が 3,000m² を超える防火対象物に設ける自動火災報知設備の地区音響装置について、誤っているものはどれか。

① 出火階が2階の場合は、2階と3階を区分鳴動させること。

② 出火階が1階の場合は、1階と2階及び地階を区分鳴動させること。

③ 出火階が地下1階の場合は、地下1階と1階、その他の地階を区分鳴動させること。

④ 出火階が地下2階の場合は、地下2階と地下1階及び1階を区分鳴動させること。

P型1級受信機に接続する地区音響装置について、次のうち正しいものはどれか。

① 音響により警報を発するものの音圧は、取り付けられた音響装置の中心から 2m 離れた位置で 90dB 以上であること。

② 音声により警報を発するものの音圧は、取り付けられた音響装置の中心から 1m 離れた位置で 92dB 以上であること。

③ 地階を除く階数が5以上で、延べ面積が 1,000m² を超える防火対象物にあっては、区分鳴動ができるものであること。

④ 感知器作動警報に係る音声は男声によるものとし、火災警報に係る音声は女声によるものとすること。

4-7

電源と配線の設置基準

学習ポイント

- 常用電源と非常電源の主な設置基準は？
- 自動火災報知設備の配線の基準は？

電源の設置

重要度 ★★★

　自動火災報知設備の電源には、**常用電源**と**非常電源**、**予備電源**があります。通常は常用電源からの電力で作動していますが、停電になると非常電源もしくは受信機に内蔵された予備電源（バッテリー）で作動します。

　常用電源と非常電源は、それぞれ次の基準にしたがって設置します。

①常用電源

・ 電源は、原則として蓄電池または交流低圧屋内幹線から他の配線を分岐させずにとること。
・ 電源の開閉器（ブレーカー）には、自動火災報知設備用のものである旨を表示すること。

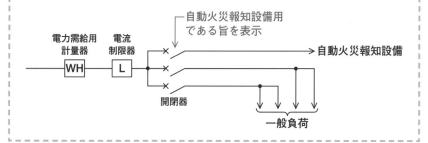

②非常電源

> ★延べ面積 1,000m² 以上の特定防火対象物に設ける自動火災報知設備の非常電源は蓄電池設備、その他の場合は非常電源専用受電設備または蓄電池設備によること。
> ・蓄電池設備の容量は、自動火災報知設備を有効に 10 分間作動することができる容量であること。
> ★予備電源の容量が非常電源の容量以上ある場合は、非常電源の設置を省略できる。

配線の基準 重要度 ★★★

自動火災報知設備の配線については、次のような基準があります。

①感知器回路の配線

感知器の信号回路は、容易に導通試験ができるように、以下の基準にしたがって配線します。

> ★送り配線とすること。
> 　　　　　　　　　　　　┌─ 回路試験器のこと
> ★回路の末端に発信機、押しボタンまたは終端器を設けること。

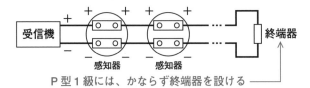

P 型 1 級には、かならず終端器を設ける

終端器は、抵抗（一般に 10 ～ 20kΩ）または抵抗とコンデンサを組み合わせた装置で、回線の終端に取りつけることで閉回路をつくり、回線に常時微小な電流が流れる状態にします。

また、送り配線とは、機器を数珠つなぎに接続していく配線方式で、配線が 1 か所でも断線すると電流が流れなくなり、断線を検出できます。

　なお、感知器が配線からはずれたり、配線が断線すると受信機が自動的に警報を発する機能がある場合は、送り配線でなくてもよいことになっています。

② P型受信機の感知器回路

　P型受信機では、警戒区域ごとに感知器回路を設けます。感知器回路の配線には次の基準があります。

一般的には－（マイナス）線

★**共通線**は1本につき**7警戒区域（7回線）以下**とすること。
★**感知器回路**の電路の**抵抗**は**50Ω以下**となるようにすること。

　P型受信機の感知器回路は、1つの警戒区域ごとに1回線を用い、1回線につき2本の配線が必要です。しかし実際の配線では、受信機から出る配線の本数を減らすため、次のように**共通線**を用いています。

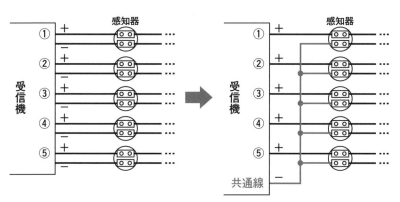

　共通線を用いると、感知器回路の配線本数は回線数＋1本で済みます。ただし、共通線は1本につき**7警戒区域**までに制限されているので、7回線を超えるごとに、共通線を1本増やします。

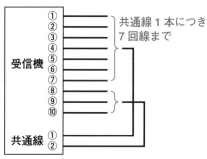

245

③耐熱配線と耐火配線

　自動火災報知設備の配線のうち、以下の部分には耐熱配線または耐火配線を用います。

覚える 耐熱配線と耐火配線		黒板 8

耐熱配線	受信機と地区音響装置の間 R型受信機、中継器、アナログ式感知器の間 受信機と表示灯の間（屋内消火栓設備と連動する場合） 受信機と他の消防用設備等の操作回路の間
耐火配線	非常電源と受信機、中継器の間

●耐熱配線

使用する電線	工事方法
600V 二種ビニル絶縁電線（HIV 線） EP ゴム絶縁電線 シリコンゴム絶縁電線 CD ケーブル　など	電線を金属管等に納めて敷設する
MI ケーブル（無機絶縁ケーブル） 耐熱電線　など	ケーブル工事による露出配線

●耐火配線

使用する電線	工事方法
600V 二種ビニル絶縁電線（HIV 線） EP ゴム絶縁電線 シリコンゴム絶縁電線 CD ケーブル クロロプレンシースケーブル　など	電線を金属管等に納め、耐火構造の壁、床等に埋設する
MI ケーブル 耐火電線　など	ケーブル工事による露出配線

　常用電源と受信機の間や、P 型受信機の感知器回路の配線は、耐熱配線や耐火配線ではなく、IV 線（600V ビニル絶縁電線）などによる一般配線とします。

ひとこと

実技試験では、一般配線に IV 線、耐熱配線に HIV 線を使用する問題が出題されます。

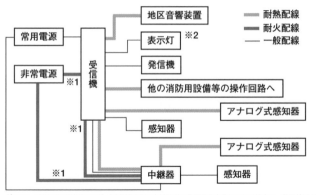

注 ※1 中継器の非常電源回路（受信機または中継器が予備電源を内蔵している場合は一般配線でよい。）
　　※2 発信機を他の消防用設備等の起動装置と兼用する場合、発信機上部の表示灯の回路は、非常電源付の耐熱配線とすること。

④誘導障害対策

自動火災報知設備の配線に使用する電線とその他の電線とは、同一の管やダクト、線ぴ（モール）、プルボックスなどに収納しないようにします（60V以下の小勢力回路に使用する弱電流電線を除く）。

⑤絶縁抵抗

電源回路と大地間、および電源回路の配線相互間の絶縁抵抗は、直流250Vの絶縁抵抗計で測定した値が、以下の値になるようにします。

対地電圧		絶縁抵抗値
300V以下	対地電圧150V以下（単相100V／200V）	0.1MΩ以上
	対地電圧150V超（三相200V）	0.2MΩ以上
300V超（三相400V）		0.4MΩ以上

感知器回路と大地間、および感知器回路の配線相互間の絶縁抵抗も同様に測定し、1警戒区域ごとに0.1MΩ以上とします。

⑥接地工事

受信機の金属製外箱には、漏電による火災や感電事故を防ぐため、電気設備技術基準に規定されるD種接地工事を施します。D種接地工事では、接地抵抗値が100Ω以下となるようにします。

実践問題

▶ 解答 250 ページ
▶ 解説 260 ページ

問1 ☐☐☐ ‥‥‥‥‥‥‥‥‥‥‥‥‥‥‥‥‥ 重要度 ★★★

　自動火災報知設備の電源について、誤っているものはどれか。

❶ 電源は、蓄電池または交流低圧屋内幹線から他の配線を分岐させずにとること。

❷ 電源の開閉器には、自動火災報知設備用のものである旨を表示すること。

❸ 延べ面積が 1,000m² 以上の特定防火対象物に設ける自動火災報知設備の非常電源は、非常電源専用受電設備または蓄電池設備によること。

❹ 予備電源の容量が、非常電源の容量以上を有する場合は、非常電源の設置を省略できる。

問2 ☐☐☐ ‥‥‥‥‥‥‥‥‥‥‥‥‥‥‥‥‥ 重要度 ★★★

　自動火災報知設備の配線について、誤っているものはどれか。

❶ P型受信機の感知器回路の配線に共通線を設ける場合の共通線は、1本につき7警戒区域以下とすること。

❷ R型受信機に接続されるアナログ式感知器及び中継器から受信機までの配線は、耐火配線とすること。

❸ 自動火災報知設備の配線に使用する電線とその他の電線とは、60V以下の弱電流回路に使用するものを除き、同一の管、ダクト等の中に設けないこと。

❹ 感知器の信号回路は送り配線にするとともに、回路の末

端に発信機、押しボタンまたは終端器を設けること。

問3 ▶ □□□ ·· 重要度 ★★★

自動火災報知設備の非常電源の配線の工事方法として、適切でないものはどれか。

❶ MIケーブルによるケーブル工事
❷ 架橋ポリエチレン絶縁ビニルシースケーブルを合成樹脂管に納め、耐火構造の壁、床等に埋設する工事
❸ 600V二種ビニル絶縁電線による金属管工事
❹ 消防庁長官が定める基準に適合する耐火電線によるケーブル工事

問4 ▶ □□□ ·· 重要度 ★★★

自動火災報知設備の配線の絶縁抵抗及び電路の抵抗について、誤っているものはどれか。ただし、絶縁抵抗値はいずれも直流250Vの絶縁抵抗計で計った値とする。

❶ 対地電圧が150V以下の電源回路と大地との間及び電源回路の配線相互の間の絶縁抵抗は、0.1MΩ以上であること。
❷ 対地電圧が150Vを超える電源回路と大地との間及び電源回路の配線相互の間の絶縁抵抗は、0.2MΩ以上であること。
❸ 感知器回路と大地との間の絶縁抵抗は、1警戒区域ごとに0.2MΩ以上であること。
❹ P型受信機の感知器回路の電路の抵抗は、50Ω以下となるように設けること。

7

電源と配線の設置基準

4-8

ガス漏れ火災警報設備の設置

学習ポイント

- 警戒区域を知ろう
- 検知器の設置条件を軽ガス、重ガスごとに覚えよう
- 受信機、警報装置の設置条件を知ろう

警戒区域

重要度 ★★★

ガス漏れ火災警報設備の警戒区域は、ガス漏れの発生した区域を他の区域から識別する最小単位です。

原則	例外
①面積は600m² 以下	ガス漏れ表示灯を通路の中央から容易に見通すことができる場合には、1,000m² 以下でも可。
②2以上の階にわたらないこと	合計面積が 500m² 以下の場合には、2 つの階にわたって設定できる。

検知器の設置

重要度 ★★★

検知器は、天井の室内に面する部分または壁面の点検の便利な場所に、ガスの性状に応じて設置します。

空気より軽い（＝空気に対する比重が 1 未満）軽ガスは部屋の上方に滞留 しやすいので、検知器も天井付近に設けます。空気より重い（＝空気に対する比重が 1 を超える）重ガスは反対に下に沈むので、検知器も

床面付近に設ける必要があります。

> 一般に、都市ガスは空気より軽く、プロパンガスは空気より重いガスです。

①軽ガス（空気に対する比重が1未満）用の検知器

★検知器の下端が、天井面の下方0.3m以内の位置に設けること。

★ガスの燃焼器やガス管の<u>貫通部</u>から、水平距離で8m以内の位置に設けること。ただし、天井面等が0.6m以上突き出したはり等によって区画されている場合は、そのはり等より燃焼器側に設けること。

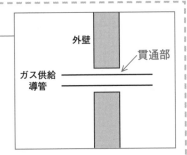

・天井面付近に吸気口がある場合は、0.6m以上突き出したはりの手前で、燃焼器等にもっとも近い吸気口付近に設けること。

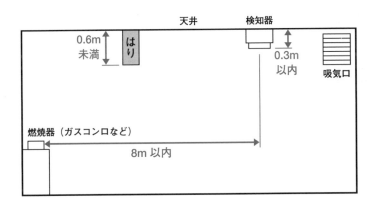

②重ガス（空気に対する比重が1を超える）用の検知器

> ★燃焼器または貫通部から、水平距離で4m以内の位置に設けること。
>
> ★検知器の上端が、床面の上方0.3m以内の位置に設けること。

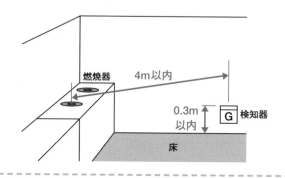

なお、次のような場所には設置してはいけません。

③検知器を設置できない場所

> ・出入口付近で外部の気流がひんぱんに流通する場所
> ・換気口の空気の吹出し口から1.5m以内の場所
> ・燃焼器の廃ガスに触れやすい場所

受信機の設置　　　重要度 ★★★

　ガス漏れ火災警報設備に用いる受信機は、次の基準にしたがって設置します。

> ・検知器または中継器の作動と連動して、検知器の作動した警戒区域を表示できること。
> ・貫通部に設ける検知器に係る警戒区域は、他の検知器に係る警戒区域と区別して表示できること。

- 操作スイッチは、床面からの高さが 0.8m（いすに座って操作する場合 0.6m）以上、1.5m 以下の箇所に設けること。
- 2台以上の受信機を設けるときは、これらの受信機のある場所相互の間で同時に通話することができる設備を設けること。

警報装置の設置　重要度 ★★★

　ガス漏れ火災警報設備の警報装置には、**音声警報装置**、**検知区域警報装置**、**ガス漏れ表示灯**があります。

①音声警報装置の設置基準

- 音圧および音色は、他の警報音または騒音と明らかに区別して聞き取ることができること。
- ★スピーカーは各階ごとに、その階の各部分から水平距離 **25m 以下**となるように設けること。
- 2台以上の受信機を設けるときは、これらの受信機がある、いずれの場所からも作動させることができること。
- ★非常用放送設備の有効範囲内の部分には、音声警報装置を設けないことができる。

②検知区域警報装置の設置

- ★検知区域警報装置から 1m 離れた位置で音圧が **70dB 以上**となるものであること。
- ★以下の場合には、検知区域警報装置を設けないことができる。
  - **①警報機能を有する検知器を設置する場合**
  - **②機械室その他常時人がいない場所**
  - **③貫通部**

③ガス漏れ表示灯

★検知器を設ける部屋が通路に面している場合には、当該通路に面する部分の出入口付近に設けること。

★前方3m離れた地点で点灯していることを明確に識別することができるように設けること。

★警戒区域が1つの部屋のみからなる場合には、ガス漏れ表示灯を設けないことができる。

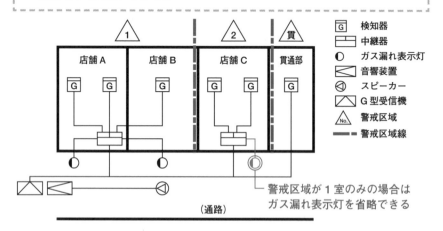

G	検知器
⊟	中継器
◖	ガス漏れ表示灯
⊠	音響装置
◁	スピーカー
△	G型受信機
No.	警戒区域
━ ━	警戒区域線

警戒区域が1室のみの場合はガス漏れ表示灯を省略できる

（通路）

理解度チェック

□□□内に入る適切な数値を答えよ。

１ 空気に対する比重が1未満のガスを検知する検知器は、燃焼器や貫通部から ☐ A ☐ m以内で、当該燃焼器等との間が ☐ B ☐ m以上突き出したはりによって区画されていない天井面に、検知器の下端が天井から ☐ C ☐ m以内になるように設けること。

２ 空気に対する比重が1を超えるガスを検知する検知器は、燃焼器や貫通部から ☐ D ☐ m以内で、検知器の上端が床から ☐ E ☐ m以内の位置に設けること。

解答

１ A：8　　B：0.6　　C：0.3　　**２** D：4　　E：0.3

4-8 ガス漏れ火災警報設備の設置

実践問題

▶ 解答 257 ページ
▶ 解説 260 ページ

問1 ☐☐☐ ……………………………… 重要度 ★★★

　ガス漏れ火災警報設備の警戒区域について、消防法令上、誤っているものはどれか。

❶ 1の警戒区域の面積は、原則として 600m² 以下とすること。

❷ 1の警戒区域の面積が 500m² 以下の場合は、防火対象物の2の階にわたることができる。

❸ 主要な出入口から内部を見通すことができる場合には、警戒区域の面積を 1,000m² 以下とすることができる。

❹ 貫通部に設ける検知器に係る警戒区域は、他の検知区域に係る警戒区域と区別して表示できるようにすること。

問2 ☐☐☐ ……………………………… 重要度 ★★★

　ガス漏れ火災警報設備の警報装置について、消防法令上、正しいものはどれか。

❶ 音声警報装置のスピーカーは、各階ごとにその階の各部分から1のスピーカーまでの水平距離が 25m 以下となるように設けること。

❷ ガス漏れ表示灯は、前方 10m 離れた地点で点灯していることを明確に識別することができるように設けること。

❸ 検知区域警報装置は、1m 離れた位置で音圧が 90dB 以上となるものであること。

❹ 1の警戒区域が1の室からなる場合には、検知区域警報装置を設けないことができる。

4-1 警戒区域の設定方法

▶ 問題 214 ページ

問1 ③ ☞ 210 ページ参照

警戒区域の面積は 600m² 以下で、一辺の長さは 50m 以下とします。ただし、出入口から内部を見通すことのできる場合は 1,000m² 以下とすることができます。

問2 ③ ☞ 211, 212 ページ参照

× **❶** 2 の階にわたる警戒区域は、面積が合計 500m² 以下の場合に限り設定できます。

× **❷** 一辺の長さは、光電式分離型感知器を設置する場合に 100m まで設定できます。

○ **❸** 階段は、地階1階までは地上部分と同一の警戒区域にできます。

× **❹** たて穴区画は、水平距離が 50m の範囲内にある場合に同一の警戒区域にできます。

4-2 感知器の設置

▶ 問題 220 ページ

問1 ③ ☞ 215,217 ページ参照

じんあい、微粉または水蒸気が多量に滞留する場所には、煙感知器は設置できませんが、熱感知器や炎感知器（水蒸気は不可）は設置できます。

問2 ❶ ☞ 216 ページ参照

× **❶** 以下の防火対象物の廊下及び通路に設置義務があります。小学校は含まれません。

- ・特定防火対象物
- ・寄宿舎・下宿・共同住宅
- ・公衆浴場
- ・工場、作業場、映画スタジオ
- ・その他の事業場

○ **❷** 以下の防火対象物の地階・無窓階・11 階以上の階に設置義務があります。

- ・特定防火対象物
- ・その他の事業場（オフィスビル含む）

○ **❸** 遊興のための設備または物品を客に利用させる役務の用に供する個室（カラオケボックス、ネットカフェ等）に設置義務があります。

○ **❹** 百貨店は特定防火対象物なので、設置義務があります。

問3 ❹ ☞ 217 ページ参照

厨房その他正常時において煙が滞留する場所には、定温式スポット型または

は熱アナログ式スポット型感知器を設置します。その他の熱感知器、煙感知器、炎感知器は設置できません。

問4 ❶　☞ 218ページ参照
定温式スポット型感知器（特種、1種）を設置できるのは、取付け面の高さが8m未満の場所に限ります。

問5 ❷　☞ 218ページ参照
取付け面の高さが15m以上20m未満の場所に設置可能な感知器は、煙感知器の1種と炎感知器です。

4-3　熱感知器の設置基準
▶問題　225ページ

問1 ❹　☞ 222ページ参照
× ❶　定温式スポット型感知器の下端は、取付け面の下方0.3メートル以内の位置に設けます。
× ❷　換気口等の空気吹出し口から1.5m以上離れた位置に設けます。
× ❸　45度以上傾斜させないように設けます。
○ ❹　正しい記述です。

問2 ❷　☞ 223ページ参照
主要構造部を耐火構造とする防火対象物で、取付け面の高さが4m未満の箇所に設置する差動式スポット型感知器の2種の設置個数は、床面積70m²につき1個以上です。

差動式スポット型の感知面積

		1種	2種
4m未満	耐火	90m²	70m²
	非耐火	50m²	40m²
4m以上 8m未満	耐火	45m²	35m²
	非耐火	30m²	25m²

問3 ❷　☞ 223ページ参照
取付け面の高さが4m未満で耐火構造の場合の定温式スポット型1種の感知面積は60m²なので、最小設置個数は200÷60≒3.3個。小数点以下を切上げて4個になります。

定温式スポット型の感知面積

		特種	1種	2種
4m未満	耐火	70m²	60m²	20m²
	非耐火	40m²	30m²	15m²
4m以上 8m未満	耐火	35m²	30m²	—
	非耐火	25m²	15m²	—

問4 ❶　☞ 224ページ参照
空気管の露出部分は、感知区域ごとに20m以上とします。

4-4　煙感知器の設置基準
▶問題　231ページ

問1 ❸　☞ 227ページ参照
吸気口のある居室では、吸気口付

近に設けます。

問2 ④　　☞ 228 ページ参照
　取付け面の高さ 15m 以上 20m 未満の箇所には、2種の煙感知器を設置できません。

問3 ❶　　☞ 228, 229 ページ参照
○❶　正しい記述です。
×❷　垂直距離 10m につき 1 個以上設けます。
×❸　歩行距離 30m につき 1 個以上設けます。
×❹　歩行距離 20m につき 1 個以上設けます。

問4 ④　　☞ 230 ページ参照
　感知器の光軸は並行する壁から（A）0.6m 以上離し、高さが天井等の高さの（B）80%となるようにします。また、感知区域の各部分から光軸までの距離が（C）7m 以下となるようにします。

4-5　炎感知器の設置基準
▶ 問題　235 ページ

問1 ②　　☞ 217,233 ページ参照
　じんあい、微粉等が多量に滞留する場所については、炎感知器の設置が認められています。なお、ハロゲンランプや殺菌灯の光には紫外線が含まれるため、紫外線式の炎感知器が誤作動するおそれがあります。
　紫外線式炎感知器は、炎から放射される紫外線を検知します。
・感度が非常に敏感で早い検知速度を可能とできる方式です。
・非火災報を引き起こしやすい対象があります（対象例：紫外線灯、ハロゲン灯、殺菌灯）。
・炎検知器の検知部の汚れや空気中の水蒸気等の設置環境により感度低下の影響がある方式です。

問2 ②　　☞ 234 ページ参照
　道路用の炎感知器は、道路面からの高さが 1.0m 以上 1.5m 以下の部分に設けます。

4-6　受信機その他の設置基準
▶ 問題　240 ページ

問1 ❸　　☞ 236,237 ページ参照
○❶　受信機は防災センター等（防災センター、中央管理室、守衛室など）に設けます。
○❷　P型2級受信機は 1 の防火対象物に 2 台まで設けることができます。また、複数の受信機を設ける場合は、受信機のある場所相互間で同時に通話できる設備を設けます。
×❸　受信機をいすに座って操作する場合は、操作スイッチが床面か

ら 0.6m 以上 1.5m 以下の高さになるように取り付けます。

○ ④　受信機の付近には、原則として警戒区域一覧図を備えます。アナログ式受信機の場合は、さらに表示温度等設定一覧図も常備します。

問2 ④　　　☞ 237 ページ参照

○ ①　P 型 1 級受信機（多回線）は、延べ面積、設置台数に制限がありません。

○ ②　GP 型 1 級受信機（1 回線）は、延べ面積に制限がなく、設置台数は 2 台までです。

○ ③　P 型 2 級受信機（1 回線）は、延べ面積 350m² 以下、設置台数は 2 台までです。

× ④　P 型 3 級受信機は、延べ面積 150m² 以下、設置台数は 2 台までです。

問3 ②　☞ 237,238 ページ参照

× ①　発信機は各部分からの歩行距離が 50m 以下となるように設けます。

○ ②　直近に屋内消火栓設備の位置を示す表示灯があるときは、発信機の表示灯と兼用することができます。

× ③　押しボタンの位置は床面から 0.8m 以上 1.5m 以下の箇所に設けます。

× ④　P 型 1 級発信機を接続する受信機は、P 型 1 級、GP 型 1 級、R 型、GR 型のものになります。

問4 ③　☞ 238, 239 ページ参照

× ①　歩行距離ではなく、水平距離が 25m 以下となるように設けます。

× ②　2 以上の受信機が設けられているときは、いずれの受信機からも全館の地区音響装置が鳴動できるようにします。

○ ③　正しい記述です。

× ④　P 型 1 級受信機は地区音響装置を省略できません（160, 166 ページ）。

問5 ④　　　☞ 239 ページ参照

区分鳴動は、出火階が 2 階以上の場合は出火階＋直上階、出火階が 1 階または地階の場合は、出火階＋直上階＋地階全部を鳴動させます。したがって出火階が地下 2 階の場合は、地下 2 階と地下 1 階を含む、地階全体を鳴動させます。

問6 ②　☞ 238, 239 ページ参照

× ①　音響による警報の音圧は、装置の中心から 1m 離れた位置で 90dB 以上です。

○ ②　音声による警報の音圧は、装置の中心から 1m 離れた位置で 92dB 以上です。

× **③** 　地階を除く階数が 5 以上で、延べ面積が 3,000m² を超える防火対象物では、区分鳴動にします。

× **④** 　音声による警報では感知器作動警報は女声、火災警報は男声とします。

4-7　電源と配線の設置基準
▶問題　248 ページ

問 1 **③** 　 243,244 ページ参照

延べ面積が 1,000m² 以上の特定防火対象物に設ける非常電源は、蓄電池設備とします。

問 2 **②** 　 246,247 ページ参照

R 型受信機とアナログ式感知器、中継器との配線は耐熱配線とします。

問 3 **③** 　 246 ページ参照

非常電源の配線は耐火配線とします。耐火配線は、600V 二種ビニル絶縁電線等を配管に納めて耐火構造の壁、床等に埋設するか、MI ケーブル、耐火電線によるケーブル工事により敷設します。したがって、金属管工事は不適切です。なお、架橋ポリエチレン絶縁ビニルシースケーブル（CV ケーブル）の工事法は適切です。

問 4 **③** 　 247 ページ参照

感知器回路と大地との間の絶縁抵抗は、1 警戒区域ごとに 0.1MΩ 以上とします。

4-8　ガス漏れ火災警報設備の設置
▶問題　255 ページ

問 1 **③** 　 250 ページ参照

ガス漏れ火災警報設備の警戒区域の面積は、原則として 600m² 以下ですが、警戒区域内のガス漏れ表示灯を通路の中央から容易に見通すことができる場合には、警戒区域の面積を 1,000m² 以下とすることができます。

問 2 **①** 　 253,254 ページ参照

○ **①** 　正しい記述です。

× **②** 　ガス漏れ表示灯は、前方 3m 離れた地点で点灯していることを明確に識別することができるように設けます。

× **③** 　検知区域警報装置の音圧は、1m 離れた位置で 70dB 以上とします。

× **④** 　1 の警戒区域が 1 の室からなる場合には、ガス漏れ表示灯を設けないことができます。検知区域警報装置を省略できるのは、警報機能を有する検知器を設置する場合、機械室その他常時人がいない場所および貫通部です。

第 5 章

自動火災報知設備の試験

感知器の試験

- 感知器の作動試験ごとに用いる試験器具を覚えよう
- 差動式分布型感知器（空気管式）で行う試験は？

差動式スポット型・補償式スポット型・定温式スポット型の試験

重要度 ★★★

　差動式スポット型・補償式スポット型・定温式スポット型感知器の試験では、加熱試験器を用いた作動試験（加熱試験）を行います。

　加熱試験器は、柄（支持棒）のついたカップの中に白金カイロの火口を入れたもので、天井に取り付けた感知器にカップをかぶせ、感知器が所定の時間内に作動するかどうかを確認します。

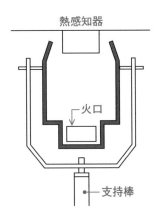

熱感知器

火口

支持棒

ひとこと

定温式スポット型感知器には、非再用型（一度作動すると使えなくなるもの）があります。これらの作動試験では、設置されているものから定められた個数を抜き取って試験を行い、試験後は新品と交換します。

　変電室や電気室など，感知器の点検が容易に行えない場所には，差動式スポット型感知器（ダイヤフラム型）を設置して，**差動スポット試験器**を出入口付近の点検が容易な場所に設けます。

　差動スポット試験器は，差動式スポット型感知器との間を**空気管**で接続し，試験孔から空気を送って作動試験を行えるようにしたものです。差動スポット試験器は床面から **0.8m 以上 1.5m 以下**の場所に取付けます。

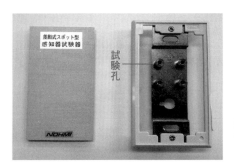

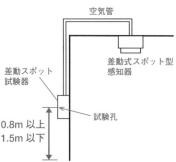

差動式分布型感知器（空気管式）の試験　重要度 ★★★

　空気管式の差動式分布型感知器に対して行う機能試験には、**火災作動試験、作動継続試験、流通試験、接点水高試験、リーク抵抗試験**があります。

①火災作動試験

　検出部の試験孔に**テストポンプ**（空気注入試験器）を接続し、試験コックを〈作動試験〉位置に合わせます。テストポンプは注射器のような形をしています。

空気管長や感度によって異なる

　テストポンプを使って感知器の作動空気圧に相当する空気量を注入す

ると、空気圧によってダイヤフラムがふくらみ、接点が閉じます。空気を注入してから接点が閉じるまでの時間が、検出部に表記された範囲内であれば合格です。

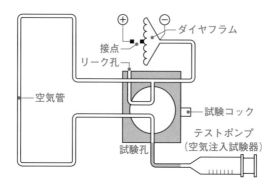

②作動継続試験

　空気管内の空気はリーク孔から徐々に抜けるので、火災作動試験でいったん閉じた接点は、しばらくするとまた開きます。作動継続試験は、閉じた接点が再び開くまでの時間を計測し、その時間が検出部に表記された範囲内であることを確認します。

③流通試験

　空気管に漏れや詰まりがないかどうかを確認します。まず、空気管の一端にマノメーター（管の中の水位で圧力を測定する圧力計）、試験孔にテストポンプをそれぞれ接続し、試験コックを〈流通試験〉の位置に合わせます。次に、テストポンプで空気管に空気を注入し、マノメーターの水位を約100mmのところで停止させます。

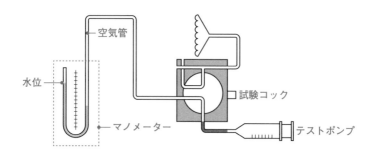

　水位が停止したらテストポンプをはずし、マノメーターの水位が半分になるまでの時間を測定します。その時間が、空気管の長さに応じて検出部に表記されている範囲内であることを確認します。

ひとこと

マノメーターの水位が停止しない場合は、空気管に漏れがある可能性があります。

④接点水高試験

　検出部の空気管端子と試験孔にそれぞれマノメーターとテストポンプを接続し、試験コックを〈接点水高試験〉の位置に合わせます。テストポンプで少しずつ空気を送り、接点が閉じたときのマノメーターの水位（接点水高）を測定します。接点水高（マノメーターの水位の1／2）は接点の間隔を表し、適切な範囲内にあることを確認します。

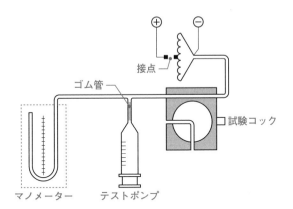

⑤リーク抵抗試験

　リーク孔の詰まりを確認する試験です。テストポンプでマノメーターの水位を所定の位置に上げた後、水位が所定の位置まで下降する時間を測定します。

　規定値より長時間かかる場合はリーク抵抗（リーク孔から漏れる空気の抵抗）が大きすぎ、非火災報の原因となります。逆に短い場合はリー

ク抵抗が小さすぎ、不作動の原因となります。

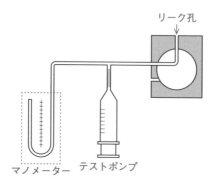

リーク孔

マノメーター　テストポンプ

差動式分布型感知器（熱電対式）の試験 （重要度 ★★★）

熱電対式の差動式分布型感知器の機能試験には、**火災作動試験と回路合成抵抗試験**があります。

①火災作動試験

検出部に**メーターリレー試験器**を接続し、作動電圧に相当する電圧を加えます。検出部が作動したときの電圧が、所定の値の範囲内であれば合格です。

②回路合成抵抗試験

検出部にメーターリレー試験器を接続し、熱電対回路の合成抵抗が所定の値以下であることを確認します。

メーターリレー試験器

イオン化式スポット型・光電式スポット型感知器の試験 （重要度 ★★★）

スポット型の煙感知器の試験では、**加煙試験器**を用いた作動試験（加煙試験）を行います。

　加煙試験器は、柄（支持棒）のついたカップの中に発煙剤やガスボンベを入れたもので、感知器にかぶせて所定の時間内に作動するかどうかを確認します。作動したときに確認灯が点灯することも確認します。

　このほか、1年に1回行う総合点検では、外観の清掃を行ったうえで、**煙感知器用感度試験器**を使った感度試験も行います。

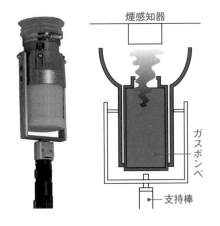

光電式分離型感知器の試験 〔重要度 ★★★〕

　光電式分離型感知器の試験では、**減光フィルター**を用いた**作動試験**を行います。減光フィルターで光軸を遮り、所定の減光率で作動することを確認します。

　なお、総合点検の際には、**不作動試験**も行います。

減光フィルター

炎感知器の試験 〔重要度 ★★★〕

　炎感知器の試験では、所定の**炎感知器用作動試験器**を用いた**作動試験**を行います。作動時間は**30秒以内**を目安とし、作動したときに確認灯が点灯するかどうかも確認します。

炎感知器用作動試験器

実践問題

▶ 解答　270 ページ
▶ 解説　276 ページ

問1 ☐☐☐ ··· 重要度 ★★★

　差動式分布型感知器（空気管式）の接点水高試験の説明として、正しいものはどれか。

❶　空気管の漏れや詰まり、空気管の長さを確認する。
❷　感知器が作動してから接点が開くまでの時間が規定の範囲にあることを確認する。
❸　作動空気圧に相当する量の空気を注入し、感知器が作動するまでの時間が規定の範囲にあることを確認する。
❹　接点が閉じるのに必要な空気量を測定し、その量が規定の範囲にあることを確認する。

問2 ☐☐☐ ··· 重要度 ★★★

　差動式分布型感知器（空気管式）の火災作動試験を実施したところ、作動時間が検出部に明示されている時間より長かった。考えられる原因として、最も適切なものはどれか。

❶　空気管に漏れがある。
❷　接点水高が規定値より低い。
❸　リーク抵抗が規定値より大きい。
❹　感知器回路が断線している。

5-2

受信機の試験

学習ポイント

- 受信機に対して行う試験の種類は？
- 火災表示試験、回路導通試験、同時作動試験、予備電源試験の手順は？

火災表示試験

重要度 ★★★

火災表示試験は、火災信号を受信したときに受信機の火災表示が正常に行われるかどうか、また、火災表示の保持機能（復旧スイッチを操作しない限り火災表示を継続する）が正常に働いているかを確認する試験です。

―手順―

① 火災表示試験スイッチを〈試験〉側に倒す。

➡ スイッチ注意灯が点滅します。

② 回線選択スイッチで〈回線1〉を選択する。

➡ 火災灯と地区表示灯1が点灯し、主音響装置と地区音響装置が鳴動します。

③ 回線選択スイッチで、〈回線2〉を選択する。

➡ 地区表示灯2が点灯します（地区表示灯1が消灯しないことを確認）。 ┌─試験復旧スイッチではないので注意

④ 復旧スイッチを倒す。

➡ 地区表示灯1が消灯します（火災灯、地区表示灯2、主音響装置、地区音響装置はいったん消灯・停止した後、再び点灯・鳴動することを確認）。

⑤ 以下、順次回線を選択し、復旧スイッチを倒す操作を繰り返す。

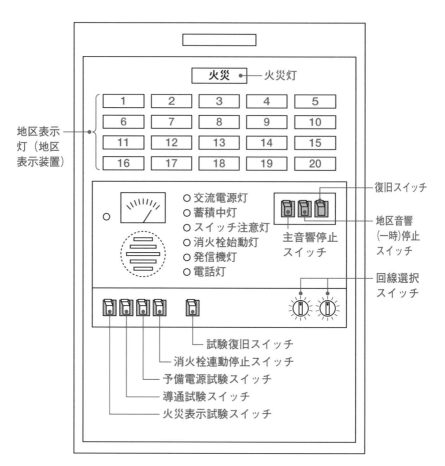

火災 ← 火災灯

地区表示灯（地区表示装置）

1	2	3	4	5
6	7	8	9	10
11	12	13	14	15
16	17	18	19	20

○ 交流電源灯
○ 蓄積中灯
○ スイッチ注意灯
○ 消火栓始動灯
○ 発信機灯
○ 電話灯

主音響停止スイッチ

復旧スイッチ

地区音響（一時)停止スイッチ

回線選択スイッチ

試験復旧スイッチ
消火栓連動停止スイッチ
予備電源試験スイッチ
導通試験スイッチ
火災表示試験スイッチ

ひとこと

手順③で、復旧スイッチを操作する前に次の回線を選択するのは、火災表示の保持機能を確認するためです（Ｐ型３級受信機を除く）。

用語 試験復旧スイッチ
火災表示後、自動的に受信機を復旧させるスイッチ。感知器の作動試験で、作動を確認した後いちいち復旧させる手間を省くために使います。

回路導通試験 〔重要度 ★★★〕

回路導通試験は、Ｐ型１級受信機の場合は、接続した感知器回路が断

線していないかどうかを、回線ごとに確認する試験です。

┌─ 手 順 ─────────────────────────
①**導通試験スイッチを〈試験〉側に倒す。**
　➡ スイッチ注意灯が点滅します。
②**回線選択スイッチを操作して、試験する回線を順次選択する。**
　➡ 試験用計器の指示値が正常であることを確認します。
└─────────────────────────────

 ひとこと

P型2級受信機は導通試験装置がないため、回線の末端に接続されている発信機や押しボタンを操作し、回路の導通を確認します。

同時作動試験　　　　　　　　　　重要度 ★★★

同時作動試験は、複数の警戒区域から同時に火災信号を受信したとき、火災表示が正常に行われることを確認します。

┌─ 手 順 ─────────────────────────
①**火災表示試験スイッチを〈試験〉側に倒す。**
　➡ スイッチ注意灯が点滅します。
②**回線選択スイッチを操作して、試験する回線を5回線選択する（5回線を超えた場合、不具合が発生する場合があります）。**
　➡ 火災灯、地区表示灯、主音響装置、地区音響装置が正常に作動することを確認します。
└─────────────────────────────

予備電源試験　　　　　　　　　　重要度 ★★★

予備電源試験は、主電源から予備電源への切り替えと、予備電源から主電源への復旧が自動的に正常に行われることを確認します。

①予備電源試験スイッチを押し続けます（機種によっては、押し続けなくても良いものもあります）。

➡ 電源が予備電源に切り替わるので、電圧計等の指示値が正常であることを確認します。

②スイッチから手を離して試験を終了します。

➡ 電源が主電源に戻ったことを確認します。

自動試験機能について 　　重要度 ★★★

　自動試験機能は、火災報知設備にかかわる機能が適正に維持されていることを、自動的に確認する機能です。自動試験機能を利用する場合は、中継器や感知器も自動試験機能対応型のものを設置します。

┌ 自動試験機能で行える試験 ─────────────────
│ 火災表示試験、注意表示試験、感知器回路及びベル回路試験、受信
│ 機及び中継器の制御機能及び電路試験、予備電源試験、感知器作動
│ 試験（煙感知器の感度試験を含む）
└──────────────────────────────────

理解度チェック

　正しい記述は○、誤っている記述は × で答えなさい。

■1 火災表示試験では、断線中の回線の地区表示灯も点灯する。

■2 予備電源試験スイッチを押すと、スイッチ注意灯が点灯する。

■3 P型2級受信機では、回路導通試験は省略できる。

─ 解答 ─────────────────────────────

■1 ○ 正しい記述です。

■2 × 予備電源試験スイッチは離すと自動的に定位に戻るので、スイッチ注意灯は点灯しません。

■3 × P型2級受信機には導通試験装置がないので、発信機を作動させるなどの方法で回路導通試験を行います。

5-2 受信機の試験

実践問題

▶ 解答　275 ページ
▶ 解説　276 ページ

問1　□□□ …………………………………… 重要度 ★★★

　P型1級受信機で回路導通試験を行ったところ、導通を示さなかった。考えられる原因として、最も適切なものはどれか。

❶　差動式スポット型感知器の接点が接触不良であった。
❷　終端器の接続端子が接触不良であった。
❸　差動式分布型感知器（空気管式）の空気管に詰まりが生じていた。
❹　煙感知器のスイッチング回路が破損していた。

問2　□□□ …………………………………… 重要度 ★★★

　P型受信機（2以上の回線に接続するもの）で実施する機能試験について、誤っているものはどれか。

❶　火災表示試験では、火災表示と火災表示の保持機能が正常に動作することを確認する。
❷　P型2級受信機では、回路導通試験を省略できる。
❸　予備電源試験では、主電源の遮断及び復旧を行い、電源の自動切替え機能が正常であることを確認する。
❹　同時作動試験では、常用電源使用時に任意の5回線（5回線未満のものにあっては全回線）を同時に火災作動状態にする。

5-3

配線の試験

学習ポイント

- 共通線試験では何を確認する？
- 送り配線試験の実施手順は？

共通線試験

重要度 ★★★

　P型受信機と接続する各回線の配線には共通線（245ページ）を使用できますが、共通線は1本につき7警戒区域以下に制限されています。共通線試験は、共通線が7警戒区域以下であることを確認する試験です。

―|手||順|―

①受信機内部の接続端子から、共通線の1線をはずす。
②受信機の回路導通試験を行う。
　➡断線となる回線が7回線以下であることを確認する。

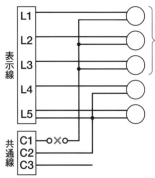

断線が7警戒区域以下
であることを確認

送り配線試験　重要度 ★★★

送り配線試験は、感知器回路の電路が送り配線（244 ページ）になっていることを確認します。回線全部を調べるのは大変なので、警戒区域の数に応じて、以下の回線数だけをテストすればよいことになっています。

警戒区域数	試験回線数
10 以下	1
11 以上 50 以下	2
51 以上	3

送り配線試験では、試験を実施する回線に接続された感知器が送り配線になっていることを確認後、感知器の 1 線を端子からはずして、回線末端の発信機や押しボタンを作動させて、回線が断線していることを確認します。

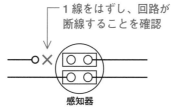

1 線をはずし、回路が断線することを確認

感知器

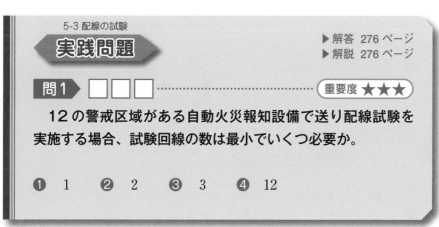

5-3 配線の試験

実践問題

▶ 解答　276 ページ
▶ 解説　276 ページ

問 1 □□□ .... 重要度 ★★★

12 の警戒区域がある自動火災報知設備で送り配線試験を実施する場合、試験回線の数は最小でいくつ必要か。

❶　1　　❷　2　　❸　3　　❹　12

3
配線の試験

実践問題の解説

5-1 感知器の試験
▶問題　268ページ

問1 ❹　☞ 263〜266ページ参照

× ❶　流通試験の説明です。

× ❷　作動継続試験の説明です。

× ❸　火災作動試験の説明です。

○ ❹　接点水高試験の説明です。

問2 ❶　☞ 263〜266ページ参照

○ ❶　空気管に漏れがあると、規定の空気量を注入してもダイヤフラムがふくらみにくくなるため、作動時間が長くなります。

× ❷　接点水高は低いほど接点が閉じやすいので、作動時間は短くなります。

× ❸　リーク抵抗（リーク孔から漏れる空気の抵抗）が大きいほど空気が抜けにくく、少しの空気量で作動します。したがって、作動時間は短くなります。

× ❹　感知器回路が断線していると、感知器は作動しません。

5-2 受信機の試験
▶問題　273ページ

問1 ❷　☞ 244ページ参照

× ❶　接点が接触不良になると感知器が作動不良になるおそれがありますが、回線の導通には影響ありません。

○ ❷　終端器（244ページ）は、回線の終端に接続されており、接触不良になると断線表示が出るおそれがあります。

× ❸　空気管の詰まりは感知器の作動に影響しますが、回線の導通には影響しません。

× ❹　感知器の内部回路の問題なので、導通には影響ありません。

問2 ❷　☞ 271ページ参照

Ｐ型２級受信機では導通試験装置が省略できますが、回路導通試験自体を省略できるわけではありません。受信機に導通試験スイッチがない場合は、回線の末端に取り付けられている発信機や押しボタンを操作して、回線の導通を確認します。

5-3 配線の試験
▶問題　275ページ

問1 ❷　☞ 275ページ参照

送り配線試験の試験回線数は、警戒区域数が10以下の場合が1、11以上50以下の場合が2、51以上の場合が3になります。

鑑別等問題

鑑別問題

学習ポイント

- 感知器の形状や構造から、名称と作動原理が わかる
- 受信機や発信機などの形状から名称と機能が わかる
- 試験器や工具の形状から名称と用途がわかる

感知器の外観と構造　　　　重要度 ★★★

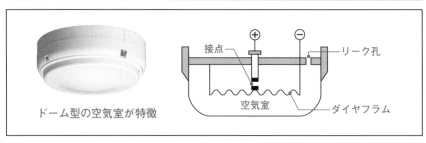

接点　　⊕　　⊖　　　リーク孔

空気室　　　　ダイヤフラム

ドーム型の空気室が特徴

差動式スポット型感知器　一局所の周囲温度の上昇率が一定の値を超える と火災信号を発する。

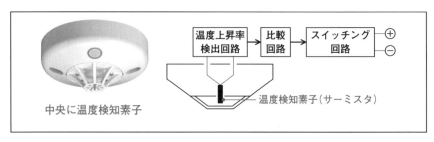

温度上昇率 検出回路　→　比較 回路　→　スイッチング 回路　⊕ ⊖

温度検知素子(サーミスタ)

中央に温度検知素子

差動式スポット型感知器（検知素子を利用したもの）　一局所の周囲温度の上 昇率が一定の値を超えると火災信号を発する。

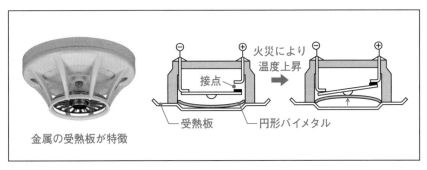

定温式スポット型感知器　一局所の周囲温度が一定の温度以上になると円形バイメタルが反転し、接点を押し上げ、火災信号を発する。

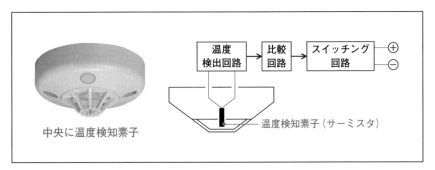

定温式スポット型感知器　温度検知素子が一局所の周囲の温度を検出し、一定の温度以上になったときに作動し、火災信号を発する。

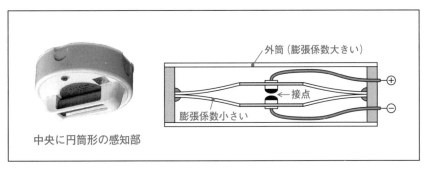

定温式スポット型感知器　一局所の周囲の温度が上昇すると、金属の膨張係数の差により外筒が伸び、一定の温度以上で接点を閉じ、火災信号を発する。

定温式スポット型感知器（防爆型）

可燃性ガスが滞留するおそれのある場所に設置する定温式スポット型感知器。接続端子部を鋳物製の外箱でおおい、接点が閉じたときの電気火花による爆発を内部でおさえる。作動原理は、前ページの金属の膨張係数の差を利用したものと同様。

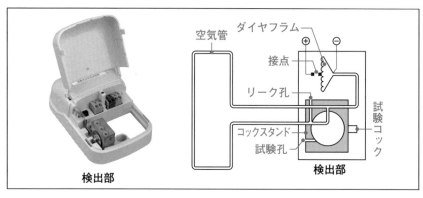

検出部

差動式分布型感知器（空気管式） 広範囲の熱効果の累積を感知する感知器。天井にめぐらせた空気管内の空気が温度上昇によって膨張し、その空気圧がダイヤフラムを押し出して接点が閉じ、火災信号を発する。

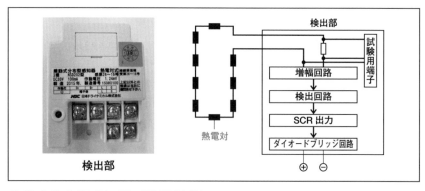

検出部

差動式分布型感知器（熱電対式） 広範囲の熱効果の累積を感知する感知器。天井にめぐらせた熱電対の熱起電力を検出して作動し、火災信号を発する。

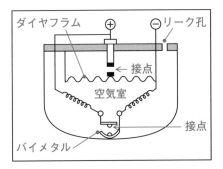

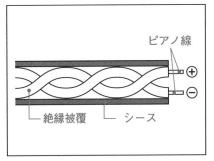

補償式スポット型感知器 差動式スポット型の機能と定温式スポット型の機能を合わせ持ち、ひとつの火災信号を発する。

定温式感知線型感知器 熱によって被覆が溶け、ピアノ線同士が接触すると短絡し、火災信号を発する。

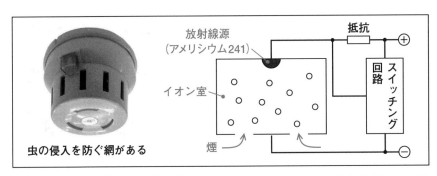

イオン化式スポット型感知器 煙によるイオン電流の変化を検出し、火災信号を発する。

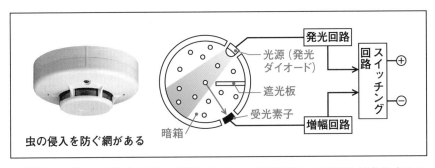

光電式スポット型感知器 煙粒子によって受光素子の受光量が変化するのを検出し、火災信号を発する。

送光部　　　　受光部

光電式分離型感知器　煙の広範囲の累積により光軸を遮り、受光量が変化するのを検出する。

炎感知器　炎が発する赤外線または紫外線を検出する。

差動式分布型感知器の部品　重要度 ★★★

空気管　外径 1.94mm以上、肉厚0.3mm以上の銅管。

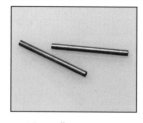

スリーブ　空気管同士を接続する。

銅管端子　空気管を検出部の端子に接続する。

ステップル　空気管を壁や天井などに固定する。

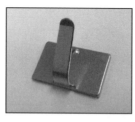

ステッカー　空気管を壁や天井などに固定する。

貫通キャップ　壁や天井などの貫通箇所に用いる。

受信機・発信機など

重要度 ★★★

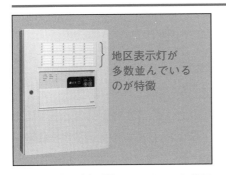

地区表示灯が
多数並んでいる
のが特徴

P型1級受信機 火災信号を共通
の信号として受信する受信機。1級
は回線数に制限がない。

P型2級受信機（多回線用） 5
回線まで接続できるP型受信機。

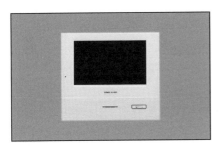

P型3級受信機 1回線のみのP
型受信機。

表示パネルと
プリンタが特徴

R型受信機 火災信号を固有の信
号として受信する受信機。

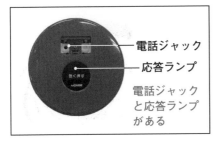

電話ジャック
応答ランプ

電話ジャック
と応答ランプ
がある

P型1級発信機 P型1級やR
型受信機と接続する発信機。

電話ジャック
と応答ランプ
がない

P型2級発信機 P型2級受信機
と接続する発信機。

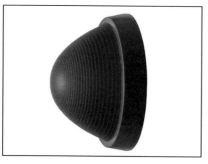

表示灯　発信機のある場所を示す赤色ランプ。

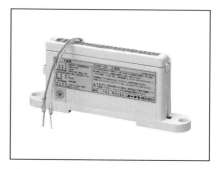

中継器　感知器や発信機から信号を受け取り、受信機に送信する装置。

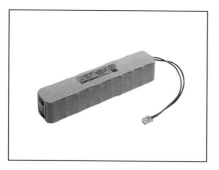

予備電源（密閉型蓄電池）　受信機の予備電源として用いる。

携帯用送受話器　受信機と発信機等の電話ジャックに接続して通話を行う。

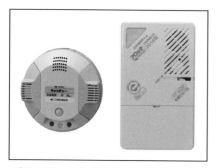

ガス漏れ検知器　ガス漏れ火災警報設備に用いる検知器。

火災通報装置　押しボタンの操作や自動火災報知設備の作動と連動して自動で119番に火災を通報する装置。

試験器

重要度 ★★★

加熱試験器 スポット型の熱感知
器の作動試験を行う。

加煙試験器 スポット型の煙感知
器の作動試験を行う。

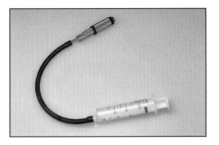

テストポンプ（空気注入試験器）
差動式分布型感知器（空気管式）の
試験に用いる。

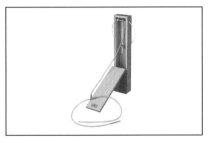

マノメーター 差動式分布型感知
器（空気管式）の試験に用いる。

メーターリレー試験器 差動式分
布型感知器（熱電対式）の作動試験
や回路合成抵抗試験に用いる。

減光フィルター 光電式分離型感
知器の作動・不作動試験に用いる。

煙感知器用感度試験器　煙感知器の感度試験に用いる。

炎感知器用作動試験器　炎感知器の作動試験に用いる。

差動スポット試験器　電気室等の立ち入りに危険を伴う場所に設置した差動式スポット型感知器（空気室型）に空気を送り、作動試験を行う。

加ガス試験器　ガス漏れ検知器の作動試験を行う。

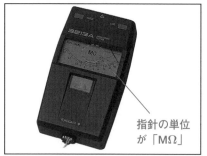

絶縁抵抗計（メガー）　金属製外箱と充電部の間や電路の絶縁抵抗を測定する。

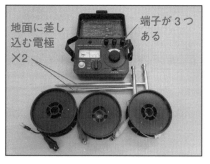

接地抵抗計（アーステスター）
接地工事などで接地抵抗を測定する。

検電器 電路の充電の有無を調べる。

騒音計 音響装置の音圧（単位 dB）を測定する。

回路計（テスター） 回路の電流や電圧、抵抗値などを測定する。

工具

ラジオペンチ 電線の切断、曲げ、ねじり等に用いる。

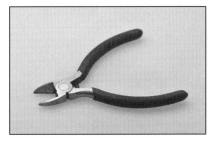

ニッパー 電線の切断などに用いる。

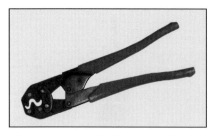

圧着ペンチ 電線を圧着端子やスリーブで接続するときに使用する。

ワイヤーカッター 電線、ケーブルなどを切断する。

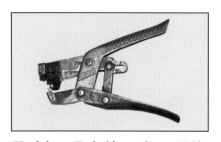

ワイヤーストリッパー 電線、ケーブルの被覆をはぐ。

パイプカッター 電線管を切断する。

パイプベンダー 電線管を曲げる。

リーマ 電線管の内側の面取りを行う。

ホルソー ボックスに穴を開ける。

6-1 鑑別問題

実践問題

▶解説 300 ページ

問1 ☐☐☐ ・・・・・・・・・・・・・・・・・・・・・ 重要度 ★★★

下の写真をみて、次の設問に答えなさい。

A

B

❶ 次の説明文は、A、Bの感知器の作動原理を簡単に記述
したものである。該当するものを記号で答えなさい。

ア 温度の急激な上昇により膨張した空気がダイヤフラムを
押し上げる。

イ 膨張係数の高い金属が熱によって伸びて接点が閉じる。

ウ 煙粒子によって受光素子の受光量が変化する。

エ 炎から放射される紫外線の変化を感知する。

❷ A、Bの感知器の名称を答えなさい。

解答欄

	❶作動原理	❷感知器の名称
A		
B		

下のイラストをみて、次の設問に答えなさい。

A

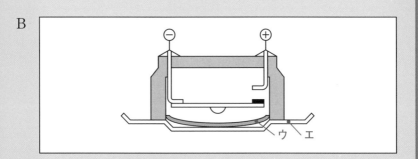

空気室

B

❶ A、Bの感知器の名称を答えなさい。

❷ ア〜エの名称を答えなさい。

解答欄

❶	A		B	
❷	ア		イ	
	ウ		エ	

問3 ▶ □□□ ‥‥‥‥‥‥‥‥‥‥‥‥‥‥‥ 重要度 ★★★

　下の図は、防火対象物の室内に光電式分離型感知器を設置する例である。図中の A ～ E に入る数値を答えなさい。

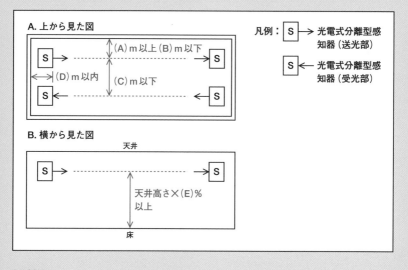

A. 上から見た図

凡例：
S → 光電式分離型感知器（送光部）
S ← 光電式分離型感知器（受光部）

(A) m 以上 (B) m 以下
(D) m 以内
(C) m 以下

B. 横から見た図

天井
天井高さ×(E)% 以上
床

解答欄

A		B		C	
D		E			

問4 ▶ □□□ ‥‥‥‥‥‥‥‥‥‥‥‥‥‥‥ 重要度 ★★★

　右の写真をみて、設問に答えなさい。

❶ この装置を使用する感知器の名称を答えなさい。

❷ 写真の矢印の示す部分の名称を答えなさい。

❸ この装置を使用する感知器の作動原理を答えなさい。

下の写真 A ～ D は、差動式分布型感知器（空気管式）の付属品である。それぞれの名称を語群から選んで答えなさい。

A

B

C

D
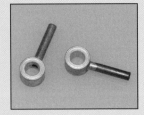

語群

ステッカー、銅管端子、スリーブ、ステップル、サドル、メッセンジャーワイヤー、バインド線、貫通キャップ、ブッシング、クリップ

解答欄

A		B	
C		D	

問6 ◻︎◻︎◻︎ ‥‥‥‥‥‥‥‥‥‥‥‥‥‥ 重要度 ★★★

右の写真をみて、次の設問に答えな
さい。

❶ この装置の名称を答えよ。
❷ この装置を用いて点検を行う感知
　 器の名称を2つ答えよ。

解答欄

❶	名称		
❷	感知器の名称		

問7 ◻︎◻︎◻︎ ‥‥‥‥‥‥‥‥‥‥‥‥‥‥ 重要度 ★★★

右の図をみて、次の設問に答えな
さい。

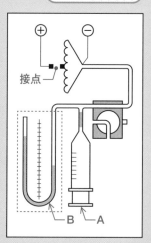

接点

B　A

❶ 図が示している試験の名称を答
　 えよ。
❷ 矢印 A・B が示す装置の名称を
　 答えよ。

解答欄

❶	試験名	
❷	装置の名称	A	
		B	

次の写真 A ～ D をみて、次の設問に答えなさい。

A

B

C

D

❶ A ～ D の名称を答えよ。

❷ A ～ D の用途を次の中から選び、記号で答えよ

　ア　電線の切断、曲げ加工などに用いる。

　イ　スリーブを圧着し、電線相互を接続する。

　ウ　金属管を曲げ加工する。

　エ　金属管を切断する。

　オ　金属管にねじを切る。

解答欄

	❶名称	❷用途
A		
B		
C		
D		

問9　□□□ ······························· 重要度 ★★★

　次の図は、火災報知設備のP型1級受信機の前面図である。図の①〜⑱の機能のうち、P型2級受信機（接続する回線が2以上のものに限る）が有していないものはどれか。5つ書きなさい。

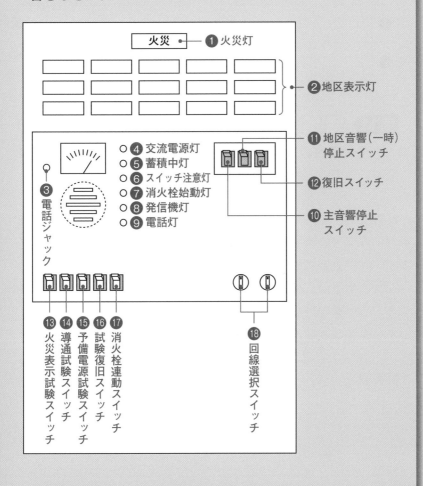

火災 ← ❶ 火災灯

❷ 地区表示灯

○ ❹ 交流電源灯
○ ❺ 蓄積中灯
○ ❻ スイッチ注意灯
○ ❼ 消火栓始動灯
○ ❽ 発信機灯
○ ❾ 電話灯

❸ 電話ジャック

⓫ 地区音響(一時)停止スイッチ

⓬ 復旧スイッチ

❿ 主音響停止スイッチ

⓭ 火災表示試験スイッチ
⓮ 導通試験スイッチ
⓯ 予備電源試験スイッチ
⓰ 試験復旧スイッチ
⓱ 消火栓連動スイッチ

⓲ 回線選択スイッチ

問10 □□□ 重要度★★★

自動火災報知設備のP型1級発信機とP型2級発信機の構造上の相違点は何か。2つ答えなさい。

解答欄

❶	
❷	

問11 □□□ 重要度★★★

P型受信機のスイッチ注意灯が点滅している原因として、適当なものはどれか。解答群の中からすべて選びなさい。

解答群

ア　火災復旧スイッチが定位にない。
イ　火災表示試験スイッチが試験の位置にある。
ウ　予備電源試験スイッチが定位にない。
エ　発信機の押しボタンが押されている。
オ　導通試験スイッチが試験の位置にある。

解答欄

問12 □□□ ························· 重要度 ★★★

警戒区域が8の防火対象物に、P型1級受信機（10回線）を設置した。10回線のうち、回線9と回線10は未使用の空回線である。また、回線5は現在工事のため断線している。

❶ この受信機に対して火災表示試験を実施した場合の結果として、正しいものはどれか。

ただし、受信機に機能上の異状はないものとする。

ア 回線5の地区表示灯だけが点灯しなかった。

イ 回線9、回線10の地区表示灯が点灯しなかった。

ウ 回線5、回線9、回線10の地区表示灯が点灯しなかった。

エ すべての地区表示灯が点灯した。

オ 回線5の地区表示灯は、点灯後一定時間が経過すると自動的に消灯した。

❷ 回線5が断線していることを判別するために実施する試験の名称を答えよ。

解答欄

❶	
❷	

　下の図は、火災表示試験を実施中に、No.3 の地区表示灯が点灯した P 型 1 級受信機である。この状態から、No.3 の回線の自己保持機能を試験する手順に関する次の文中の（　）に入る最も適切な語句を語群から選び、その記号を答えなさい。

（　A　）スイッチを押さずに（　B　）スイッチを（　C　）に合わせ、（　D　）の地区表示灯が（　E　）していることを確認する。

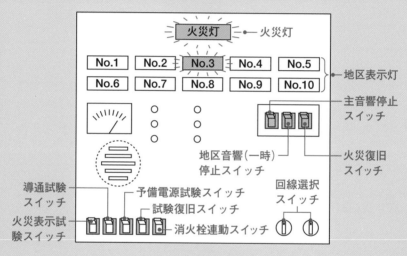

語群

ア	主音響停止	イ	地区音響（一時）停止	ウ	火災復旧
エ	予備電源試験	オ	導通試験	カ	火災表示試験
キ	試験復旧	ク	回線選択	ケ	No.3
コ	No.4	サ	点灯	シ	点滅
ス	消灯				

解答欄

A		B		C	
D		E			

問14  .... 重要度 ★★★

P型2級受信機の
試験中の様子を表し
た右の図をみて、次
の設問に答えよ。

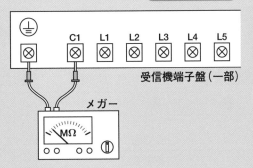

受信機端子盤(一部)

❶ 試験名称を語群から選びなさい。

語群

> ア　共通線試験　　　　イ　絶縁抵抗試験
> ウ　接地抵抗試験　　　　エ　絶縁耐力試験
> オ　回路合成抵抗試験　　カ　送り配線試験

❷ 測定器の指針は 0.07MΩ を示した。この測定結果に関す
る記述で、正しいものはどれか。

ア　L1 〜 L5 線のいずれかが断線している。

イ　L1 〜 L5 線のいずれかが短絡している。

ウ　L1 〜 L5 線の合成抵抗が基準を上回っている。

エ　C1 線の絶縁が低下している。

オ　受信機の接地抵抗が劣化している。

カ　試験結果は正常である。

解答欄

❶		❷	

6-1 鑑別問題

▶問題　289ページ

し、その空気圧がダイヤフラムを押し上げて接点が閉じる。

問1　☞ 278,281ページ参照

	❶作動原理	❷感知器の名称
A	ウ	光電式スポット型感知器
B	ア	差動式スポット型感知器

問5　☞ 282ページ参照

A	ステッカー
B	貫通キャップ
C	ステップル
D	銅管端子

問2　☞ 279,281ページ参照

❶	A	補償式スポット型感知器
	B	定温式スポット型感知器
❷	ア	リーク孔
	イ	ダイヤフラム
	ウ	円形バイメタル
	エ	受熱板

問6　☞ 285ページ参照

❶	加煙試験器
❷	光電式スポット型感知器、イオン化式スポット型感知器

その他、熱煙複合式スポット型、煙複合式スポット型、光電アナログ式スポット型、イオン化アナログ式スポット型の感知器にも使用できます。

問3　☞ 230ページ参照

A	0.6	B	7
C	14	D	1
E	80		

問7　☞ 265ページ参照

❶	接点水高試験	
❷	A	テストポンプ（空気注入試験器）
	B	マノメーター

問4　☞ 280ページ参照

❶　差動式分布型感知器

❷　コックスタンド

❸　天井にめぐらせた空気管内の空気が室内の温度上昇によって膨張

問8 ☞ 287,288 ページ参照

	❶名称	❷用途
A	圧着ペンチ	イ
B	パイプベンダー	ウ
C	ラジオペンチ	ア
D	パイプカッター	エ

 ひとこと

圧着ペンチは、図のように取り付けたリングスリーブを圧着し、電線相互を接続する工具です。

リング
スリーブ

電線

問9 ❶❸❽❾⓮
☞ 166,167,170 ページ参照

P型1級受信機が備える機能のうち、P型2級受信機が有していないものには、以下のものがあります。

❶火災灯：火災信号を受信したとき点灯するランプ。

❸電話ジャック：P型1級発信機と電話連絡する際に送受話器を接続します。P型2級受信機では、発信機との電話連絡装置がないので、電話ジャックは必要ありません。

❽発信機灯：P型1級発信機のボタンが押されたときに点灯するランプ。P型2級受信機にはありません。

❾電話灯：電話ジャックに送受話器が接続されると点灯するランプ。

⓮導通試験スイッチ：回路導通試験を行うスイッチ。P型2級受信機では回路導通試験装置がないので、スイッチもありません。

問10 ☞ 283 ページ参照

❶P型2級発信機には応答ランプが設けられていない。

❷P型2級発信機には電話ジャックが設けられていない。

問11 イ、オ
☞ 269 ～ 272 ページ参照

スイッチ注意灯は、受信機のスイッチが通常の監視状態と異なる位置にあることを、点滅して知らせるスイッチです。ただし、受信機のスイッチには倒れ切りスイッチ（倒した位置で止まるスイッチ）とはね返りスイッチ（自動的に定位に戻るスイッチ）があります。はね返りスイッチは自動的に定位に戻るので、スイッチ注意灯の対象外です。

×ア　火災復旧スイッチははね返りスイッチです。

○イ　火災表示試験スイッチは、火災表示試験を行う際に試験の位置に倒します。

×ウ　予備電源試験スイッチは、押している間だけ予備電源を導通させ

るはね返りスイッチです。

×エ　発信機の押しボタンは、スイッチ注意灯とは関係ありません。

○オ　導通試験スイッチは、回路導通試験を行う際に試験の位置に倒します。

問 12	☞ 270 ページ参照

| ❶ | エ |
| ❷ | 回路導通試験 |

❶　火災表示試験は、受信機が正常に火災表示を行うかどうかを確認する試験なので、回線が断線していたり、未使用であっても、受信機の機能が正常であれば地区表示灯は点灯します。

❷　断線の有無を判別するのは、回路導通試験です。

問 13	☞ 269 ページ参照

A	ウ	B	ク
C	コ	D	ケ
E	サ		

　回線の自己保持機能は、手動で復旧しない限り、火災表示を継続する機能です。No.3 の回線の自己保持機能を試験するには、(A) 火災復旧スイッチを押さずに (B) 回線選択スイッチを (C) No.4 に合わせ、(D) No.3 の地区表示灯が (E) 点

灯したままであることを確認します。

問 14	☞ 286 ページ参照

| ❶ | イ |
| ❷ | エ |

❶　共通線 C1 と接地端子に接続されているのは絶縁抵抗計（メガー）なので、測定しているのは感知器回路と大地間の絶縁抵抗です。

❷　感知器回路と大地間の絶縁抵抗は、$0.1M\Omega$ 以上でなければなりません（247 ページ）。測定結果は基準値より低い $0.07M\Omega$ なので、絶縁が劣化していると考えられます。

第 **7** 章

7-1

自動火災報知設備の図記号

学習ポイント

- 製図問題で使う主な図記号について知っておこう。
- 警戒区域の設定方法を理解しよう。

自動火災報知設備の図記号 　重要度 ★★★

製図問題は、甲種の消防設備士試験でのみ出題されます。第4類では、主に自動火災報知設備の設備図を作成します。

設備図で使われる主な図記号に慣れておきましょう。

　ひとこと

本試験では、使用する図記号の一覧が問題文の凡例に掲載されます。

①自動火災報知設備

名称	図記号	補足説明
差動式スポット型感知器	⌒	必要に応じ種別を傍記 ⌒₁ ⌒₂
定温式スポット型感知器	⌒ ⌒（防水型） ⌒（耐酸型） ⌒（耐アルカリ型） E（防爆型）	必要に応じ種別を傍記 ⌒₀ ⌒₁ ⌒₂

名称		図記号	補足説明
補償式スポット型感知器			必要に応じ種別を傍記
煙感知器（光電式またはイオン化式スポット型感知器）		S	必要に応じ種別を傍記
光電式分離型感知器		S → （送光部） S ← （受光部）	
炎感知器		◁	
差動式分布型感知器	検出部	⧖	必要に応じ種別を傍記
	空気管	——	
	熱電対部	—■—	
	熱半導体部	—⊙⊙—	
P 型発信機		Ⓟ	必要に応じ種別を傍記
回路試験器		⊙	
差動スポット試験器		T	感知器と試験器は空気管（AP）で接続する 例：⌓—— AP×1 ——T
終端器（終端抵抗等）		Ω	例：⌓Ω　Ⓟ Ω
受信機（P 型、R 型）		⧅	
中継器		☐	
表示灯		◖	
警報ベル		Ⓑ	地区音響装置
機器収容箱		☐	
警戒区域線		—・—	配線の図記号より太くする
警戒区域番号		(No.)	○の中に警戒区域番号を記入 必要に応じ ⊖ とし、上部に警戒場所、下部に警戒区域番号を記入 例：(階段/10) (EV/12)

1

自動火災報知設備の図記号

305

②一般配線

名称	図記号	補足説明
天井隠ぺい配線 露出配線	──── ┄┄┄┄	電線の本数を斜線、太さを数値で記入する（省略可） 例：　////── 1.6mm×4本 　　　　1.6 　　　　//── 2.0mm×2本 　　　　2.0 電線の種類を示す場合は、次の記号を記入する <table><tr><th>記号</th><th>電線の種類</th></tr><tr><td>IV</td><td>600V ビニル絶縁電線</td></tr><tr><td>HIV</td><td>600V2 種ビニル絶縁電線</td></tr></table>
立上げ	♂	上の階の配線に接続
引下げ	♀	下の階の配線に接続
立上げ・引下げ	♂♀	下の階と上の階を結ぶ

③ガス漏れ火災警報設備

名称	図記号	補足説明
検知器	Ｇ	
G 型受信機	△	自動火災報知設備と両用の場合は
中継器	▭	
ガス漏れ表示灯	◗	
検知区域警報装置	BZ	
音声警報装置	◁	
警戒区域線	──‥──	配線の図記号より太くする
警戒区域番号	△ No.	△の中に警戒区域番号を記入

7-2

平面図の作成

学習ポイント

- 平面図の作成手順を理解しよう
- 設置する感知器の選び方、設置個数の求め方は？
- 配線本数に注意しよう

平面図とは

重要度 ★★★

　自動火災報知設備の平面図は、防火対象物の階ごとの建築平面図に、自動火災報知設備の機器や配線を記入したものです。

　例として、次の平面図に自動火災報知設備を設置してみましょう。

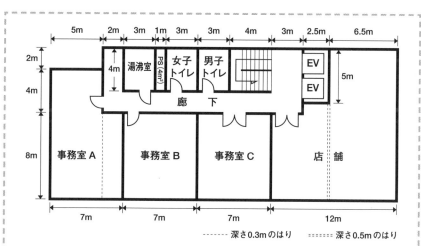

〈条件〉

①図は、無窓階ではない2階部分とする。

②建物の主要構造部は耐火構造とする。

　自動火災報知設備の平面図は、おおまかに次の手順で作成します。

①警戒区域を設定する

②感知器を設置する

③発信機、表示灯、警報ベルを設置する

④配線する

警戒区域を設定する　　重要度 ★★★

　警戒区域は原則として階ごとに設定します。ただし、階段やエレベーター昇降路などのたて穴区画は、別の警戒区域となるので除外します。

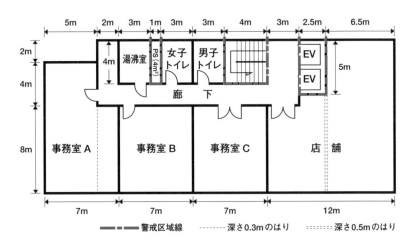

　たて穴区画を除いた面積が 600m² 以下で、1 辺の長さ 50m 以下であれば、これを 1 つの警戒区域とします（211 ページ）。上の例の場合、1 辺の長さはいずれも 50m 以下です。また、階全体の床面積は、

　　$33m \times 14m - (5m \times 2m) = 452m^2$

となります。たて穴区画を除いた面積は明らかに 600m² 以下なので、

これを1つの警戒区域に設定します。

設置する感知器の種類を選ぶ 　重要度 ★★★

製図問題では、主に次の3種類の感知器を設置します。

差動式スポット型感知器 　　2種

定温式スポット型感知器 　　1種 　　　　　　1種防水型

煙感知器（光電式スポット型）2種

感知器の種類は、設置する場所によって次のように決まります。

①煙感知器を設置する場所

煙感知器は、主に次のような場所に設置します（211，216ページ参照）。

覚える

- ・地階・無窓階・11階以上の階（特定防火対象物、事務所の場合）
- ・階段及び傾斜路
- ・廊下及び通路（特定防火対象物、共同住宅、公衆浴場、工場、スタジオ、事務所の場合）
- ・たて穴区画

平面図が特定防火対象物や事務所の地階・無窓階・11階以上のいずれかの場合は、原則として各部屋に煙感知器を設置します。通常階の場合は、廊下や通路にのみ煙感知器を設置するのが基本となります。

②定温式スポット型感知器を設置する場所

蒸気が発生する場所や高温の装置を使う場所では、煙感知器や差動式スポット型感知器が誤作動するおそれがあります。そのため次のような

場所では、定温式スポット型感知器を設置します（177 ページ参照）。

覚える

- 乾燥室、ボイラー室 ➡ 定温式スポット型
- 厨房、脱衣室、湯沸室 ➡ 定温式スポット型（防水型）
- バッテリー室 ➡ 定温式スポット型（耐酸型）
- オイルタンク室 ➡ 定温式スポット型（防爆型）

③感知器の設置を省略できる場所

以下のような場所には、原則として感知器を取り付けません。

覚える

- 便所・浴室、金庫室等
- 天井・壁を不燃材料とする押入れ

①～③以外の場所には、原則として差動式スポット型感知器を取り付けます。

以上のルールにしたがうと、307 ページの例題の階に設置する感知器は、次のようになります。

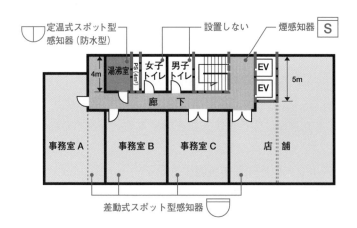

感知器の設置個数を決める 　重要度 ★★★

　各設置場所に設置する感知器の種類が決まったら、それらの場所にそれぞれ感知器が何個必要かを求めます。感知器の設置個数は、基本的には以下の計算式で求めます。

$$\text{設置個数} = \frac{\text{感知区域の面積}}{\text{感知器 1 個の感知面積}} \quad \text{※ 小数点以下は切上げ}$$

①感知区域の面積

　原則として、壁で仕切られた部分を 1 つの感知区域とします。ただし、天井から 0.4m（煙感知器の場合は 0.6m）以上突き出たはりがある場合には、そのはりで感知区域を区分します（219 ページ）。

②感知面積

　感知面積は、感知器の種類と取付け面の高さ、建物が耐火構造かどうかによって、次のように定められています。

覚える

取付け面の高さ		差動式スポット型感知器（2 種）	定温式スポット型感知器		煙感知器（1 種・2 種）
			特種	1 種	
4m 未満	耐火構造	70m²	70m²	60m²	150m²
	耐火構造以外	40m²	40m²	30m²	
4m 以上 8m 未満	耐火構造	35m²	35m²	30m²	75m²
	耐火構造以外	25m²	25m²	15m²	

③廊下及び通路

　廊下及び通路に煙感知器（1 種または 2 種）を設置する場合は、感知器から廊下の各部分までの歩行距離が 15m 以下になるように設置します。

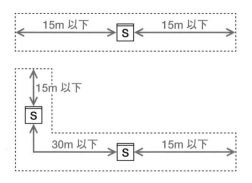

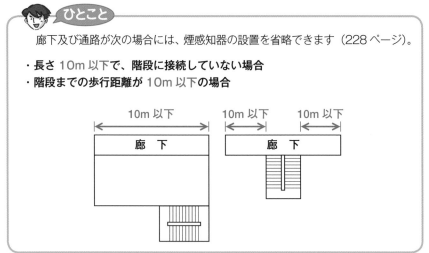

ひとこと

廊下及び通路が次の場合には、煙感知器の設置を省略できます（228ページ）。

・長さ 10m 以下で、階段に接続していない場合
・階段までの歩行距離が 10m 以下の場合

④階段・エレベーター等

　階段やエレベーター昇降路、パイプシャフト（PS：給水・排水・ガスなどの配管スペース）などは、一般に平面図の階とは別の警戒区域になります。問題文の条件に設置するよう指示がなければ、設置する必要はありません。

　条件より、例題の平面図は耐火構造で、天井の高さが 4m 未満です。したがって各感知器の感知面積は、前ページの表より、差動式スポット型感知器（2 種）が 70m^2、定温式スポット型感知器が 60m^2 です。感知器を配置すると、以下のようになります。

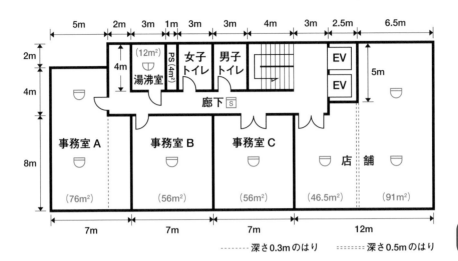

・ 事務室 A の天井のはりは深さ 0.4m 未満なので、感知区域を分ける必要はありません。床面積は 76m² なので、差動式スポット型感知器を 2 個設置します。

・ 事務室 B、C の床面積はそれぞれ 56m² なので、差動式スポット型感知器を 1 個ずつ設置します。

・ 店舗の天井には深さ 0.5m のはりがあるので、感知区域が区分されます。各感知区域の床面積はそれぞれ 46.5m² と 91m² なので、差動式スポット型感知器を左側に 1 個、右側に 2 個設置します。

・ 湯沸室の床面積は 12m² なので、定温式スポット型感知器（防水型）を 1 個設置します。

・ 廊下は端から端まで中央を歩いた歩行距離が最長 26.5m（＝（1 ＋ 4）×2 ＋ 1 ＋ 3 ＋ 1 ＋ 3 ＋ 3 ＋ 4 ＋ 1.5）なので、中央付近に煙感知器を 1 個設置すれば、どちらの端からも歩行距離が 15m 以内になります。

ひとこと

感知器を定められた基準より多く設置しても法令上は問題ありませんが、試験では減点の対象になります。

発信機・地区音響装置を設置する 重要度 ★★★

発信機と地区音響装置は、その階の各部分からの距離が、次の距離以下になるように設置します。

発信機	歩行距離 50m 以下
地区音響装置	水平距離 25m 以下

本試験では、発信機Ⓟ、表示灯◖、地区音響装置（警報ベル）Ⓑを、**機器収容箱**にまとめて設置する場合が多いでしょう。その場合は、発信機と地区音響装置の両方の規定を満たす位置に機器収容箱を設置します。

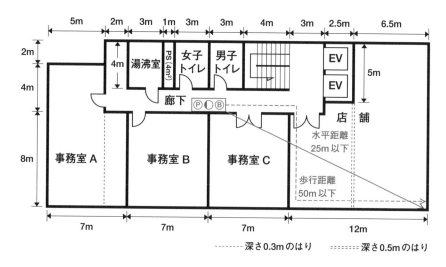

機器収容箱の位置が問題の図面にあらかじめ記入されている場合もあります。

感知器回路を配線する　　重要度 ★★★

①配線の始点と終点

　感知器回路は本来は受信機から配線しますが、平面図の場合は、受信機から機器収容箱までの配線は済んでいるものとみなし、機器収容箱（発信機）を出発点に、各感知器への配線を記入します。

　また、Ｐ型１級受信機の感知器回路には、終点に終端器を付けなければなりません。Ｐ型２級受信機の場合は、終端器は必要ない代わりに、発信機か回路試験器（押しボタン）を配線の終点に置きます。

Ｐ型１級受信機の場合

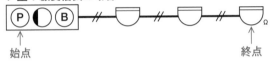

始点　　　　　　　　　　　　　　終点

Ｐ型２級受信機の場合

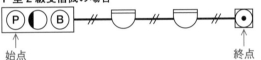

始点　　　　　　　　　　　　　　終点

ひとこと

問題文に終端器の指示がある場合は、それにしたがいます。

②電線の本数

　感知器回路の配線は送り配線なので、配線を分岐させることはできません。次のような配線は誤りになります。

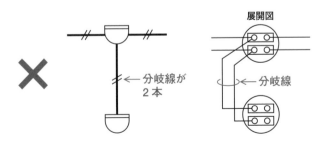

×　　　　　←分岐線が　　　展開図　　←分岐線
　　　　　　　２本

　経路を分岐させる場合は、次のように行きと戻り合わせて４本の電線を使います。

平面図の作成

2

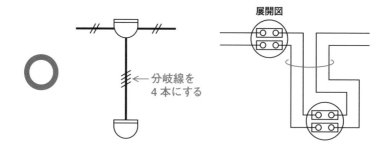

③機器収容箱に終端器を設ける場合

　終端器を機器収容箱に設ける場合があります。その場合は、次の2通りの配線方法があります。

・配線を1周させて機器収容箱に戻ってくる配線方法

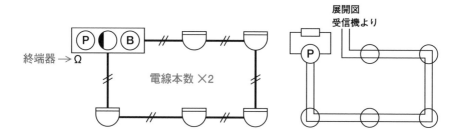

・行きと同じ経路で機器収容箱まで戻ってくる配線方法

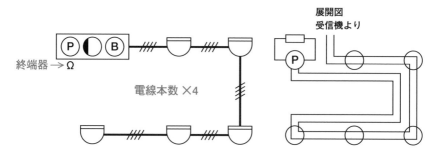

　以上のルールにしたがって、例題の平面図の感知器を配線してみましょう。配線の経路は何通りも考えられるので、正解となる配線は1つではありません。

・感知器に終端器を設ける場合

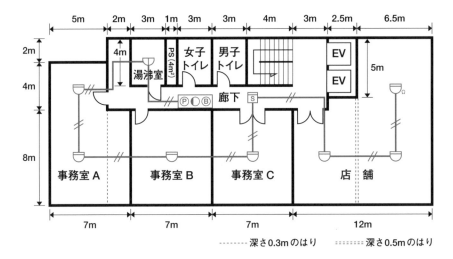

・機器収容箱に終端器を設ける場合

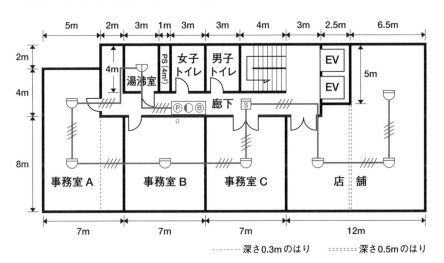

------- 深さ0.3mのはり　　======== 深さ0.5mのはり

 ひとこと

通常、壁やはりは貫通して配線できますが、柱や階段等は貫通できないので、避けて配線します。

平面図の作成

2

平面図問題のチェックポイント （重要度 ★★★）

平面図問題でとくに注意することをまとめておきましょう。

覚える 平面図問題のチェックポイント 　　　　　黒板 **1**

①床面積は 600m² 以下か（一辺が 50m 以下か）

　➡　警戒区域数に注意

②地階・無窓階・11 階以上か　➡　煙感知器の設置

③特定防火対象物・共同住宅・事務所

　➡　廊下に煙感知器を設置

④湯沸室・ボイラー室等

　➡　定温式スポット感知器（防水型）の設置

⑤天井のはりの高さ　➡　感知区域を分割するかどうか

⑥天井の高さ、耐火構造かどうか

　➡　感知器 1 個あたりの感知面積

⑦終端器の位置　➡　配線の経路

7-2 平面図の作成

実践問題

▶解説 334 ページ

問1 ······························· 重要度 ★★★

　下の図は、自動火災報知設備が設置されている特定防火対象物の 3 階平面図である。条件に基づき、自動火災報知設備の設備図を作成せよ。

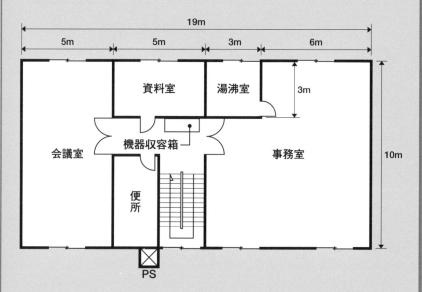

〔条件〕
・ 作図は、凡例記号を用いて行うこと。
・ 警戒区域に関する表示、階段部分の感知器及び上下階への配線本数等の記入は不要とする。
・ 主要構造部は耐火構造とし、天井面の高さは 3.3m とする。
・ 無窓階には該当しないものとする。
・ 受信機は P 型 1 級を使用し、1 階に設置されている。
・ 感知器の設置個数は必要最小限とする。
・ 煙感知器は、法令基準により設けなければならない場所以外には設置しないものとする。
・ 終端器は、機器収容箱内に設置するものとする。

平面図の作成

凡例

記号	名称	備考
⏝	差動式スポット型感知器	2種
⏝₀	定温式スポット型感知器	特種
⏝	定温式スポット型感知器	1種防水型
Ｓ	光電式スポット型感知器	2種非蓄積型
Ⓟ	P型発信機	1級
◑	表示灯	AC24V
Ⓑ	地区音響装置	DC24V
▭	機器収容箱	
Ω	終端器	
—╱—	配線	1本
—╱╱—	同上	2本
—╱╱╱—	同上	4本
⌀	配管配線立上げ引下げ	

問2 □□□ ·· 重要度 ★★★

　下の図は、自動火災報知設備が設置されている特定防火対象物の地下 1 階の平面図である。条件に基づき、自動火災報知設備の設備図を作成せよ。

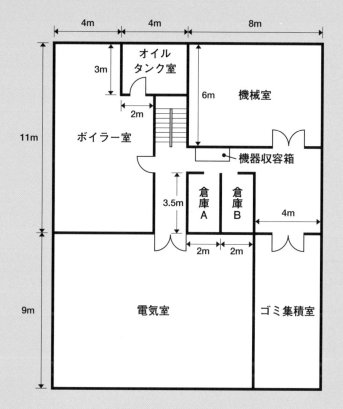

〔条件〕

・作図は、凡例記号を用いて行うこと。
・警戒区域に関する表示、階段部分の感知器及び上下階への配線等の記入は不要とする。
・主要構造部は耐火構造とし、天井面の高さは 4.3m とする。
・受信機は P 型 1 級を使用し、1 階に設置されている。
・感知器の設置個数は必要最小限とする。

- 電気室には差動式スポット型感知器を設置するものとする。
- 煙感知器は、法令の基準により設けなければならない場所にのみ設置するものとする。
- 終端器は、機器収容箱内に設置するものとする。

凡例

記号	名称	備考
▽	差動式スポット型感知器	2種
▽。	定温式スポット型感知器	特種
Ⓔ	定温式スポット型感知器	1種防爆型
Ⓢ	光電式スポット型感知器	2種非蓄積型
Ⓟ	P型発信機	1級
◐	表示灯	AC24V
Ⓑ	地区音響装置	DC24V
▭	機器収容箱	
Ω	終端器	
─/─	配線	1本
─//─	同上	2本
─////─	同上	4本
♂♀	配管配線立上げ引下げ	

問3 ☐☐☐ .... 重要度 ★★★

　下の図は、政令別表第1（15）項に該当する5階建て防火対象物の2階平面図である。条件に基づいて、誤っている箇所を訂正しなさい。

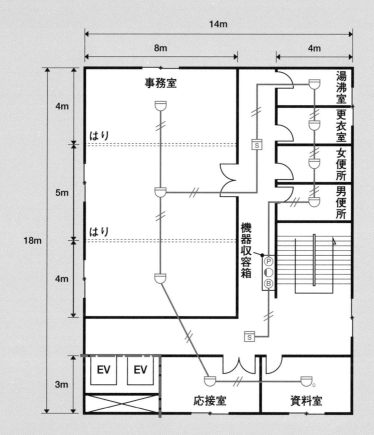

〔条件〕

・ 階段室、エレベーター昇降路、パイプシャフトの感知器及び上下階への配線等の記入は不要とする。

・ 主要構造部は耐火構造とし、天井面の高さは 4.2m とする。

・ はりの突出しは 0.43m とする。

・ 受信機はP型1級を使用し、1階に設置されている。

2

平面図の作成

323

・感知器の設置個数は必要最小限とする。
・煙感知器は、法令の基準により設けなければならない場所以外には設置しないものとする。

凡例

記号	名称	備考
▽	差動式スポット型感知器	2種
▽。	定温式スポット型感知器	特種
▽	定温式スポット型感知器	1種防水型
S	光電式スポット型感知器	2種非蓄積型
Ⓟ	P型発信機	1級
◐	表示灯	AC24V
Ⓑ	地区音響装置	DC24V
▭	機器収容箱	
Ω	終端器	
—‑—	警戒区域線	
—⁄—	配線	1本
—‖—	同上	2本
—⫽—	同上	4本
♂♀	配管配線立上げ引下げ	

問4 ▶ ☐☐☐ ·· 重要度 ★★★

　下の図は、地上8階建ての防火対象物の断面図である。次の設問に答えよ。

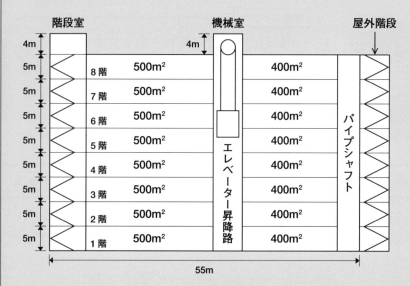

①防火対象物に設定する警戒区域は最小でいくつか。

②必要な箇所に煙感知器（2種）⑤ を設置せよ。

2
平面図の作成

7-3

系統図の作成

学習ポイント

- 系統図の幹線から電線本数を求めよう
- IV 線と HIV 線の使い分けと電線本数を知る
- 地区音響装置は一斉鳴動方式か区分鳴動方式か？

系統図とは 重要度 ★★★

　自動火災報知設備の系統図は、防火対象物の各警戒区域に設置される感知器の種類と個数、受信機から警戒区域への配線を示したものです。

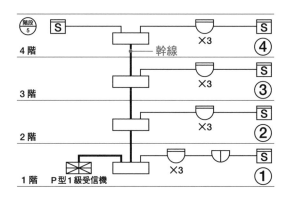

　試験では、各階の幹線（受信機と各階の機器収容箱とをつなぐ経路）の電線本数を、一般配線（IV 線）と耐熱配線（HIV 線）とに分けて解答します。

幹線の電線本数を求める 重要度 ★★★

　自動火災報知設備の幹線には、感知器回路の回線のほかに、地区音響

装置、表示灯などの配線が通っています。それぞれの電線本数は、次のように求めます。

①感知器回路（IV線）

　受信機から各警戒区域の感知器回路への配線は、1警戒区域につき1本の表示線（L）と、7警戒区域につき1本の共通線（C）からなります。たとえば、5回線の場合は表示線5本（L1〜L5）と共通線1本で計6本、8回線の場合は表示線8本（L1〜L8）と共通線2本で計10本が必要です。

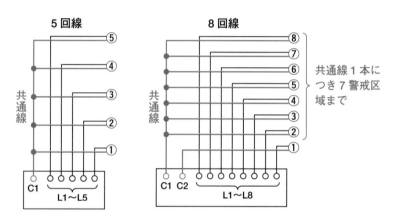

　感知器回路は各階にあるので、幹線の電線本数は階数が上がるにつれて減っていくことに注意してください。

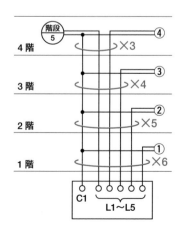

ひとこと

共通線は、受信機から遠いほうから順に7回線を共通にしたほうが、電線本数が少なくて済みます。

②地区音響装置（HIV 線）

受信機から地区音響装置への配線（ベル線）には、耐熱電線（HIV 線）を用います。

地区音響装置の鳴動装置には、**一斉鳴動方式**と**区分鳴動方式**があります。一斉鳴動方式では、一度にすべての警報ベルを鳴らすので、1 回線にすべての警報ベルを接続できます。したがって、電線本数は 2 本になります。

地階を除く階数が 5 以上で、延べ面積が 3,000m² を超える防火対象物は、区分鳴動方式とします。区分鳴動方式では、警報ベルを階ごとに鳴らす必要があるため、配線は階ごとに別回線とします。この場合、電線の本数はベル線（BL）× 回線数と、共通線（BC）1 本が必要です（地区音響装置の共通線には、警戒区域数の制限はありません）。

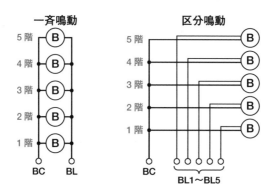

区分鳴動の場合は、階数が上がるにつれて幹線の電線本数が 1 本ずつ減っていきます。

③表示灯線（IV または HIV 線）

表示灯線（PL）は、各階の表示灯に電力を供給します。配線は、1 回線にすべての表示灯を接続するので、電線本数は 2 本になります。

なお、屋内消火栓設備と連動して、発信機を押すと消火栓が起動するようになっている場合、表示灯線には耐熱電線（HIV 線）を用いなければなりません。そうでなければ、表示灯線には一般電線（IV 線）を用います。

④電話連絡線と確認応答線（IV 線）

P 型 1 級発信機には、受信機と電話連絡を行うための電話ジャックと、受信機が信号を受信したことを確認する応答ランプが付属しています。これらを接続するために、電話連絡線（T）と確認応答線（A）をそれぞれ 1 本ずつ追加して配線します。

これらの配線は、P 型 2 級受信機には必要ありません。

以上のルールにしたがって、326 ページの系統図の幹線の電線本数を求めてみましょう。

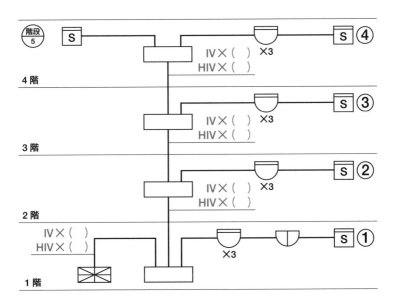

- P 型 1 級受信機なので、電話連絡線（T）と確認応答線（A）が 1 本ずつ必要です。
- 4 階建てなので、地区音響装置は一斉鳴動です。
- 消火栓と連動しているので、表示灯線には HIV 線を用います。
- 警戒区域数は 5 つなので、感知器回路の共通線（C）は 1 本です。

以上から、幹線の内訳は次のようになります。

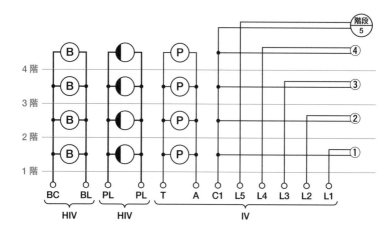

電線本数は最上階から数えたほうがわかりやすくなります。4 階まできている配線は、

ベル線（BL）×1
ベル共通線（BC）×1 　　　} HIV 線
表示灯線（PL）×2

電話連絡線（T）×1
確認応答線（A）×1 　　　} IV 線
共通線（C）×1
表示線（L　2 回線分）×2

の計 9 本です。表示線（L）は、階を 1 つ降りるごとに 1 本ずつ増えていきます。

階数	HIV 線				IV 線				
	BL	BC	PL	計	A	T	C	L	計
4 階	1	1	2	4	1	1	1	2	5
3 階	1	1	2	4	1	1	1	3	6
2 階	1	1	2	4	1	1	1	4	7
1 階	1	1	2	4	1	1	1	5	8

HIV線：耐熱電線　IV線：一般電線　BL：ベル線　BC：ベル共通線　PL：表示灯線
A：確認応答線　T：電話連絡線　C：感知器回路の共通線　L：表示線

系統図にこれらの電線本数を記入すると、以下のようになります。

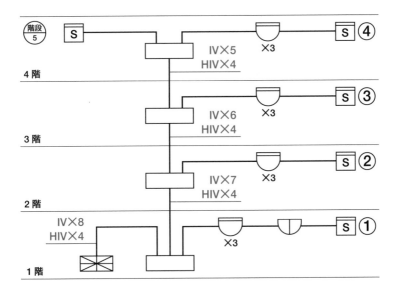

覚える **系統図問題のチェックポイント** 👈　　　　　　　　　　　**黒板②**

- 警戒区域が8以上あるか　➡　共通線の本数
- 地区音響装置は区分鳴動か　➡　ベル線の本数
- 消火栓と連動しているか　➡　表示灯線はHIV線かIV線か
- P型1級受信機か
  - ➡　電話連絡線（T）と確認応答線（A）が必要か

3

系統図の作成

実践問題

▶解説 339 ページ

 問1 □□□ ·········· 重要度 ★★★

　下の系統図の（　　）内に入る電線本数を答えなさい。ただし、以下の条件にしたがうものとする。

・延べ床面積は 2,000m² である。
・受信機は P 型 2 級（5 回線）とする。
・屋内消火栓設備は設けられていない。

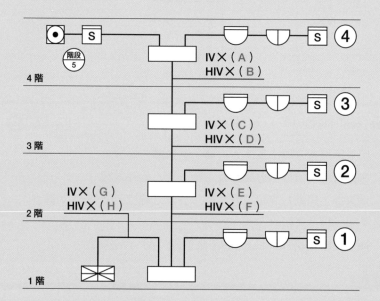

問2 □□□ ························· 重要度 ★★★

　下の系統図の（　　）内に入る電線本数を答えなさい。ただし、以下の条件にしたがうものとする。

・延べ床面積は 4,000m² である。
・受信機は P 型 1 級 20 回線とする。
・発信機は屋内消火栓ポンプと連動する。

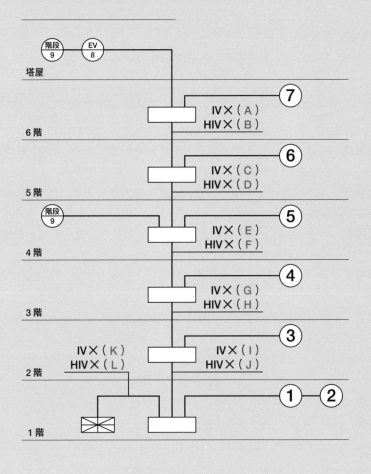

問 1

☞ 308 ～ 317 ページ参照

①警戒区域の設定

　3 階全体の床面積は 19m×10m ＝ 190m^2 です。600m^2 以下なので、階全体を 1 警戒区域に設定します。ただし、階段と PS は別警戒区域とするので除きます。

②感知器の設置

　取付け高さ4m 未満・耐火構造の各種感知器の感知面積は、以下のとおりです。

差動式スポット型 (2 種)	定温式スポット型 (特種)	定温式スポット型 (1種)
70m^2	70m^2	60m^2

- 会議室　差動式スポット型感知器 (2 種) を設置します。床面積は 50m^2 なので、設置個数は 1 個です。
- 資料室　差動式スポット型感知器 (2 種) を設置します。床面積は 15m^2 なので、設置個数は 1 個です。
- 湯沸室　定温式スポット型感知器 (1 種防水型) を設置します。床面積は 9m^2 なので、設置個数は 1 個です。
- 事務室　差動式スポット型感知器 (2 種) を設置します。床面積は 81m^2（＝ 10×（3 ＋ 6）－（3×3））なので、設置個数は 2 個必要です。
- 廊下　事務所は令別表第 1 の (15) 項に該当するので、廊下には原則として煙感知器を設置します。ただし、廊下の各部分から階段までの歩行距離が 10m以下の場合は、煙感知器の設置を省略できます (312 ページ)。したがって、この問題の場合は煙感知器の設置は不要です。
- 便所　感知器の設置を省略できます。
- 階段　問題文の条件より設置を省略します。

③配線

　機器収容箱には発信機、表示灯、地区音響装置を記入します。また、条件よ

り終端器を傍記します。配線方法は何通りかありますが、解答例では、機器収容箱を始点に、1周して機器収容箱に戻ってくるように配線しています。

【解答例】

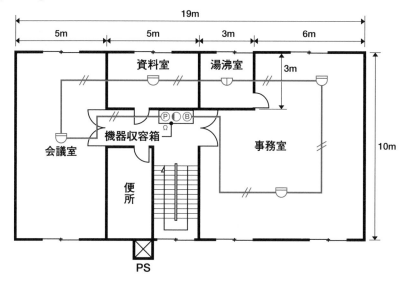

☞ 308 ～ 317 ページ参照

問2

①警戒区域の設定

　地階全体の床面積は 16m×20m ＝ 320m² です。階段室を除く地階全体を1警戒区域とします。

②感知器の設置

　特定防火対象物の地階なので、原則として煙感知器を設置しますが、いくつか例外があります。

・ **ボイラー室**　ボイラー室は著しく高温となる場所に当たるので、定温式スポット型感知器を設置します。
・ **オイルタンク室**　爆発の危険があるオイルタンク室には、定温式スポット型感知器（防爆型）を設置します。
・ **ゴミ集積室**　ゴミ集積室は煙感知器を設置します。ただし、じんあい、微

粉等が多量に滞留する場合については、定温式または差動式スポット型の感知器を設置します。

・電気室　電気室については、条件より差動式スポット型感知器を設置します。なお、変電室、電気室等の危険を伴う場所で、維持管理のしにくい場所には、差動式分布型感知器の設置が必要な場合があります。

その他の場所（機械室、倉庫、廊下、ゴミ集積室）には、煙感知器を設置します。

天井の高さ4m以上・主要構造部が耐火構造の場合の各感知器の感知面積は以下のようになります（223，228，311ページ）。

差動式スポット型 （2種）	定温式スポット型 （特種）	定温式スポット型 （1種）	煙感知器 （2種）
35m²	35m²	30m²	75m²

以上から、各室に設置する感知器の種類と個数は次のようになります。

場所	床面積	感知器	設置個数
ボイラー室	60m²	⌣₀	2個（60÷35 ≒ 1.7）
オイルタンク室	12m²	Ⓔ	1個
機械室	48m²	Ⓢ	1個
廊下	―	Ⓢ	1個
倉庫A	7m²	Ⓢ	1個
倉庫B	7m²	Ⓢ	1個
電気室	108m²	⌣	4個
ゴミ集積室	36m²	Ⓢ	1個
階段	―	―	

③配線

配線のパターンは1通りではありません。終端器を機器収容箱に設置する場合は、各経路の電線本数を4本とします。

【解答例】

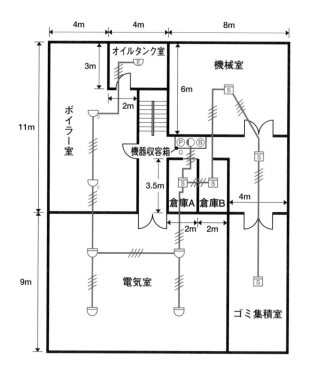

☞ 308 ～ 317 ページ参照

問3

誤りの箇所は以下のとおりです。

①階段室に警戒区域線がない

　階段室は別の警戒区域となるので、警戒区域線で仕切ります。

②男便所、女便所の差動式スポット型感知器

　便所には感知器を設けないことができるので、男便所、女便所の差動式スポット型感知器は不要です。

③湯沸室の差動式スポット型感知器

　湯沸室には定温式スポット型感知器（1種防水型）を設置します。

④廊下の煙感知器

　廊下に煙感知器が2個設置されていますが、1個でも設置基準を満たします。問題の条件より、感知器の設置個数は必要最小限とします。

⑤事務室の差動式スポット型感知器への配線本数

　事務室に設置されている3個の差動式スポット型感知器のうち、いちばん

上の感知器への配線が送り配線になっていません。配線本数を4本にするか、配線経路を変更する必要があります。

⑥事務室の差動式スポット型感知器の個数

　事務室は、43cmのはりによって3つの感知区域に区分され、面積は上から順に32m²、40m²、32m²となります。

　一方、差動式スポット型感知器（2種）の1個当たりの感知面積は、建物が耐火構造で天井高さが4m以上の場合35m²なので（311ページ）、40m²の感知区域には2個設置する必要があります。

⑦煙感知器への配線本数

　機器収容箱から煙感知器への配線本数は、2本では送り配線にできないので4本必要です。

　以上の誤りを訂正した平面図は、以下のようになります。

【解答例】

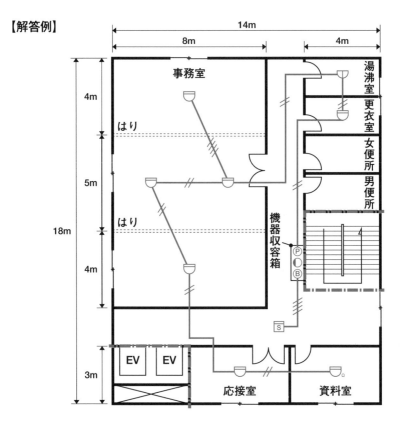

☞ 210〜212ページ参照

問4

① 1階ごとの床面積が 600m² 以上あるので、警戒階区域は階ごとに2必要です（210ページ）。8階建てなので、8×2 ＝ 16 になります。

　階段等のたて穴区画は、各階とは別の警戒区域とします。たて穴区画は水平距離 50m 以内であればまとめて1つの警戒区域にできますが（212ページ）、本問ではパイプシャフトと階段室の距離が 55m あるため、同一の警戒区域に設定できません。したがって、たて穴区画の警戒区域数は2となります。なお、屋外階段は警戒区域に含めません。

　以上から、警戒区域は全部で 16 ＋ 2 ＝ 18 となります。

② 煙感知器は、機械室とパイプシャフトの頂部に設置します。また、屋内階段には垂直距離 15m ごとに1個の煙感知器を設置します（229ページ）。

【解答例】

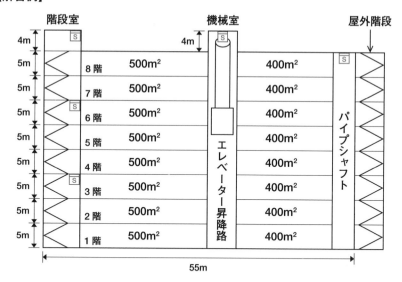

7-3 系統図の作成

▶ 問題　332ページ

☞ 326〜331ページ参照

問1

・警戒区域が5つなので、共通線は1本です。

・4階建ての延べ床面積2,000m²なので、地区音響装置は一斉鳴動方式（ベル線×2本）になります（328ページ）。
・消火栓設備がないので、表示灯線はIV線となります。
・P型2級受信機なので、電話連絡線、確認応答線は必要ありません。

　幹線の内訳は右図のようになります。

　以上から、4階の幹線の電線本数は、

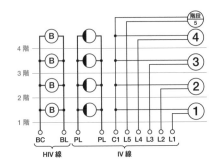

ベル線（BL）×1
ベル共通線（BC）×1 ⎫ HIV線

表示灯線（PL）×2
共通線（C）×1 ⎫ IV線
表示線（L）×2

となります。各階の電線本数の内訳は次のとおりです。

階数	HIV線			IV線			
	BC	BL	計	PL	C	L	計
4階	1	1	2	2	1	2	5
3階	1	1	2	2	1	3	6
2階	1	1	2	2	1	4	7
1階	1	1	2	2	1	5	8

BC：ベル共通線　BL：ベル線　PL：表示灯線　C：感知器回路の共通線　L：表示線

【解答】A：5　B：2　C：6　D：2　E：7　F：2　G：8　H：2

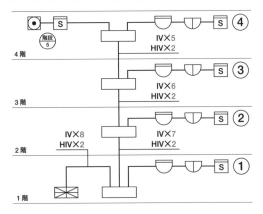

☞ 326 ～ 331 ページ参照

問2

・ 警戒区域は 9 あるので、共通線は 2 本必要です。

・ 5 階建て以上、延べ床面積 3,000m² 以上なので、地区音響装置は区分鳴動
　方式とします（328 ページ）。なお、ベル線は警戒区域ごとではなく、階ご
　とに回線を分けます。1 つの階に複数の警報ベルを設ける場合でも、階ごと
　に 1 回線でかまいません。

・ 消火栓と連動するので、表示灯線は HIV 線となります。

・ P 型 1 級受信機なので、電話連絡線と確認応答線が必要です。

　なお、階段には最上階のほか途中階にも回線がありますが、幹線の本数には
影響ありません。以上から、幹線の内訳は以下のようになります。

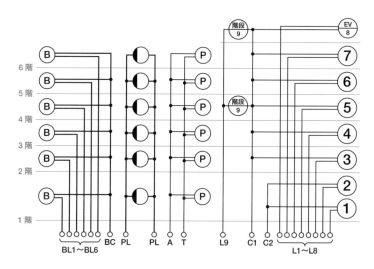

　最上階の 6 階の電線本数は、以下のようになります。

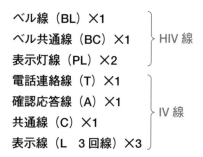

ベル線（BL）×1 ┐
ベル共通線（BC）×1 ├ HIV 線
表示灯線（PL）×2 ┘
電話連絡線（T）×1 ┐
確認応答線（A）×1 ├ IV 線
共通線（C）×1 │
表示線（L　3 回線）×3 ┘

以下、階を下るごとに、表示線とベル線が1ずつ増えます。表示線が7を超えたら、共通線も1本増やします。

	HIV 線				IV 線				
	BL	BC	PL	計	A	T	C	L	計
6 階	1	1	2	4	1	1	1	3	6
5 階	2	1	2	5	1	1	1	4	7
4 階	3	1	2	6	1	1	1	5	8
3 階	4	1	2	7	1	1	1	6	9
2 階	5	1	2	8	1	1	1	7	10
1 階	6	1	2	9	1	1	2	9	13

【解答】A：6　B：4　C：7　D：5　E：8　F：6　G：9　H：7　I：10　J：8　K：13　L：9

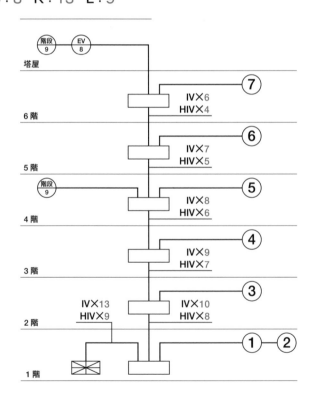

一夜漬け〇×ドリル

① 消防関係法令（共通部分）

▶1 防火対象物とは、山林または舟車、船きょもしくはふ頭に繋留された 船舶、建築物その他の工作物または物件をいう。 □

▶2 建築物の地上階のうち、換気または採光上有効な開口部を有しない階 を無窓階という。 □

▶3 消防法令上、防火対象物または消防対象物の所有者、管理者または占 有者を防火管理者という。 □

▶4 病院、ホテル、共同住宅はいずれも特定防火対象物に該当する。 □

▶5 図書館、幼稚園、中学校はいずれも特定防火対象物に該当しない。 □

▶6 映画館、カラオケボックス、遊技場はいずれも特定防火対象物に該当 する。 □

▶7 消防用設備等の設置が義務付けられている防火対象物は、学校、病院、 旅館等、不特定多数の者が出入りする防火対象物に限られている。 □

▶8 収容人員が10人以上の診療所には、防火管理者を定めなければなら ない。 □

▶9 老人短期入所施設には、収容人員にかかわらず防火管理者を定めなけ ればならない。 □

▶10 地階を除く階数が2の物品販売店舗（管理権限が複数に分かれている もの）で、収容人員が30人以上の防火対象物には、統括防火管理者 を定めなければならない。 □

解答❶ ▶1 ✕：または物件→もしくはこれらに属する物 ▶2 ✕：換気または採光上→避難上または消火
活動上 ▶3 ✕：防火管理者→関係者 ▶4 ✕：共同住宅は特定防火対象物に該当しない ▶5 ✕：幼稚園は
特定防火対象物 ▶6 ○ ▶7 ✕：不特定多数の者が出入りする防火対象物に限らない ▶8 ✕：10人→30人
▶9 ✕：収容人員10人以上 ▶10 ✕：階数が2→階数が3

☑▶**11** 地階を除く階数が5の特定用途部分を含まない複合用途防火対象物（管理権限が複数に分かれているもの）で、収容人員が30人以上のものには、統括防火管理者を定めなければならない。☐

☑▶**12** 連結送水管は、消防の用に供する設備の「消火設備」に含まれる。☐

☑▶**13** 自動火災報知設備は、消防の用に供する設備の「警報設備」に含まれる。☐

☑▶**14** 無線通信補助設備は、消防の用に供する設備の「警報設備」に含まれる。☐

☑▶**15** 同一敷地内にある2以上の防火対象物は、原則として一の防火対象物とみなして消防用設備等を設置する。☐

☑▶**16** 一の防火対象物が開口部のない耐火構造の床または壁で区画されている場合は、それぞれを別の防火対象物とみなして消防用設備等を設置する。☐

☑▶**17** 展示場に設置された自動火災報知設備は、消防用設備等の技術上の基準が改正されたとき、改正後の規定に適合させなければならない。☐

☑▶**18** 図書館に設置された消火器は、消防用設備等の技術上の基準が改正された場合でも、従前の規定に適合していればよい。☐

☑▶**19** 消防用設備等の技術上の基準が改正された後に防火対象物を増築または改築したとき、増築または改築部分の床面積の合計が当該防火対象物の延べ面積の1／3以上となる場合には、消防用設備等を改正後の基準に適合させなければならない。☐

一夜漬け○×ドリル

解答❶（つづき）▶**11** ×：30人→50人　▶**12** ×：連結送水管は「消火活動上必要な施設」に含まれる　▶**13** ○　▶**14** ×：無線通信補助設備は「消火活動上必要な施設」に含まれる　▶**15** ×：防火対象物ごとに消防用設備等を設置する　▶**16** ○　▶**17** ○：特定防火対象物に設置された自動火災報知設備には改正後の基準が適用される　▶**18** ×：消火器には改正後の基準が適用される　▶**19** ×：1／3→1／2

345

☑ ▶20 防火対象物の用途を変更した場合、変更後の用途が特定防火対象物に該当する場合は、消防用設備等を変更後の用途に適合するように設置しなければならない。

☑ ▶21 特定防火対象物に消防用設備等を設置した場合でも、延べ面積が300m² 未満であれば、消防長または消防署長に届け出て検査を受ける必要はない。

☑ ▶22 地上に直通する階段が1か所だけの3階建ての飲食店に消防用設備等を設置した場合は、延べ面積にかかわらず消防長または消防署長に届け出て検査を受けなければならない。

☑ ▶23 延べ面積が800m² 以上の特定防火対象物に設置した消防用設備等の定期点検は、消防設備士または消防設備点検資格者にさせなければならない。

☑ ▶24 消防設備等の定期点検の結果は維持台帳に記録し、特定防火対象物にあっては1年ごと、その他の防火対象物にあっては求められた場合に所轄消防長または消防署長に報告しなければならない。

☑ ▶25 甲種特類消防設備士免状の交付を受けている者は、すべての消防用設備等の工事・整備を行うことができる。

☑ ▶26 屋内消火栓設備の水源から水を補給する給水管の交換工事には、甲種1類の消防設備士免状が必要である。

☑ ▶27 消防設備士免状に貼ってある写真が撮影した日から10年を超えた場合は、居住地または勤務地を管轄する消防長または消防署長に免状の書換えを申請しなければならない。

☑ ▶28 居住地に変更が生じた場合は、遅滞なく免状の書換えを申請しなければならない。

解答❶（つづき） ▶20 ○ ▶21 ✕：病院、旅館等は延べ面積にかかわらず届出および検査が必要 ▶22 ○：特定1階段等防火対象物に該当 ▶23 ✕：800m² → 1000m² ▶24 ✕：求められた場合→ 3年ごと ▶25 ✕：特殊消防用設備等の工事・整備を行うことができる ▶26 ✕：水源の工事・整備に消防設備士免状は不要 ▶27 ✕：免状の書換えは都道府県知事が行う ▶28 ✕：居住地は免状の記載事項ではないので書換えは不要

☑▶29 消防設備士免状を亡失してその再交付を受けた者は、亡失した免状を発見した場合は、これを7日以内に免状の再交付をした都道県知事に提出しなければならない。☐

☑▶30 消防設備士に受講が義務付けられている講習の受講時期は、初回が免状が交付された日以後の最初の4月1日から2年以内、その後は前回受講した日以後の最初の4月1日から5年以内ごとである。☐

☑▶31 防火対象物に消防用設備等を設置する場合の着工届は、工事に着手しようとする日の10日前までに、甲種消防設備士が都道府県知事に届け出なければならない。☐

☑▶32 消防の用に供する検定対象機器器具等は、型式承認を受けたものである旨の表示が付されているものであれば、販売の目的で陳列することができる。☐

② 消防関係法令（第4類）

☑▶1 カラオケボックス、旅館、飛行機の格納庫には、面積または階数にかかわらず自動火災報知設備を設置しなければならない。（○or✗）☐

☑▶2 養護老人ホーム、展示場、重要文化財には、面積または階数にかかわらず自動火災報知設備を設置しなければならない。☐

☑▶3 小学校、入院施設のある診療所、宿泊施設のある老人デイサービスセンターには、面積または階数にかかわらず自動火災報知設備を設置しなければならない。☐

☑▶4 延べ面積が300m² 以上のテレビスタジオには、自動火災報知設備を設置しなければならない。☐

解答❶（つづき）**▶29** ✗：7日→ 10 日 **▶30** ○ **▶31** ✗：都道府県知事→消防長または消防署長 **▶32** ✗：型式承認を受けたものである旨の表示→検定合格証
解答❷ ▶1 ○ **▶2** ✗：展示場は延べ面積 300m² 以上 **▶3** ✗：小学校は延べ面積 500m² 以上 **▶4** ✗：300m² → 500m²

☑ ▶5 延べ面積が 300m² 以上の熱気浴場には、自動火災報知設備を設置しなければならない。 ☐

☑ ▶6 延べ面積が 300m² 以上の物品販売店舗には、自動火災報知設備を設置しなければならない。 ☐

☑ ▶7 延べ面積が 500m² 以上の図書館には、自動火災報知設備を設置しなければならない。 ☐

☑ ▶8 延べ面積が 500m² 以上の事務所には、自動火災報知設備を設置しなければならない。 ☐

☑ ▶9 延べ面積が 200m² 以上の教会には、自動火災報知設備を設置しなければならない。 ☐

☑ ▶10 延べ面積が 300m² 以上の共同住宅には、自動火災報知設備を設置しなければならない。 ☐

☑ ▶11 令別表第 1 に掲げる防火対象物の地階、無窓階または 3 階以上の階には、床面積が 100m² 以上の場合に自動火災報知設備を設置しなければならない。 ☐

☑ ▶12 地下 1 階、地上 3 階建て（各階の床面積 200m²）の複合用途防火対象物で、地階が駐車場、1 階が飲食店、2 階が物品販売店舗、3 階が事務所のものには、自動火災報知設備を設置しなくてもよい（地上階は無窓階でないものとする）。 ☐

☑ ▶13 共同住宅に、総務省令で定める閉鎖型スプリンクラーヘッドを備えているスプリンクラー設備を技術上の基準に従って設置したときは、その有効範囲内の部分について、自動火災報知設備を設置しないことができる。 ☐

解答❷（つづき）▶5 × : 300m² → 200m² ▶6 ○ ▶7 ○ ▶8 × : 500m² → 1000m² ▶9 × : 200m² → 1000m²
▶10 × : 300m² → 500m² ▶11 × : 100m² → 300m²（例外あり）▶12 × : 特定用途部分が 300m² 以上の複合
用途防火対象物なので、各階に自動火災報知設備を設置しなければならない。 ▶13 ○

☑ ▶**14** 百貨店に、総務省令で定める閉鎖型スプリンクラーヘッドを備えている
スプリンクラー設備を技術上の基準に従って設置したときは、その有効
範囲内の部分について、自動火災報知設備を設置しないことができる。　□

☑ ▶**15** 延べ面積が 500m² 以上の地下街には、ガス漏れ火災警報設備を設置し
なければならない。　□

☑ ▶**16** 延べ面積が 1,000m² 以上の準地下街には、特定用途部分の床面積の合
計が 300m² 以上の場合に、ガス漏れ火災警報設備を設置しなければな
らない。　□

☑ ▶**17** 飲食店の地階で、床面積の合計が 1,000m² 以上のものには、ガス漏れ
火災警報設備を設置しなければならない。　□

☑ ▶**18** 美術館の地階には、延べ面積または床面積の合計にかかわらず、原則
としてガス漏れ火災警報設備を設置する必要はない。　□

☑ ▶**19** 入院施設のある診療所は、消防機関へ常時通報することができる電話
を設置した場合でも、消防機関へ通報する火災報知設備の設置を省略
できない。　□

☑ ▶**20** 延べ面積が 500m² 未満の養護老人ホームは、消防機関へ常時通報する
ことができる電話を設置した場合には、消防機関へ通報する火災報知
設備の設置を省略できる。　□

☑ ▶**21** 延べ面積が 500m² 以上のホテルには、消防機関へ常時通報することが
できる電話を設置した場合でも、消防機関へ通報する火災報知設備の
設置を省略できない。　□

☑ ▶**22** 延べ面積が 500m² 以上の地下街には、消防機関へ常時通報することが
できる電話を設置した場合でも、消防機関へ通報する火災報知設備の
設置を省略できない。　□

解答❷（つづき）▶**14** ×：特定防火対象物はスプリンクラー設備を設置した場合でも自動火災報知設備を
省略できない ▶**15** ×：500m² → 1,000m² ▶**16** ×：300m² → 500m² ▶**17** ○ ▶**18** ○：美術館は非特定防火
対象物 ▶**19** ○ ▶**20** ×：養護老人ホームは省略不可 ▶**21** ○ ▶**22** ×：地下街は省略可

③ 電気に関する基礎知識

☑▶1 回路に流れる電流を I〔A〕、回路に加える電圧を V〔V〕、回路の抵抗を R〔Ω〕とすると、$I = R / V$ の関係が成り立つ。

☑▶2 2個の抵抗 R_1、R_2 を直列に接続したときの合成抵抗 R は、$R = R_1 + R_2$ となる。

☑▶3 2個の抵抗 R_1、R_2 を並列に接続したときの合成抵抗 R は、$R = 1 / R_1 + 1 / R_2$ となる。

☑▶4 図のような直流回路において、抵抗 R_1〔Ω〕に加わる電圧 V_1〔V〕は次の式で表すことができる。

$$V_1 = V \times \frac{R_1}{R_1 + R_2}$$

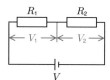

☑▶5 図のような直流回路において、抵抗 R_1〔Ω〕を流れる電流 I_1〔A〕は次の式で表すことができる。

$$I_1 = I \times \frac{R_1}{R_1 + R_2}$$

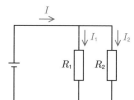

☑▶6 R〔Ω〕の抵抗に V〔V〕の直流電圧を加えたときの消費電力 P〔W〕は、$P = R^2 / V$ で表すことができる。

☑▶7 $12\mu F$ と $4\mu F$ のコンデンサを直列に接続したときの合成静電容量は、$16\mu F$ である。

解答③ ▶1 ✕：$I = R / V \rightarrow I = V / R$ ▶2 ○ ▶3 ✕：$R = 1 / R_1 + 1 / R_2 \rightarrow R = 1 / (1 / R_1 + 1 / R_2)$ ▶4 ○ ▶5 ✕：$I_1 = I \times R_2 / (R_1 + R_2)$ ▶6 ✕：$P = V^2 / R$ ▶7 ✕：$12 \cdot 4 / (12 + 4) = 3\mu F$

☑ ▶8　4μF と 6μF のコンデンサを並列に接続したときの合成静電容量は、10μF である。

☐

☑ ▶9　最大値が 312V の正弦波交流電圧の実効値は、約 200V である。

☐

☑ ▶10　コイルに単相交流電圧を加えると、電流は電圧より位相が $\pi / 2$〔rad〕だけ進む。

☐

☑ ▶11　図の交流回路における端子 AB 間の合成インピーダンスは 19Ω である。

A○——[$R=3\Omega$]——⌇⌇⌇——| |——○B
　　　　　　　　　$X_L=10\Omega$　$X_C=6\Omega$

☐

☑ ▶12　有効電力 P、無効電力 Q、皮相電力 S の間には、$S^2 = P^2 - Q^2$ の関係が成り立つ。

☐

☑ ▶13　消費電力 1200W、力率 0.8 の負荷に実効値 100V の交流電圧を加えると、回路に 15A の電流が流れる。

☐

☑ ▶14　図の交流回路に実効値 100V の電圧を加えた場合の力率は 0.6 となる。

[$R=4\Omega$]——⌇⌇⌇ $X_L=3\Omega$

⌇～⌇
100V

☐

☑ ▶15　可動コイル形計器は、直流及び交流の測定に用いることができる。

☐

☑ ▶16　可動鉄片形計器は、直流のみの測定に用いることができる。

☐

解答❸ （つづき）　▶8 ○　▶9 ×：312／$\sqrt{2}$ ≒ 220V　▶10 ×：進む→遅れる　▶11 ×：$Z = \sqrt{3^2 + (10-6)^2}$ ＝ 5Ω　▶12 ×：$S^2 = P^2 + Q^2$　▶13 ○　▶14 ×：力率 $\cos\theta$ ＝ 4／5 ＝ 0.8　▶15 ×：直流及び交流→直流のみ　▶16 ×：直流→交流

☑ ▶17 誘導形計器は、交流のみの測定に用いることができる。

☐

☑ ▶18 整流形計器は、直流のみの測定に用いることができる。

☐

☑ ▶19 熱電形計器は、直流及び交流の測定に用いることができる。

☐

☑ ▶20 静電形計器は、交流のみの測定に用いることができる。

☐

☑ ▶21 抵抗率 ρ、断面積 A、長さ L の電線の抵抗 R は、$R = \rho \dfrac{A}{L}$ で表すことができる。

☐

☑ ▶22 一次巻線と二次巻線の巻き数比が 10：1 の理想変圧器について、二次端子の電圧は、一次側の電圧の 10 倍となる。

☐

☑ ▶23 一次巻線と二次巻線の巻き数比が 10：1 の理想変圧器について、二次端子の電流は、一次側の電流の 10 倍となる。

☐

☑ ▶24 周期 f〔Hz〕、極数 P の三相誘導電動機の同期速度 Ns〔min^{-1}〕は、$Ns = 100f ／ P$ で表すことができる。

☐

☑ ▶25 三相交流の各相 R、S、T に、三相誘導電動機の端子 U、V、W を接続する。U 端子を R 相、V 端子を S 相、W 端子を T 相に接続したときの回転を正回転とすると、U 端子を T 相、V 端子を R 相、W 端子を S 相に接続した場合の回転は逆回転となる。

☐

解答❸（つづき） ▶17 ○ ▶18 ×：直流→交流 ▶19 ○ ▶20 ×：交流のみ→直流及び交流 ▶21 ×：$R = \rho \dfrac{L}{A}$ ▶22 ×：10 倍→1／10 ▶23 ○ ▶24 ×：Ns = 120f／P ▶25 ×：3 つの端子のうち 2 つを入れ替えると逆回転になる

4 自動火災報知設備の構造と機能

(○ or ×)

☑ ▶1 火災信号等を固有の信号として受信する受信機を P 型受信機という。

☑ ▶2 R 型受信機は、回線数が同じ P 型受信機と比べると、一般に必要な信号線の本数が多くなる。

☑ ▶3 非蓄積型の受信機が火災信号または火災表示信号を受信開始してから火災表示(地区音響装置の鳴動を除く)までの所要時間は 2 秒以内とすること。

☑ ▶4 二信号式受信機は、感知器から火災信号等を受信しても直ちに受信を開始せず、信号が一定時間継続して発信されていることを確認してから火災表示を行う受信機である。

☑ ▶5 蓄積式受信機の蓄積時間は 5 秒を超え 30 秒以下とし、発信機から火災信号を検出したときは蓄積機能を自動的に解除する。

☑ ▶6 受信機の主音響停止スイッチは、鳴動が停止状態にあるときに火災信号等を受信した場合には自動的に定位置に復旧するものであること。

☑ ▶7 受信機の表示灯に使用する電球は、2 個以上を直列に接続すること(放電灯または発光ダイオードを用いるものを除く)。

☑ ▶8 受信機の予備電源には、主電源が停止したときは自動的に予備電源に切り替わり、主電源が復旧したときは、手動で主電源に切り替える装置を設けること。

☑ ▶9 P 型 1 級受信機(接続する回線数が 1 のものを除く)は、火災表示試験装置および導通試験装置による試験機能を有すること。

☑ ▶10 P 型 1 級発信機を接続する受信機は、発信機から火災信号を受信した旨の信号を当該発信機に送信でき、かつ、火災信号の伝達に支障なく発信機との間で電話連絡ができるものであること。

解答❹ ▶1×:P 型→ R 型 ▶2×:多く→少なく ▶3×:2 秒以内→ 5 秒以内 ▶4×二信号式→蓄積式
▶5×:30 秒以下→ 60 秒以下 ▶6×:主音響停止スイッチ→地区音響停止スイッチ ▶7×:直列→並列
▶8×:手動→自動 ▶9○ ▶10○

☑ ▶11 P型2級受信機にあっては、接続することができる回線の数は10以下であること。

☑ ▶12 定温式感知器の公称作動温度は、60以上120℃以下の範囲で、80℃までは5℃刻み、80℃を超えるものは10℃刻みとする。

☑ ▶13 差動式スポット型感知器は、周囲温度の上昇率が一定以上になったとき火災信号を発するもので、広範囲の熱効果の累積により作動する感知器である。

☑ ▶14 空気室内の空気が熱によって膨張し、ダイヤフラムの接点が閉じて作動するのは、定温式スポット型感知器である。

☑ ▶15 差動式スポット型感知器のリーク孔にほこりが詰まると、感知器が作動する周囲温度の上昇率が、規定値より大きくなる。

☑ ▶16 差動式分布型感知器（空気管式）は、周囲温度の上昇率が一定以上になったとき火災信号を発するもので、空気管内の空気が熱によって膨張し、ダイヤフラムの接点が閉じて作動する。

☑ ▶17 差動式分布型感知器（空気管式）の空気管は、管の肉厚が0.25mm以上、外径が1.94mm以上とすること。

☑ ▶18 差動式分布型感知器（空気管式）の空気管は、1本の長さが10m以上であること。

☑ ▶19 補償式スポット型感知器は、差動式スポット型感知器と定温式スポット型感知器の性能を併せ持ち、2以上の火災信号を発信する感知器である。

☑ ▶20 差動式スポット型感知器と補償式スポット型感知器には、どちらもバイメタルが設けられている（温度検知素子を利用したものを除く）。

解答❹（つづき）　▶11 ✕：10→5　▶12 ✕：60以上120℃以下→60以上150℃以下　▶13 ✕：広範囲の熱効果の累積→一局所の熱効果　▶14 ✕：定温式→差動式　▶15 ✕：大きくなる→小さくなる　▶16 ○　▶17 ✕：0.25mm以上→0.3mm以上　▶18 ✕：10m以上→20m以上　▶19 ✕：補償式→熱複合式　▶20 ✕：バイメタルは補償式のみ

354

☑▶21 煙感知器は、イオン化式、光電式、紫外線式および赤外線式に区分され、それぞれに蓄積型と非蓄積型がある。

☑▶22 イオン化式スポット型感知器は、イオン室内に入った煙によってイオン室に加わる電圧が変化するのを検出して作動するものである。

☑▶23 イオン化式スポット型感知器のイオン室には、放射線源として一般にラジウムが用いられている。

☑▶24 光電式スポット型感知器は、感知器内に入った煙による受光素子の受光量の変化を検出して作動するものである。

☑▶25 光電式分離型感知器は、送光部と受光部を5～200m離れた位置に設け、煙による受光量の変化を検出して作動するものである。

☑▶26 P型発信機の保護板は、30Nの静荷重を一様に加えた場合に押し破られ、または押し外されることがなく、かつ、80Nの静荷重を一様に加えた場合に押し破られ、または押し外されること。

☑▶27 P型発信機の保護板は、透明の有機ガラスまたは無機ガラスを用いたものであること。

☑▶28 中継器は、火災信号等を受信し、他の中継器や受信機または消火設備等に発信する装置であって、信号の受信開始から発信開始までの所要時間は2秒以内でなければならない。

☑▶29 ガス漏れ火災警報設備の中継器で、受信機または他の中継器から電力を供給されない方式のものには、予備電源を設けること。

☑▶30 地区音響装置を鳴動させる中継器にあっては、中継器に当該地区音響装置の鳴動を停止させる装置を設けること。

一夜漬け○×ドリル

解答❹（つづき）▶21 ×：紫外線式、赤外線式は炎感知器の区分　▶22 ○　▶23 ×：ラジウム→アメリシウム　▶24 ○　▶25 ×：5～200m→5～100m　▶26 ×：30N→20N　▶27 ×：有機ガラスまたは無機ガラス→有機ガラス　▶28 ×：2秒以内→5秒以内　▶29 ×：ガス漏れ火災警報設備の→ガス漏れ火災警報設備以外の　▶30 ×：地区音響装置の鳴動は受信機で停止する

5 自動火災報知設備の工事・整備

○or×

☑ **▶1** 1つの警戒区域の面積は原則として 500m² 以下とし、1辺の長さは 50m 以下とすること。

☑ **▶2** 主要な出入口からその内部を見通せる警戒区域は、その面積を 1,200m² 以下とすることができる。

☑ **▶3** 光電式分離型感知器を設置する警戒区域は、1辺の長さを 100m 以下 とすることができる。

☑ **▶4** 1つの警戒区域は、原則として2以上の階にわたらないこと。ただし、 2つにわたる階の床面積の合計が 600m² 以下の場合は、それらを1つ の警戒区域としてもよい。

☑ **▶5** 水平距離で 60m 以下の範囲内にある階段、エレベータ昇降路、パイプ ダクト等は、まとめて1つの警戒区域とすることができる。

☑ **▶6** 階段は、地上部分と地下部分を原則として別の警戒区域とする。ただ し、地階が2階以下の場合は、地上部分と同一の警戒区域とすること ができる。

☑ **▶7** 地上階の階段等の警戒区域は、垂直距離で 45m ごとに1つの警戒区域 とする。

☑ **▶8** 天井裏で、天井と上階の床との間の距離が 1m 未満の場所には、感知 器を設けないことができる。

☑ **▶9** 感知器の取付け面の高さが 15m 以上の場所には、炎感知器を除き、感 知器を設けないことができる。

☑ **▶10** 階段および傾斜路には、特定防火対象物または事務所等以外であれば 熱感知器を設置することができる。

解答 **⑤** ▶1 ×：500m² → 600m² ▶2 ×：1,200m² → 1,000m² ▶3 ○ ▶4 ×：600m² → 500m² ▶5 ×： 60m → 50m ▶6 ×：2階以下 → 1階のみ ▶7 ○ ▶8 ×：1m → 0.5m ▶9 ×：15m → 20m ▶10 ×：防火 対象物の用途に関わらず熱感知器は設置不可

☑ ▶11 小学校の廊下および通路には、熱感知器を設置することができない。

☑ ▶12 百貨店の地階1階の食品売場には熱感知器を設けることができない。

☑ ▶13 じんあいまたは微粉が多量に滞留する場所には、煙感知器も炎感知器を設置できない。

☑ ▶14 水蒸気が多量に滞留する場所には、煙感知器は設置できないが、炎感知器は設置することができる。

☑ ▶15 定温式スポット型感知器（2種）は、取付け面の高さが4m未満の場所に設置する。

☑ ▶16 差動式スポット型感知器（1種または2種）は、取付け面の高さが8m未満の場所に設置する。

☑ ▶17 補償式スポット型感知器（1種または2種）は、取付け面の高さが15m未満の場所に設置する。

☑ ▶18 イオン化式または光電式スポット型感知器（2種）は、取付け面の高さが15m未満の場所に設置する。

☑ ▶19 差動式分布型感知器（1種または2種）は、取付け面の高さが8m未満の場所に設置する。

☑ ▶20 光電式分離型感知器（2種）は、取付け面の高さが15m未満の場所に設置する。

☑ ▶21 差動式または定温式スポット型感知器の感知区域は、壁または取付け面から0.5m以上突出したはり等で区画される。

解答❺（つづき） ▶11 ×：廊下および通路に熱感知器を設置できないのは特定防火対象物、共同住宅、公衆浴場、工場、スタジオ、事務所等のみ ▶12 ○：特定防火対象物と事務所等の地階・無窓階・11階以上は熱感知器の設置不可 ▶13 ×：炎感知器は設置可 ▶14 ×：炎感知器も設置不可 ▶15 ○ ▶16 ○ ▶17 ×：15m→8m ▶18 ○ ▶19 ×：8m→15m ▶20 ○ ▶21 ×：0.5m→0.4m

☑ ▶22 差動式分布型または煙感知器の感知区域は、壁または取付け面から0.6m以上突出したはり等で区画される。

☑ ▶23 差動式または定温式スポット型感知器は、30度以上傾斜させないように設けること。

☑ ▶24 差動式または定温式スポット型感知器は、感知器の下端が取付け面の下方0.6m以内の位置に設けること。

☑ ▶25 差動式または定温式スポット型感知器は、換気口等の空気の吹出し口から1.2m以上離れた位置に設けること。

☑ ▶26 定温式スポット型感知器は、公称作動温度より15℃以上低い場所に設けること。

☑ ▶27 煙感知器（光電式分離型感知器を除く）は、感知器の下端が取付け面の下方0.6m以内の位置に設けること。

☑ ▶28 煙感知器（光電式分離型感知器を除く）は、壁またははりから0.5m以上離れた位置に設けること。

☑ ▶29 煙感知器（光電式分離型感知器を除く）は、換気口等の空気の吹出し口から0.6m以上離れた位置に設け、天井付近に吸気口のある居室にあっては、吸気口付近に設けること。

☑ ▶30 1種または2種の煙感知器（光電式分離型感知器を除く）を廊下および通路に設ける場合は、歩行距離20mにつき1個以上を設置すること。

☑ ▶31 1種または2種の煙感知器（光電式分離型感知器を除く）を階段および傾斜路に設ける場合は、垂直距離10mにつき1個以上を設置すること（特定1階段等防火対象物ではないものとする）。

解答❺（つづき）▶22 ○　▶23 ×：30度→45度　▶24 ×：0.6m→0.3m　▶25 ×：1.2m→1.5m　▶26 ×：15℃→20℃　▶27 ○　▶28 ×：0.5m→0.6m　▶29 ×：0.6m→1.5m　▶30 ×：20m→30m　▶31 ×：10m→15m

☑▶32 炎感知器は、道路面からの高さが 1.5m 以上 2.0m 以下の部分に設けること。 ☐

☑▶33 受信機の操作スイッチは、床面からの高さが 0.8m 以上 1.5m 以下の箇所に設けること。ただし、いすに座って操作する場合は 0.5m 以上 1.5m 以下とする。 ☐

☑▶34 P 型発信機は、階ごとに、その階の各部分から一の発信機までの水平距離が 50m 以下となるように設けること。 ☐

☑▶35 P 型発信機は、床面からの高さが 0.8m 以上 1.5m 以下の箇所に設けること。 ☐

☑▶36 地区音響装置は、階ごとに、その階の各部分から一の地区音響装置までの水平距離が 30m 以下となるように設けること。 ☐

☑▶37 地区音響装置の音響による警報の音圧は、音響装置の中心から 1m 離れた位置で 92dB 以上、音声による警報の音圧は、音響装置の中心から 1m 離れた位置で 90dB 以上であること。 ☐

☑▶38 地区音響装置の音声による警報は、感知器作動警報は男声、火災警報は女声によるものとすること。 ☐

☑▶39 地階を除く階数が 5 以上で、延べ面積が 3,000m² 以上の防火対象物の地区音響装置は、区分鳴動とすること。 ☐

☑▶40 非常電源として用いる蓄電池設備の容量は、自動火災報知設備を有効に 5 分間作動できる容量以上であること。 ☐

☑▶41 感知器回路の配線は、感知器の種類にかかわらず送り配線とすること。 ☐

解答❺（つづき）▶32 ×：1.5m 以上 2.0m 以下→ 1.0m 以上 1.5m 以下　▶33 ×：いすに座って操作する場合は 0.6m 以上　▶34 ×：水平距離→歩行距離　▶35 ○　▶36 ×：30m 以下→ 25m 以下　▶37 ×：音響による警報は 90dB 以上、音声による音圧は 92dB 以上　▶38 ×：感知器作動警報は女声、火災警報は男声　▶39 ×：3,000m² 以上の→ 3,000m² を超える　▶40 ×：5 分間→ 10 分間　▶41 ○

☑▶**42** P型受信機の共通線は、1本につき8警戒区域以下とすること。 ☐

☑▶**43** P型受信機の感知器回路の電路の抵抗は100Ω以下とすること。 ☐

☑▶**44** 受信機から地区音響装置までの間と、受信機からアナログ式感知器までの間の配線は、耐火配線とすること。 ☐

☑▶**45** 自動火災報知設備の受信機を他の消防用設備等の起動装置と兼用する場合、表示灯回路は耐熱配線とする必要はない。 ☐

☑▶**46** MIケーブルを使用する場合は、電線を金属管に収めて耐火構造の壁に埋め込まなくても耐火配線とみなされる。 ☐

☑▶**47** 600Vビニル絶縁電線は、耐火および耐熱配線に使用することができる。 ☐

☑▶**48** 600V二種ビニル絶縁電線は、耐火および耐熱配線に使用することができる。 ☐

☑▶**49** 自動火災報知機に施すD種接地工事における接地抵抗値は、50Ω以下でなければならない。 ☐

6 自動火災報知機の試験

◯or×

☑▶**1** 差動式スポット型感知器の作動試験を行うために設ける差動スポット試験器は、床面から0.5m以上1.5m以下の場所に取り付ける。 ☐

解答⑤（つづき）▶**42** ×：8警戒区域以下→7警戒区域以下 ▶**43** ×：100Ω以下→50Ω以下 ▶**44** ×：耐火配線→耐熱配線 ▶**45** ×：耐熱配線とする ▶**46** ◯ ▶**47** ×：600Vビニル絶縁電線（IV線）は一般配線用 ▶**48** ◯ ▶**49** ×50Ω→100Ω
解答⑥ ▶**1** ×：0.5m以上1.5m以下→0.8m以上1.5m以下

▶2 差動式分布型感知器（空気管式）の火災作動試験は、空気管に空気漏れや詰まり等があるかどうかを確認する。

▶3 差動式分布型感知器（空気管式）の接点水高試験は、検出部が正常な空気圧で作動するかどうかを確認する。

▶4 差動式分布型感知器（空気管式）のリーク抵抗試験でリーク抵抗が規定値より小さいと、非火災報の原因となる。

▶5 差動式分布型感知器（熱電対式）の作動試験には、マノメーターを使用する。

▶6 イオン化式または光電式のスポット型感知器の作動試験には、加熱試験機を使用する。

▶7 光電式分離型感知器の作動試験には、減光フィルターを使用する。

▶8 同時作動試験では、P型1級受信機の各リレーの作動、火災灯や地区表示灯の作動と保持機能、音響装置の鳴動等を試験する。

▶9 感知器の接点の接触不良は、受信機の導通試験スイッチによる回路導通試験で確認できる。

▶10 感知器回路の終端器の接続端子の接触不良は、受信機の導通試験スイッチによる回路導通試験で確認できる。

▶11 感知器のリーク孔に付着したほこりを清掃した後は、火災表示試験を実施して機能を確認する。

解答❻（つづき）▶2 ×：火災作動試験→流通試験 ▶3 ○ ▶4 ×：小さい→大きい ▶5 ×：マノメーター→メーターリレー試験機 ▶6 ×：加熱試験器→加煙試験器 ▶7 ○ ▶8 ×：同時作動試験→火災表示試験 ▶9 ×：確認できない ▶10 ○ ▶11 ×：火災表示試験→感知器の作動試験

7 ガス漏れ火災警報設備

✓▶1 ガス漏れ検知器に用いられる検知方式には、半導体式、接触燃焼式、気体熱伝導度式の 3 種類がある。

〇 or ✕ ☐

✓▶2 検知器の標準遅延時間および受信機の標準遅延時間の合計は、30 秒以内でなければならない。

☐

✓▶3 空気に対する比重が 1 未満のガスを検知する検知器は、ガス燃焼器から水平距離 4m 以内の位置に、検知器の下端が天井面等の下方 0.3m 以内となるように設けること。

☐

✓▶4 空気に対する比重が 1 を超えるガスを検知する検知器は、ガス燃焼器から水平距離 4m 以内の位置に、検知器の上端が床面の上方 0.3m 以内となるように設けること。

☐

✓▶5 ガス漏れ検知器は、ガス濃度が爆発下限界の 1 ／ 2 以上のときに確実に作動し、1 ／ 100 以下のときに作動しないこと。

☐

✓▶6 音声警報装置のスピーカーは、各階ごとに、その階の各部分から一のスピーカーまでの水平距離が 30m 以下となるように設けること。

☐

✓▶7 検知区域警報装置は、1m 離れた位置での音圧が 90dB 以上となるものであること。

☐

✓▶8 ガス漏れ火災警報設備に使用する中継器の受信開始から発信開始までの所要時間は原則として 5 秒以内だが、ガス漏れ信号の受信開始からガス漏れ表示までの所要時間が 5 秒以内である受信機に接続するものに限り、60 秒以内とすることができる。

☐

解答❼ ▶1 〇 ▶2 ✕：30 秒以内→ 60 秒以内 ▶3 ✕：4m 以内→ 8m 以内 ▶4 〇 ▶5 ✕：1 ／ 2 → 1 ／ 4、1 ／ 100 → 1 ／ 200 ▶6 ✕：30m 以下→ 25m 以下 ▶7 ✕：90dB → 70dB ▶8 〇

模擬テスト

・模擬テストは甲種・乙種両用です。**甲**のマークが
　ついた問題は、甲種受験者のみ解答してください。

・制限時間は、甲種が3時間15分、乙種が1時間45
　分です。

模擬テスト① (甲種・乙種)

筆記試験 解答と解説● 383 ページ

●消防関係法令 (共通部分)　　　　　甲種：問1〜問8　乙種：問1〜問6

問1 消防法令上、特定防火対象物に該当するものは次のうちどれか。

① 映画スタジオ
② 幼稚園
③ 図書館
④ 賃貸マンション

問2 消防法令上、防火管理者を選任しなくてもよい防火対象物は次のうちどれか。

① 収容人員が 20 人の老人短期入所施設
② 収容人員が 40 人の美術館
③ 収容人員が 60 人の物品販売店舗
④ 同一の敷地内にあり、所有者が同じ 2 棟のアパートで、収容人員がそれぞれ 30 人と 40 人のもの

問3 消防設備士が受けなければならない講習に関する次の文中の（　）に入る数値の組合せとして、正しいものはどれか。

「消防設備士は、免状の交付を受けた日以後における最初の 4 月 1 日から（　A　）年以内に、消防法第 17 条の 10 に規定する講習を受けなければならない。また、直近の講習を受けた日以後における最初の 4 月 1 日から（　B　）年以内に、次の講習を受けなければならない。」

	A	B
①	1	3
②	1	5
③	2	3
④	2	5

問4 消防設備士免状の種類について、消防法令上、誤っているものは次のうちどれか。

① 甲種特類消防設備士は、特殊消防用設備等の工事または整備を行うことができる。
② 甲種第1類消防設備士は、屋内消火栓設備、スプリンクラー設備、水噴霧消火設備または屋外消火栓設備の工事または整備を行うことができる。
③ 乙種第4類消防設備士は、自動火災報知設備、ガス漏れ火災警報設備または非常警報器具の整備を行うことができる。
④ 乙種第7類消防設備士は、漏電火災警報器の整備を行うことができる。

問5 消防用設備等を設置する場合の防火対象物の基準について、消防法令上、正しいものは次のうちどれか。

① 同一敷地内にある2以上の防火対象物は、原則として一の防火対象物とみなす。
② 防火対象物が開口部のない耐火構造の床または壁で区画されている場合は、それぞれの区画を別の防火対象物とみなす。
③ 複合用途防火対象物は、原則として階ごとに一の防火対象物とみなす。
④ 戸建て一般住宅についても、一定の規模以上のものには消防用設備等の設置が義務付けられる。

問6 消防用設備等または特殊消防用設備等を、消防設備士または消防設備点検資格者に定期に点検させなければならない防火対象物として、消防法令上、誤っているものは次のうちどれか。

① 延べ面積 500m^2 の飲食店
② 延べ面積 1,200m^2 の工場であって、消防長の指定を受けたもの
③ 延べ面積 1,500m^2 の病院
④ 避難階に通じる屋内階段が1、地階を除く階数が3の旅館であって、延べ面積が 800m^2 のもの

365

甲 問7 消防用設備等（簡易消火用具及び非常警報器具を除く。）を設置した場合、消防長または消防署長に届け出て検査を受けなければならない防火対象物として、消防法令上、誤っているものは次のうちどれか。ただし、特定1階段等防火対象物ではないものとする。

① 入院施設を有する診療所で、延べ面積が250m²のもの
② 老人短期入所施設で、延べ面積が200m²のもの
③ 展示場で、延べ面積が350m²のもの
④ 飲食店で、延べ面積が250m²のもの

甲 問8 消防用設備等の技術上の基準が改正されたとき、消防法令上、改正後の基準に適合させなくてもよい消防用設備等は、次のうちどれか。

① 小学校に設置されている消火器
② 飲食店に設置されているガス漏れ火災警報設備
③ 銀行に設置されている自動火災報知設備
④ 図書館に設置されている誘導灯

●消防関係法令（第4類に関する部分）　　甲種：問9〜問15　乙種：問9〜問12

問9 消防法令上、自動火災報知設備を設置しなければならない防火対象物は次のうちどれか。

① 延べ面積150m²の一般物品販売店舗
② 延べ面積220m²の熱気浴場
③ 延べ面積480m²の共同住宅
④ 延べ面積700m²の神社

問10 消防法令上、自動火災報知設備を設置しなければならない防火対象物の階は次のうちどれか。

① 延べ面積が290m²の物品販売店舗の無窓階で、床面積が100m²のもの
② 延べ面積が290m²の飲食店の地階で、床面積が150m²のもの

③ 延べ面積が 840m² の事務所の 3 階で、床面積が 280m² のもの
④ 延べ面積が 490m² の図書館の地階で、床面積が 200m² のもの

問 11　消防法令上、ガス漏れ火災警報設備を設置しなければならない防火対象物またはその部分は次のうちどれか。

① ホテルの地階で、床面積が 900m² のもの
② 床面積が 1,200m² の準地下街であって、うち飲食店の用途に供される部分の床面積の合計が 300m² のもの
③ 延べ面積が 800m² の地下街
④ 複合用途防火対象物の地階で、床面積 1,000m² のうち、映画館の用途に供される部分の面積の合計が 600m² 以上のもの

問 12　自動火災報知設備の警戒区域について、消防法令上、誤っているものは次のうちどれか。

① 1 の警戒区域の面積は、原則として 600m² 以下とすること。
② 警戒区域の一辺の長さは、原則として 60m 以下とすること。
③ 警戒区域は防火対象物の 2 以上の階にわたらないものとすること。ただし、1 の警戒区域の面積の合計が 500m² 以下であれば、防火対象物の 2 の階にわたることができる。
④ 主要な出入口から内部を見通すことができる場合にあっては、警戒区域の面積を 1,000m² 以下とすることができる。

甲 問 13　総務省令で定める閉鎖型スプリンクラーヘッドを備えているスプリンクラー設備を技術上の基準に従って設置した場合に、その有効範囲内の部分について、自動火災報知設備を設置しないことができる防火対象物として、消防法令上、誤っているものは次のうちどれか。

① 工場
② 美術館
③ 旅館
④ 作業場

甲 問14　下図の複合用途防火対象物に対する自動火災報知設備の設置義務について、消防法令上、正しいものは次のうちどれか。ただし、地上階はすべて無窓階に該当しない階とする。

5階	共同住宅	150m²
4階	共同住宅	150m²
3階	事務所	150m²
2階	事務所	150m²
1階	飲食店	150m²
地階	駐車場	150m²

① すべての階に設置する。
② 地階および1階にのみ設置する。
③ 1階にのみ設置する。
④ この防火対象物には設置義務がない。

甲 問15　自動火災報知設備の地区音響装置を一部の階に限って鳴動させる場合に、出火階と鳴動階の組合せとして、消防法令上、誤っているものはどれか。ただし、この防火対象物は地上5階、地下2階で、延べ面積4,000m²であるものとする。

	出火階	鳴動階
①	2階	2階、3階
②	1階	地下2階、地下1階、1階、2階
③	地下1階	地下2階、地下1階、1階
④	地下2階	地下2階、地下1階、1階

●基礎的知識（電気に関する部分）　甲種：問16〜問25　乙種：問16〜問20

問16　4Ωの抵抗2本を並列に接続した回路に、80Vの電圧を加えたときの消費電力［kW］はいくらか。

① 2.4　　② 3.2　　③ 4.0　　④ 5.8

問17 図の回路に流れる電流の値 [A] として、正しいものは次のうちどれか。

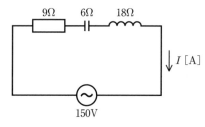

① 10 ② 12 ③ 15 ④ 21

問18 下図の回路におけるab間の合成抵抗値として、正しいものは次のうちどれか。

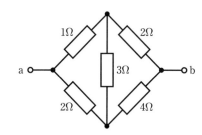

① 1.2Ω ② 2.0Ω ③ 2.4Ω ④ 3.2Ω

問19 抵抗及び抵抗率についての説明で、誤っているものは次のうちどれか。

① 一般に、導体の抵抗率は導体の温度上昇とともに増加する。
② 導体の抵抗は抵抗率に比例する。
③ 導体の長さを2倍にすると、抵抗は2倍になる。
④ 導体の直径を2倍にすると、抵抗は2分の1になる。

問20　鉛蓄電池にサルフェーション現象が生じる原因として、正しいものは次のうちどれか。

① 電解液が減少した
② 蒸留水を多く加え過ぎた
③ 過充電した
④ 過放電した

甲 問21　負荷の電圧や電流を計測するために、電圧計や電流計を接続する方法として、正しいものは次のうちどれか。

① 電圧計と電流計は、どちらも負荷に対して直列に接続する。
② 電圧計と電流計は、どちらも負荷に対して並列に接続する。
③ 電圧計は負荷に対して直列に、電流計は負荷に対して並列に接続する。
④ 電圧計は負荷に対して並列に、電流計は負荷に対して直列に接続する。

甲 問22　下図の AB 間の合成静電容量として、正しいものは次のうちどれか。

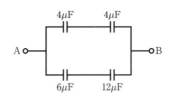

① 4μF　　② 5μF　　③ 6μF　　④ 8μF

甲 問23　コンデンサに単相交流電圧を加えた場合の電流と電圧の位相差として、正しいものは次のうちどれか。

① 電流は電圧より位相が π／2〔rad〕だけ遅れる。
② 電流は電圧より位相が π／2〔rad〕だけ進む。
③ 電流は電圧より位相が π／4〔rad〕だけ遅れる。
④ 電流は電圧より位相が π／4〔rad〕だけ進む。

甲 問24　下図のように、三相交流の電源の各相R、S、Tに、三相誘導電動機の端子U、V、Wをそれぞれ接続した。このときの電動機の回転を正回転としたとき、これを逆回転させる接続として誤っているものは図の①〜④のうちのどれか。

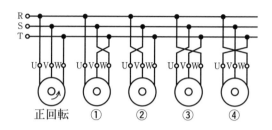

甲 問25　下図の交流回路の有効電力P、無効電力Q、皮相電力Sについて、誤っているものは次のうちどれか。

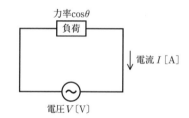

① 有効電力 $P = VI\cos\theta$ は、負荷で消費される電力を表す。

② 無効電力 $Q = VI\sin\theta$ は、負荷で消費されない電力を表す。

③ 有効電力 P、無効電力 Q、皮相電力 S の間には、$P^2 = S^2 + Q^2$ の関係が成り立つ。

④ 有効電力 P が一定のとき、無効電力 Q が増加すると、皮相電力も増加する。

●**構造・機能および工事または整備の方法（電気に関する部分）**
　　　　　　　　　　　　　　　　　甲種：問26〜問37　乙種：問26〜問34

問26　D種接地工事における接地抵抗値 [Ω] の最大値として、正しいものは次のうちどれか。

① 500　　　② 100　　　③ 10　　　④ 5

問27　ガス漏れ火災警報設備の検知器の設置について、誤っているものは次のうちどれか。ただし、検知対象ガスの空気に対する比重は 1 未満とする。

① ガス燃焼器から水平距離で 4m 以内の位置に設けること。
② 天井面等が 0.6m 以上突出したはり等によって区画されている場合は、当該はり等よりガス燃焼器側に設けること。
③ 検知器の下端は、天井面等の下方 0.3m 以内の位置に設けること。
④ 換気口の空気の吹き出し口から 1.5m 以内の場所に設けないこと。

問28　受信機から地区音響装置までの配線工事を露出配線とすることができるものは、次のうちどれか。

① 600V 二種ビニル絶縁電線
② シリコンゴム絶縁電線
③ MI ケーブル
④ クロロプレンシースケーブル

問29　煙感知器（光電式分離型感知器を除く）を特定 1 階段等防火対象物以外の防火対象物に設置する場合について、正しいものは次のうちどれか。

① 感知器の下端は、取付け面の下方 0.4m 以内の位置に設けること。
② 換気口等の空気吹出し口から 0.6m 以上離れた位置に設けること。
③ 1 種または 2 種の感知器を階段及び傾斜路に設ける場合は、垂直距離 45m につき 1 個以上の個数を設けること。
④ 3 種の感知器を廊下及び通路に設ける場合は、歩行距離 20m につき 1 個以上の個数を設けること。

問30　ガス漏れ火災警報設備の受信機をいすに座って操作するように設置する場合の操作スイッチの床面からの高さとして、正しいものは次のうちどれか。

① 0.6m 以上 1.0m 以下
② 0.6m 以上 1.5m 以下
③ 0.8m 以上 1.2m 以下

④ 0.8m 以上 1.5m 以下

問31 自動火災報知設備の発信機の設置方法について、誤っているものは次のうちどれか。

① 各階ごとに、その階の各部分から一の発信機までの歩行距離が 50m 以下となるように設ける。
② 床面からの高さが 0.8m 以上 1.5m 以下の箇所に設ける。
③ P 型 1 級受信機で接続することができる回線が 1 のものには、P 型 2 級発信機を接続する。
④ 直近の箇所に屋内消火栓設備の表示灯を設けた場合は、表示灯の設置を省略できる。

問32 P 型 1 級受信機に接続する地区音響装置（音声により警報を発するものを除く）の音圧として、規格省令上、正しいものは次のうちどれか。

① 中心から 1m 離れた位置で 70dB 以上
② 中心から 1m 離れた位置で 85dB 以上
③ 中心から 1m 離れた位置で 90dB 以上
④ 中心から 1m 離れた位置で 92dB 以上

問33 煙感知器について、誤っているものは次のうちどれか。

① 煙感知器は、イオン化式、光電式、紫外線式及び赤外線式に区分される。
② 光電式スポット型は、感知器に入った煙による受光素子の受光量の変化を検出し、火災信号を発信する感知器である。
③ イオン化式スポット型は、感知器に入った煙によるイオン室の電圧の変化を検出し、火災信号を発信する感知器である。
④ 光電式分離型は、光を発する送光部と、送光部から発せられた光を受ける受光部を離れた位置に設け、煙による受光量の変化を検出して火災信号を発信する感知器である。

問34 差動式分布型感知器（空気管式）のリーク孔にほこり等が詰まっている場合に考えられる現象として、正しいものは次のうちどれか。

① 作動時間が規定値より短くなる。
② 不作動が発生する原因になる。
③ 接点水高が規定値より低くなる。
④ 規定値より高い温度上昇率で作動する。

甲 問35 次の表は、単相100V、三相200V、三相400Vの回路を有する4つの工場で、それぞれの回路の絶縁抵抗値を測定した結果である。回路に絶縁不良が発見された工場はどれか。

		単相 100V	三相 200V	三相 400V
①	第一工場	0.1MΩ	0.3MΩ	0.4MΩ
②	第二工場	0.1MΩ	0.2MΩ	0.3MΩ
③	第三工場	0.2MΩ	0.4MΩ	0.4MΩ
④	第四工場	0.2MΩ	0.4MΩ	0.5MΩ

甲 問36 差動式スポット型感知器の設置基準について、正しいものは次のうちどれか。

① 感知器の取付け面から0.3m以上突き出したはりがある場合は、はりで区画された部分ごとに別の感知区域とすること。
② 感知器の下端は、取付け面の下方0.6m以内の位置に設けること。
③ 換気口等の空気の吹出し口がある場合は、吹出し口から1.5m以上離れた位置に設けること。
④ 90度以上傾斜させないように設けること。

甲 問37 蓄電池設備を用いた自動火災報知設備の非常電源について、正しいものは次のうちどれか。

① 蓄電池設備の容量は、自動火災報知設備を有効に20分間作動させること

ができる容量であること。
② 非常電源の容量が十分ある場合は、予備電源の設置を省略することができる。
③ 常用電源の停電が復旧したときは、自動的に非常電源から常用電源に切り替えられるものであること。
④ 他の消防用設備等と共用する場合は、その設備の電気回路の開閉器によって遮断できるものであること。

●構造・機能および工事または整備の方法（規格に関する部分）
甲種：問38～問45　乙種：問38～問43

問38　P型2級発信機の構造及び機能について、規格省令上、誤っているものは次のうちどれか。

① 火災信号は、押しボタンスイッチを押したときに伝達されること。
② 押しボタンスイッチは、その前方に保護板を設け、その保護板を破壊し、または押し外すことにより、容易に押すことができること。
③ 保護板は、透明の無機ガラスを用いること。
④ 保護板は、その中央部に20Nの静荷重を加えた場合に、押し破られ又は押し外されることがなく、80Nの静荷重を加えた場合に、押し破られ又は押し外されること。

問39　R型受信機の構造及び機能について、規格省令上、誤っているものは次のうちどれか。

① 火災信号、火災表示信号もしくは火災情報信号を共通の信号として受信すること。
② 終端器に至る外部配線の断線を検出する試験機能を有すること。
③ 受信機から中継器（感知器からの火災信号を直接受信するものにあっては、感知器）に至る外部配線の短絡を検出する試験機能を有すること。
④ 火災表示試験装置を有すること。

問40 P型受信機（多回線用）またはR型受信機の予備電源の容量に関する次の文中の（　）に入る数値の組合せとして、規格省令上、正しいものは次のうちどれか。

「監視状態を（　A　）分間継続した後、2の警戒区域の回線を作動させることができる消費電流を（　B　）分間継続して流すことができる容量以上であること。」

	A	B
①	10	3
②	30	5
③	60	10
④	90	30

問41 蓄積式ではないP型1級受信機における、火災信号または火災表示信号の受信開始から火災表示（地区音響装置の鳴動を除く）までの所要時間として、規格省令上、正しいものは次のうちどれか。

① 3秒以内
② 5秒以内
③ 30秒以内
④ 60秒以内

問42 P型1級受信機の主音響装置の定格電圧における音圧について、規格省令上、正しいものは次のうちどれか。

① 中心から前方1m離れた地点で測定した値が70dB以上
② 中心から前方1m離れた地点で測定した値が85dB以上
③ 中心から前方3m離れた地点で測定した値が70dB以上
④ 中心から前方3m離れた地点で測定した値が85dB以上

問 43 次の作動原理を有する感知器の型式として、規格省令上、正しいものはどれか。

「周囲の温度の上昇率が一定の率以上になったとき火災信号を発信するもので、一局所の熱効果により作動するもの。」

① 定温式スポット型感知器
② 定温式感知線型感知器
③ 差動式スポット型感知器
④ 差動式分布型感知器

甲 問 44 光電式分離型感知器の公称監視距離に関する次の文中の（　　）に入る数値の組合せとして、規格省令上、正しいものはどれか。

「光電式分離型感知器の公称監視距離は、（　A　）m 以上（　B　）m 以下とし、（　C　）m 刻みとする。」

	A	B	C
①	5	20	1
②	5	20	5
③	5	100	5
④	5	100	10

甲 問 45 自動火災報知設備に使用する中継器について、規格省令上、誤っているものはどれか。

① 中継器の受信開始から発信開始までの所要時間は 5 秒以内とすること。
② 地区音響装置を鳴動させる中継器は、中継器に地区音響装置の鳴動を停止させる装置を設けること。
③ 定格電圧が 60V を超える中継器の金属製外箱には、接地端子を設けること。
④ 電力を他から供給される方式の中継器は、外部負荷に電力を供給する回路に、ヒューズ、ブレーカその他の保護装置を設けること。

●鑑別等試験

問1 次の写真をみて、名称と用途を答えよ。

A

B

	名称	用途
A		
B		

問2 下の写真の測定器を用いて、自動火災報知設備の地区音響装置（音声により警報を発するもの）の音圧を測定したい。次の設問に答えよ。

設問1 測定器の名称を答えよ。

設問2 測定位置は、音響装置の中心から何 m か。

設問3 地区音響装置が基準に従って設置されている場合、測定結果は何 dB

以上か。

問3 下の図A～Dは、ある室内に煙感知器を設置した一例を示したものである。正しく設置されているものには○、誤っているものには×を解答欄に記入しなさい。

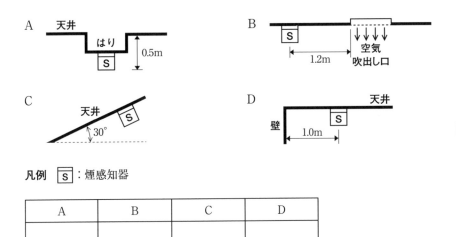

凡例 [S]：煙感知器

A	B	C	D

問4 下のガス漏れ火災警報設備の設備図について、設問に答えよ。なお、配線や一部の機器は省略している。

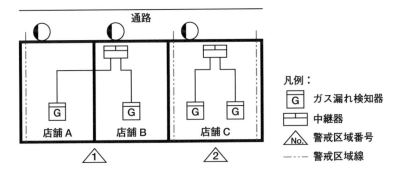

凡例：
[G] ガス漏れ検知器
[中継器] 中継器
[No.] 警戒区域番号
---- 警戒区域線

設問1 図の●が示す装置の名称は何か。
設問2 店舗A、B、Cのうち、●の装置の設置を省略できる室はどれか。
設問3 ●の装置が作動していることを明確に識別できる距離は何mか。

問5　次の写真をみて、設問に答えよ。

設問1　この装置の名称を答えよ。
設問2　この装置を用いて作動試験を行う感知器の名称と、装置が必要な理由
を答えよ。

●製図　　　　　　　　　　　　　　　　　　　　甲種：問1〜問2　乙種：なし

甲 **問1**　下の図は、消防法施行令別表第1 (12) 項イに該当する平屋建て工場の平
面図である。条件に基づき、自動火災報知設備の設備図を、凡例記号を用いて
完成させなさい。

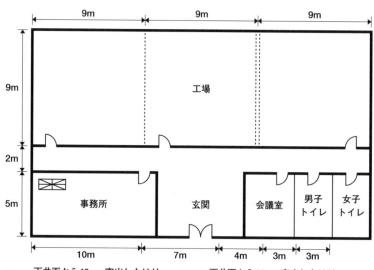

〔条件〕

1. 主要構造部は耐火構造であり、無窓階には該当しない。

2. 天井面の高さは、工場部分が10m、その他の部分が4.2mである。天井裏高さは45cmである。

3. 警戒区域は工場部分とその他の部分とに分け、法令の基準に従う最少最小の警戒区域数とする。

4. 工場部分には差動式分布型感知器（空気管式）を設置し、感知区域ごとに検出部を設ける。その他の部分にはスポット型感知器を設置する。

5. 感知器の設置個数は法令上必要とされる最少の個数とする。煙感知器は、法令上必要とされる場所以外には設置しない。

6. 受信機は事務所に設置されている。

7. 機器収容箱には地区音響装置、表示灯、発信機を収納する。

8. 終端器は工場部分については検出部付近に設置し、その他の部分については機器収容箱に収納する。

9. 受信機から機器収容箱の間の配線本数の表示は省略する。

〔凡例〕

記号	名称	備考
▽	差動式スポット型感知器	2種
▽	定温式スポット型感知器	1種防水型
——	差動式分布型感知器（空気管式）	貫通箇所は —o—o— とする。
⋈	差動式分布型感知器検出部	
S	光電式スポット型感知器	2種
Ⓟ	発信機	P型1級
◑	表示灯	AC24V
Ⓑ	地区音響装置	DC24V
Ω	終端器	
—#—	配線	2本
—##—	同上	4本
⊠	受信機	
▭	機器収容箱	
···—··—···	警戒区域境界線	

甲 **問2** 下の図は、消防法施行令別表第1(15)項に該当する事務所ビルの断面図である。条件に基づき、各設問に答えなさい。

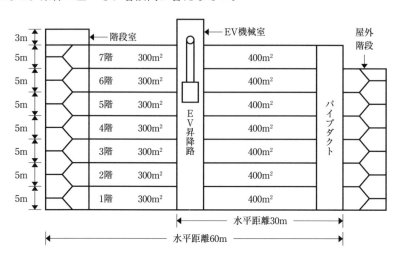

〔条件〕
・主要構造部は耐火構造である。
・感知器等は、法令上必要とされる最少の個数を設置する。
・煙感知器は法令上必要な箇所のみ設置する。

〔凡例〕

記号	名称	備考
⏛	差動式スポット型感知器	2種
⏝	定温式スポット型感知器	2種
S	光電式スポット型感知器	2種

〔設問〕
① 図の階段室、EV昇降路及びパイプダクトの適切な位置に、凡例の記号を用いて感知器を記入しなさい。なお、配線等の記入は不要とする。
② 自動火災報知設備を設置する場合に最少となる警戒区域の数を答えなさい。
③ この防火対象物の感知器回路における共通線の必要最少本数を答えなさい。
④ この防火対象物に使用することができる受信機の種別を答えなさい。

解答と解説①

筆記試験

問1　②
　映画スタジオは令別表第1 (12) 項ロ、幼稚園は (6) 項ニ、図書館は (8) 項、賃貸マンションは (5) 項ロです。このうち特定防火対象物に該当するのは (6) 項ニだけです（18ページ）。

問2　②
○① 収容人員10人以上の老人短期入所施設には防火管理者が必要です（31ページ）。
×② 収容人員50人以上の美術館には防火管理者が必要です。
○③ 収容人員30人以上の店舗には防火管理者が必要です。
○④ 同一敷地内にあるアパートは、収容人員の合計が50人以上で防火管理者が必要です。

問3　④
　消防設備士の講習は、免状を交付された後の最初の4月1日から**2年以内**、その後の4月1日から**5年以内**ごとに受講します（61ページ）。

問4　③
　乙種第4類消防設備士は、自動火災報知設備、ガス漏れ火災警報設備、消防機関へ通報する火災報知設備の整備を行えます（59ページ）。

問5　②
×① 同一敷地内にある2以上の防火対象物は、原則としてそれぞれを別の防火対象物とみなします（45ページ）。
○② 正しい。
×③ 複合用途防火対象物は、管理者や階に関係なく、原則として同一の用途に供される部分ごとに一の防火対象物とみなします。
×④ 戸建て一般住宅については、消防用設備等の設置は義務付けられていません。

問6　①
×① 特定防火対象物は、延べ面積1,000m²以上の場合に消防設備士等による定期点検が必要です（55ページ）。
○② 非特定防火対象物は、延べ面積1000m²以上で、消防長または消防署長の指定を受けた場合に消防設備士等による定期点検が必要です。
○③ 特定防火対象物は、延べ面積1,000m²以上の場合に消防設備士等による定期点検が必要です。
○④ **特定1階段等防火対象物**は、延べ面積に

かかわりなく消防設備士等による定期点検が必要です（54ページ）。

甲問7　④
　消防用設備等を設置した場合に消防長または消防署長に届け出て検査を受けなければならないのは、以下の特定防火対象物です（54ページ）。

・カラオケボックス、ネットカフェ等
・旅館、ホテル、宿泊所
・病院・診療所・助産所（入院施設のあるもの）
・自力避難困難者入所施設
・その他の社会福祉施設（宿泊施設のあるもの）
・上記用途部分を含む複合用途防火対象物・地下街・準地下街
・上記以外の特定防火対象物で、延べ面積300m²以上のもの

　このほか、特定1階段等防火対象物と、非特定防火対象物で消防長または消防署長の指定を受けたもの（延べ面積300m²以上）は、届出および検査が必要となります。

○① 入院施設を有する診療所は、延べ面積にかかわらず届出および検査が必要です。
○② 老人短期入所施設は、延べ面積にかかわらず届出および検査が必要です。
○③ 展示場は、延べ面積300m²以上の場合に届出および検査が必要です。
×④ 飲食店は、延べ面積300m²以上の場合に届出および検査が必要です。

甲問8　③
　常に改正後の基準を適用しなければならない消防用設備等は以下のとおりです（49ページ）。
・消火器および簡易消火器具
・自動火災報知設備（特定防火対象物等）
・ガス漏れ火災警報設備（特定防火対象物等）
・漏電火災警報器、不活性ガス消火設備
・非常警報器具および非常警報設備
・避難器具
・誘導灯および誘導標識
　以上から、銀行（非特定防火対象物）に設置されている自動火災報知設備については、改正後の基準に適合させる必要はありません。

383

問9 ②

　延べ面積に応じて自動火災報知設備の設置が必要となる防火対象物は次のとおりです。

✕① 一般物品販売店舗は延べ面積 300m² 以上で設置します。

○② 熱気浴場は延べ面積 200m² 以上で設置します（69 ページ）。

✕③ 共同住宅は延べ面積 500m² 以上で設置します。

✕④ 神社は延べ面積 1,000m² 以上で設置します。

問10 ②

　地階・無窓階・3 階以上 10 階以下の階は、床面積が 300m² 以上の場合に自動火災報知設備を設置します。ただし、キャバレー、飲食店等の地階・無窓階は、例外として床面積が 100m² 以上で自動火災報知設備が必要です（71 ページ）。

✕① 床面積 300m² 未満の無窓階なので、設置義務はありません。

○② 飲食店の地階で、床面積 100m² 以上なので設置義務があります。

✕③ 床面積 300m² 未満の 3 階なので、設置義務はありません。

✕④ 床面積 300m² 未満の地階なので、設置義務はありません。

問11 ④

　ガス漏れ火災警報設備は、以下の防火対象物に設置します（77 ページ）。

・地下街（延べ面積 1000m² 以上）

・準地下街（延べ面積 1000m² 以上のうち、特定用途部分 500m² 以上）

・特定防火対象物の地階（床面積 1000m² 以上）

・複合用途防火対象物の地階（**床面積 1000m²以上のうち、特定用途部分 500m² 以上**）

・温泉採取施設

問12 ②

　警戒区域の一辺の長さは、原則として 50m 以下とします。ただし、光電式分離型感知器を設置する場合は一辺の長さを 100m 以下にできます（210，211 ページ）。

⑪問13 ③

　総務省令で定める閉鎖型スプリンクラーヘッドを備えているスプリンクラー設備を技術上の基準に従って設置した場合に、その有効範囲内の部分について自動火災報知設備の設置を省略できます（73 ページ）。ただし、特定防火対象物（旅館）の場合は省略できません。

⑪問14 ①

特定用途部分（飲食店）を含む複合用途防火対象物は全体が特定防火対象物とみなされるので、延べ面積 300m² 以上で自動火災報知設備の設置が必要になります（69 ページ）。

⑪問15 ④

　地区音響装置の区分鳴動は、原則として出火階と直上階を鳴動させますが、出火階が 1 階または地階の場合は、出火階と直上階に加えて地階全部を鳴動させます。

① 出火階（2 階）＋直上階（3 階）

② 出火階（1 階）＋直上階（2 階）＋地階全部（地下 1 階、地下 2 階）

③ 出火階（地下 1 階）＋直上階（1 階）＋地階全部（地下 1 階、地下 2 階）

④ 出火階（地下 2 階）＋直上階（地下 1 階）＋地階全部（地下 1 階、地下 2 階）

問16 ②

　4Ω の抵抗 2 本を並列に接続したときの合成抵抗（94 ページ）は、

$$\frac{4 \times 4}{4 + 4} = \frac{16}{8} = 2 \; [\Omega]$$

これに 80V の電圧を加えると、オームの法則より、80÷2 = 40A の電流が流れます。消費電力 $P = I^2R$ より（103 ページ）、

$$P = 40^2 \times 2 = 3200 \; [\mathrm{W}] \; = 3.2 \; [\mathrm{kW}]$$

問17 ①

　合成インピーダンス Z は、$Z = \sqrt{R^2 + (X_L - X_C)^2}$（118 ページ）より

$$Z = \sqrt{9^2 + (18 - 6)^2} = \sqrt{81 + 144} = \sqrt{225} = 15 \; [\Omega]$$

回路電流はオームの法則より、

$$150 \div 15 = 10 \; [\mathrm{A}]$$

問18 ②

　一見複雑な回路ですが、よくみるとブリッジ回路になっています。ブリッジ回路の問題が出題されたら、とりあえず**平衡条件**を調べてみましょう。すると、1×4 = 2×2 なので、ブリッジの平衡条件が成り立つことがわかります（127 ページ）。ブリッジの平衡条件が成り立つということは、3Ω の抵抗には電流が流れないので、問題の回路は次の回路と等価です。

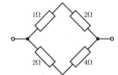

この回路の合成抵抗は、次のように求められ

ます（94ページの和分の積）。

$$\frac{(1+2)\times(2+4)}{(1+2)+(2+4)} = \frac{3\times6}{3+6} = \frac{18}{9} = 2\,[\Omega]$$

問19 ④

抵抗率 ρ、長さ L、断面積 S の導体の抵抗 R は、次の式で表すことができます（134ページ）。

$$R = \rho\frac{L}{S}$$

この式から、導体の抵抗は抵抗率と長さに比例し、断面積に反比例します。
○① 一般に、導体の抵抗率は温度が上昇するにつれて増加します。
○② 導体の抵抗は抵抗率に比例します。
○③ 長さ L が2倍になれば、抵抗 R も2倍になります。
×④ 導体の直径を D とすれば、断面積 $S = \pi D^2/4$ となります。これを上の式に代入すると、

$$R = \rho\frac{4L}{\pi D^2}$$

となります。直径 D を2倍すると、

$$R = \rho\frac{4L}{\pi(2D)^2} = \rho\frac{L}{\pi D^2}$$

となり、元の抵抗の4分の1になります。

問20 ④

サルフェーション現象は、鉛蓄電池を長時間放置するなどして、**過放電**した場合に生じる現象です（140ページ）。

甲問21 ④

電圧計は負荷に対して並列に、電流計は負荷に対して直列に接続します（124ページ）。

甲問22 ③

① 4μF のコンデンサ2つを直列に接続した部分の合成静電容量は、

$$\frac{4\times4}{4+4} = \frac{16}{8} = 2\mu F$$

② 6μF のコンデンサと 12μF のコンデンサを直列に接続した部分の合成静電容量は、

$$\frac{6\times12}{6+12} = \frac{72}{18} = 4\mu F$$

AB間の合成静電容量は①と②を並列に接続しているので、

$$2 + 4 = 6\mu F$$

となります。

甲問23 ②

コンデンサ（容量リアクタンス）回路に流れる

電流は、電圧より位相が $\pi/2$〔rad〕進みます。

甲問24 ③

三相誘導電動機を逆回転させるには、3つの端子のうちの2つの接続を入れ替えます。①はVとW、②はUとV、④はUとWを入れ替えていますが、③は3つの端子の接続を入れ替えているため、回転方向は変わりません。

甲問25 ③

有効電力 P、無効電力 Q、皮相電力 S の間の関係は、図のような直角三角形で表すことができます。三平方の定理より、$S^2 = P^2 + Q^2$ となります。

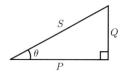

問26 ②

受信機の金属製外箱には、漏電による感電を防止するため、**D種接地工事**を施します。D種接地工事は、使用電圧 300V 以下の電気機械器具の金属製外箱に施す接地工事で、接地抵抗値を **100Ω 以下**とします（247ページ）。

問27 ①

空気に対する比重が1未満のガスを検知する検知器は、ガス燃焼器から水平距離で **8m 以内**の位置に設けます（251，252ページ）。

問28 ③

受信機から地区音響装置までの配線は**耐熱配線**とするので、600V 二種ビニル絶縁電線、シリコンゴム絶縁電線、クロロプレンシースケーブルを使用する場合は金属管等に収納する必要があります。**MI ケーブル**を使用する場合は、ケーブル工事による**露出配線**とすることができます（246ページ）。

問29 ④

×① 煙感知器の下端は、取付け面の下方 **0.6m 以内**の位置に設けます（227ページ）。
×② 換気口等の空気吹出し口から **1.5m 以上**離れた位置に設けます（227ページ）。
×③ 階段及び傾斜路には、**垂直距離15m（3種の場合10m）**につき1個以上となるように設けます（229ページ）。
○④ 廊下及び通路には、1種または2種の感知器の場合は**歩行距離30m**、3種の感知器の場

合は**歩行距離20m**につき1個以上を設けます（228ページ）。

問30　②

自動火災報知設備やガス漏れ火災警報設備の**受信機**は、操作スイッチの床面からの高さが**0.8m以上1.5m以下**になるように設けます。ただし、いすに座って操作する場合は、**0.6m以上1.5m以下**とします（236ページ）。

問31　③

P型1級受信機には、P型1級発信機を接続します（238ページ）。

問32　③

地区音響装置の音圧は、中心から1m離れた位置で90dB以上（音声により警報を発するものにあっては92dB以上）になります（166ページ）。

問33　①

紫外線式と赤外線式は、煙感知器ではなく炎感知器の作動原理です。

問34　①

リーク孔に詰まりがあると、リーク抵抗が大きくなり、空気管の空気が抜けにくくなります。その結果、通常よりわずかな空気圧で接点が閉じるようになります（263～266ページ）。
○① 作動時間は短くなります。
×② 不作動ではなく、非火災報が生じやすくなります。
×③ 接点水高とは関係ありません。
×④ 通常より低い温度上昇率で作動します。

甲問35　②

絶縁抵抗値の基準（247ページ）は、対地電圧150V以下（単相100V）の場合が0.1MΩ以上、対地電圧150V超（三相200V）の場合が0.2MΩ、300V超（三相400V）の場合が0.4MΩ以上です。第二工場の三相400V回路は絶縁抵抗値が0.3MΩなので、絶縁不良と判断されます。

甲問36　③

×① 取付け面から0.4m以上突き出したはりがある場合は、はりで区画された部分ごとに別の感知区域とします（219ページ）。
×② 差動式スポット型感知器の下端は、取付け面の下方0.3m以内の位置に設けます（222ページ）。
○③ 正解です。
×④ 差動式スポット型感知器は、45度以上傾斜させないように設けます。

甲問37　③

×① 蓄電池設備の容量は、自動火災報知設備を有効に10分間作動させることができる容量とします。
×② 予備電源の設置は省略できません。
○③ 正しい記述です。
×④ 非常電源を他の消防用設備等と共用する場合は、その設備の電気回路の開閉器によって遮断されないものとします。

問38　③

P型発信機の保護板には、透明の**有機ガラス**を用います（192ページ）。

問39　①

R型受信機は、火災信号や火災表示信号を**固有の信号**として受信する受信機です（168ページ）。

問40　③

P型またはR型受信機の予備電源の容量は、監視状態を**60分間**継続した後、2の警戒区域の回線を作動させることができる消費電流を**10分間**継続して流すことができる容量以上とします（160ページ）。

問41　②

火災信号の受信開始から火災表示までの所要時間は**5秒以内**です（154ページ）。

問42　②

P型1級受信機の主音響装置の音圧は、無響室で中心から前方1m離れた地点で測定した値が**85dB以上**とします（160ページ）。

問43　③

「周囲の温度の上昇率」を検知して火災信号を発するのは、定温式ではなく差動式です。また、「一局所の熱効果」による作動するのは、分布型ではなくスポット型になります。

甲問44　①

光電式分離型感知器の公称監視距離は5m以上100m以下で、5m刻みで定められます（185ページ）。

甲問45　②

地区音響装置を鳴動させる中継器は、受信機において操作しない限り、鳴動を継続させなければなりません。

実技試験

●鑑識等

問1

	名称	用途
A	絶縁抵抗計	絶縁抵抗を測定する
B	接地抵抗計	接地抵抗を測定する

問2

設問1	騒音計	設問2	1m
設問3	92dB		

　地区音響装置の音圧は、中心から **1m** 離れた位置で測定した値が、**音声**による警報の場合 **92dB** 以上、それ以外の場合は 90dB 以上でなければなりません（238 ページ）。

問3

A	B	C	D
○	×	○	○

A：感知器の下端は、天井から **0.6m 以下**です（227 ページ）。
B：空気吹出し口から **1.5m 以上**離します。
C：傾斜角度は **45 度未満**です。
D：壁またははりから **0.6m 以上**離します。

問4

設問1　ガス漏れ表示灯　設問2　C　設問3　3m

　ガス漏れ表示灯は、**警戒区域が 1 の室のみ**からなる場合には設置を**省略**できます（254 ページ）。また、ガス漏れ表示灯は前方 **3m** 離れた地点で点灯していることを明確に識別できなければなりません。

問5

設問1　差動スポット試験器
設問2　**名称**：差動スポット型感知器　**理由**：電気室、変電室等に設置した差動式スポット型感知器は、立入りによる試験に危険がともなうため（286 ページ）。

●製図

問1　正解例は下図

　まず、工場とその他の部分とのあいだに警戒区域の境界線を引きます。工場部分の面積は 27 × 9 = 243m² 、その他の部分の面積は 27 × 7 = 189m² と、いずれも 600m² 以下なので、それぞれを 1 警戒区域とします。

　次に、機器収納箱を設置します。機器収納箱には地区音響装置と発信機を収納するので、建物の各部分からの水平距離が 25m 以下、歩行距離が 50m 以下になるように設置します。正解例の位置に設置すると、一番遠い右上の角から機器収納箱まで、水平距離で約 22m、歩行距離で

【問1 正解例】

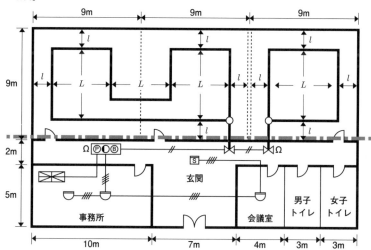

L＝9m 以下　　l＝1.5m 以下

次に、設置する感知器の種類と個数を求めます。工場以外の部分については、次のようになります。

- **事務所**：条件4より、差動式スポット型感知器を設置します。耐火構造で天井高さが4m以上の場合、差動式スポット型感知器（2種）は感知区域35m²につき1個設置するので、事務所（50m²）の設置個数は2個になります。
- **会議室**：条件4より、差動式スポット型感知器を設置します。会議室の面積は25m²なので、設置個数は1個になります。
- **廊下部分**：廊下には煙感知器を設置します。正解例の位置に1個設置すれば、各部分からの歩行距離が30m以下になります。
- **男子トイレ、女子トイレ**：トイレには感知器の設置は不要です。

工場部分については、条件4より、差動式分布型感知器（空気管式）を設置します。差動式分布型感知器の感知区域は、0.6m以上突き出したはりで区分されます（219ページ）。また、空気管は、壁からの距離が1.5m以下、相互の間隔が9m以下になるように取り付けるのが原則です。左側の感知区域は、空気管を4辺に敷設すると相互間隔が9mを超えてしまうため、正解例のようにコの字形に敷設します。

感知器を記入したら、最後に配線本数に注意して配線します。工場部分については、2つの検出器を送り配線にし、一方に終端器を接続するので、配線本数は2本になります。工場以外の部分については、終端器を機器収容箱に収めるので、配線本数は行きに2本、帰りに2本の計4本になります。

甲 問2

設問①：EV昇降路とパイプダクトについては、最頂部にそれぞれ1個煙感知器を設置します。なお、EV昇降路については、EV機械室とのあいだに開口部があれば、EV機械室の頂部に設置します。

階段室については、高さ15mにつき1個を設置します。感知器は階段の裏側や踊り場の下側ではなく、上階の床面下や最頂部に設けます。

屋外階段については、感知器の設置は不要です。以上から、正解例は下図のようになります。

設問②：**警戒区域の数　16**

各階の床面積が600m²を超えるので、警戒区域は各階につき2つになります（2×7＝14）。

たて穴区画は水平距離50m以内であれば1つの警戒区域にできるので、EV昇降路とパイプダクトはまとめて1つにできます。階段室は水平距離が50mを超えるので、独立して1つの警戒区域とします。

以上から、警戒区域の数は最小で14＋2＝16となります。

設問③：**3本**

共通線は1本につき7警戒区域までとなるので、16警戒区域の場合は3本必要です。

設問④：**P型1級受信機**

この防火対象物には地階がないので、ガス漏れ火災警報設備は必要ありません。また、警戒区域が5回線より多いので、P型2級受信機は使用できません。

【問2　設問①正解例】

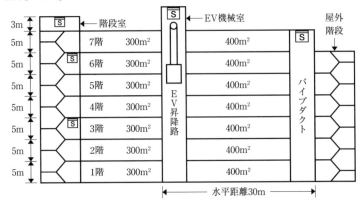

模擬テスト②（甲種・乙種）

筆記試験　解答と解説● 406 ページ

●消防関係法令（共通部分）　　　　甲種：問1〜問8　乙種：問1〜問6

問1　消防法令上、特定防火対象物に該当するもののみの組合せは次のうちどれか。

① 百貨店、物品販売店舗、展示場
② 神社、寺院、重要文化財
③ 車両の停車場、船舶もしくは航空機の発着場
④ 寄宿舎、下宿、共同住宅

問2　消防法に規定する用語の定義として、正しいものは次のうちどれか。

① 防火対象物とは、山林または舟車、船きょ、もしくはふ頭に繋留された船舶、建築物その他の工作物または物件をいう。
② 無窓階とは、建築物の地上階のうち、避難上または消火活動上有効な開口部を有しない階をいう。
③ 関係者とは、防火対象物または消防対象物の所有者、管理者もしくは利用者をいう。
④ 消防の用に供する設備とは、消火設備、警報設備及び消火活動上必要な施設をいう。

問3　管理について権原が分かれている防火対象物において、消防法令上、統括防火管理者を定める必要のないものは次のうちどれか。

① 高さ 31m を超える建築物
② 複数の病院が入居する地上3階建てのメディカルビルで、収容人員が 40人のもの
③ 事務所と共同住宅からなる地上4階建ての複合用途防火対象物で、収容人員が 80人のもの
④ 地下街で消防長もしくは消防署長が指定するもの

問4 消防設備士免状の記載事項に変更を生じたとき、当該免状の書換えを申請する場合の申請先として、消防法令上、正しいものは次のうちどれか。

① 免状を交付または書換えをした市町村長
② 居住地もしくは勤務地を管轄する消防長または消防署長
③ 免状を交付した都道府県知事または居住地もしくは勤務地を管轄する都道府県知事
④ 全国の都道府県知事

問5 危険物施設に設置する警報設備に関する次の文中の（　）に入る適切な語句として、正しいものはどれか。

「指定数量の（　　）以上の危険物を貯蔵し、または取扱う製造所等（移動タンク貯蔵所を除く）は、総務省令で定めるところにより、警報設備を設置しなければならない。」

① 5倍　　　② 10倍　　　③ 20倍　　　④ 30倍

問6 防火対象物の関係者が、当該防火対象物における消防用設備等または特殊消防用設備等の定期点検の結果を消防長または消防署長に報告する期間として、消防法令上、正しいものは次のうちどれか。

① 物品販売店舗にあっては、6か月に1回
② 共同住宅にあっては、6か月に1回
③ 地下街にあっては、1年に1回
④ 事務所にあっては、1年に1回

甲 問7 既存の防火対象物に対する消防用設備等の技術上の基準が改正された後に、当該防火対象物を増築または改築したとき、消防用設備等を改正後の基準に適合させなければならない場合として、消防法令上、誤っているものは次のうちどれか。

① 延べ面積1,200m²の図書館のうち、主要構造部の外壁の過半を修繕した場合

② 延べ面積 2,000m² の事務所のうち、床面積 900m² の部分を改築した場合

③ 延べ面積 3,000m² の工場を、4,200m² に増築した場合

④ 延べ面積 4,000m² の共同住宅のうち、床面積 1,500m² の部分を改築した場合

甲 問8 消防法令で設置義務のある消防用設備等のうち、消防設備士でなければ行ってはならない工事として、正しいものは次のうちどれか。

① スプリンクラー設備の水源及び配管の工事

② 屋内消火栓設備の表示灯の交換

③ 飲食店に消火器を設置する工事

④ 病院に消防機関へ通報する火災報知設備を設置する工事

●消防関係法令（第4類に関する部分）　甲種：問9〜問15　乙種：問9〜問12

問9 消防法令上、自動火災報知設備を設置しなければならない防火対象物は次のうちどれか。

① 入院施設のない診療所で、延べ面積が 100m² のもの

② 寄宿舎で、延べ面積が 100m² のもの

③ 重要文化財で、延べ面積が 100m² のもの

④ 熱気浴場で、延べ面積が 100m² のもの

問10 下図のような複合用途防火対象物に対する自動火災報知設備の設置義務について、消防法令上、正しいものは次のうちどれか。なお、地上階はすべて無窓階に該当する階とし、特定1階段等防火対象物ではないものとする。

3階	事務所	80m²
2階	飲食店	100m²
1階	物品販売店舗	100m²

① 1階の物品販売店舗に設置義務がある。

② 2階の飲食店に設置義務がある。

③ 1階の物品販売店舗及び2階の飲食店に設置義務がある。

④ すべての階に設置義務がある。

問11 煙感知器を設置しなければならない防火対象物の部分として、消防法令上、誤っているものは次のうちどれか。

① 小学校の廊下
② 図書館の階段
③ 事務所ビルの 11 階
④ 共同住宅の通路

問12 取付け面の高さが 16m の天井に設置することができる感知器として、消防法令上、適切なものは次のうちどれか。

① 炎感知器
② 差動式分布型感知器の 1 種
③ 定温式スポット型感知器の特種
④ イオン化式スポット型感知器の 2 種

甲 問13 総務省令で定める閉鎖型スプリンクラーヘッドを備えているスプリンクラー設備を技術上の基準に従って設置した場合でも、消防法令上、その設備の有効範囲内の部分について、感知器の設置を省略できない防火対象物は次のうちどれか。

① 映画スタジオ　　② 共同住宅　　③ 工場　　④ 物品販売店舗

甲 問14 自動火災報知設備の区分鳴動方式における出火階と鳴動階を表す図として、消防法令上、正しいものは次のうちどれか。

①				②			
	5階				5階		
	4階				4階		
	3階				3階		
	2階				2階		○
	1階				1階	出火階	○
	地下1階	出火階	○		地下1階		○
	地下2階		○		地下2階		○

③
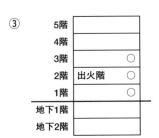

④
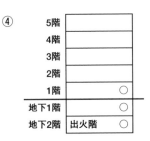

○：鳴動階

甲 問15　消防法令上、1の防火対象物に設置することができる自動火災報知設備のP型1級受信機（接続できる回線の数が1のもの）の最大台数として、正しいものは次のうちどれか。

①　1台　　②　2台　　③　3台　　④　制限なし

模擬テスト② 問題

●基礎的知識（電気に関する部分）　甲種：問16〜問25　乙種：問16〜問20

問16　図の回路のab間におけるコンデンサの合成静電容量［μF］として、正しいものは次のうちどれか。

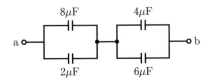

①　3.5
②　4.0
③　4.2
④　5.0

問17　図の直流回路において、電流Iの値［A］として正しいものは次のうちどれか。

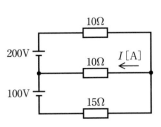

①　5.0
②　7.5
③　10.0
④　12.5

問18 同じ導体を直列に m 本つないだものを、n 本束ねて 1 本の導線とした
ときの抵抗値について、正しいものは次のうちどれか。

① 抵抗値は m に比例し、n に反比例する
② 抵抗値は n に比例し、m に反比例する
③ 抵抗値は m と n に比例する
④ 抵抗値は m と n に反比例する

問19 最大値が198V の正弦波交流電圧の実効値として、正しいものは次のう
ちどれか。

① 114V ② 126V ③ 140V ④ 279V

問20 抵抗と誘導リアクタンスを直列に接続した図のような交流回路がある。
電源電圧 $E = 100$ [V] のとき、抵抗に加わる電圧は 80V であった。誘導リ
アクタンスの値 [Ω] として、正しいものは次のうちどれか。

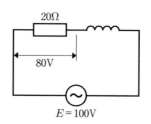

① 10 ② 15 ③ 20 ④ 25

甲 問21 インダクタンス（コイル）に交流電圧を加えたときにインダクタンス
に流れる電流と電圧の位相差について、正しいものは次のうちどれか。

① 電流の位相は電圧より $\pi / 4$ [rad] だけ進む。
② 電流の位相は電圧より $\pi / 4$ [rad] だけ遅れる。
③ 電流の位相は電圧より $\pi / 2$ [rad] だけ進む。
④ 電流の位相は電圧より $\pi / 2$ [rad] だけ遅れる。

甲 問22 図の回路において、スイッチ S を閉じたときの電流計 A の指示値は、スイッチ S を開いたときの何倍か。

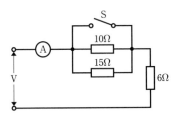

① 2.0 倍   ② 2.5 倍   ③ 3.0 倍   ④ 4.0 倍

甲 問23 100V の交流電源に、消費電力 1200W の負荷を接続したところ、16A の電流が流れた。このときの負荷の力率として、正しいものは次のうちどれか。

① 75%   ② 80%   ③ 85%   ④ 90%

甲 問24 一次巻線と二次巻線の巻数比が 5：1 の理想変圧器について、正しいものは次のうちどれか。

① 一次側に 10V の電圧をかけたとき、二次側の電圧は 50V になる。
② 一次側に 5A の電流を流したとき、二次側の電流は 25A になる。
③ 一次側の入力が 100W のとき、二次側の出力は 20W になる。
④ 一次側巻線の巻数が 100 回のとき、二次側巻線の巻数は 500 回となる。

甲 問25 可動鉄片形計器について、次のうち誤っているものはどれか。

① 直流専用の計器である。
② 固定鉄片と可動鉄片の反発力で指針を動かすもので、可動部分には電流が流れない。
③ 駆動トルクは電流の 2 乗に比例する。
④ 動作原理上、ゼロ付近が縮小された不均等目盛となる。

問 26　自動火災報知設備の配線で、耐火配線としなければならないものは次のうちどれか。ただし、発信機の押しボタンは消火栓ポンプと連動するものとする。

① 非常電源と受信機の間
② 受信機と感知器（アナログ式感知器を除く）の間
③ 受信機と地区音響装置の間
④ 受信機と表示灯の間

問 27　電気機器の金属製外箱に D 種接地工事を施す目的として、正しいものは次のうちどれか。

① 機器の絶縁を保つため　　② 力率を改善し、機器の効率を上げるため
③ 誘電障害を削減するため　④ 漏電による感電を防止するため

問 28　自動火災報知設備の配線に関する次の文中の（　）に入る数値として、正しいものはどれか。

「P 型受信機及び GP 型受信機の感知器回路の電路の抵抗は、（　　）Ω 以下となるように設けること。」

① 25　　　② 50　　　③ 75　　　④ 100

問 29　差動式スポット型感知器と補償式スポット型感知器の構造上の共通要素として、次のうち誤っているものはどれか。ただし、温度検知素子を利用したものを除くものとする。

① ダイヤフラムが設けられている。
② リーク孔が設けられている。
③ 膨張係数の異なる金属の伸張差を利用する。
④ 空気室内の空気の膨張を利用する。

問 30 自動火災報知設備が非火災報を発する原因として、考えられないものは次のうちどれか。

① 発信機の故障　　　　② 不適切な感知器の設置
③ 感知器回路の断線　　④ 感知器回路の短絡

問 31 差動式分布型感知器（空気管式）の取付けについて、誤っているものは次のうちどれか。

① 空気管の長さは、感知区域ごとに 10m 以上とすること。
② 空気管は、取付け面の下方 0.3m 以内の位置に設けること。
③ 空気管は、感知区域の取付け面の各辺から 1.5m 以内の位置に設けること。
④ 1 の検出部に接続する空気管の長さは、100m 以下とすること。

問 32 自動火災報知設備の R 型、P 型 1 級受信機にある導通試験用スイッチを操作して、回路導通試験を行ったときに、断線が表示される原因として、最も適切なものは次のうちどれか。

① 終端器の接続端子が接触不良だった
② 感知器の接点が接触不良だった
③ 炎感知器の検知素子が汚れていた
④ 差動式分布型感知器（空気管式）の空気管が切断されていた

問 33 炎感知器を道路の用に供される部分に設ける場合について、誤っているものは次のうちどれか。

① 感知器は、道路の側壁部または路端の上方に設けること。
② 感知器は、道路面からの高さが 1.2m 以上の部分に設けること。
③ 感知器は、道路の各部分から当該感知器までの距離が公称監視距離の範囲内となるように設けること。
④ 感知器には、感知障害が生じないように遮光板等を設けることができる。

問34　煙感知器（光電式分離型感知器を除く）を特定1階段等防火対象物以外の防火対象物に設置する場合について、誤っているものは次のうちどれか。

① 天井が低い居室または狭い居室にあっては入口付近に設けること。
② 天井付近に吸気口のある居室にあっては当該吸気口付近に設けること。
③ 2種または3種の感知器を廊下及び通路に設ける場合は、歩行距離20mにつき1個以上の個数を設けること。
④ 3種の感知器を階段及び傾斜路に設ける場合は、垂直距離10mにつき1個以上の個数を設けること。

甲 問35　接続することができる回線の数が2以上のP型2級受信機の設置について、誤っているものは次のうちどれか。

① 受信機の付近には、原則として警戒区域一覧図を備えておくこと。
② 操作スイッチは、いすに座って操作する場合は0.6m以上1.5m以下の箇所に設けること。
③ 1の防火対象物につき3台以上設けないこと。
④ 延べ面積が350m²を超える防火対象物に設けないこと。

甲 問36　ガス漏れ火災警報設備に用いられている検知器の検知方式として、誤っているものは次のうちどれか。

① 接触燃焼式　　② 半導体式　　③ 気体熱伝導度式　　④ 熱電対式

甲 問37　差動式分布型感知器（空気管式）の機能試験について、正しいものは次のうちどれか。

① 作動継続試験は、空気管のリーク抵抗が適正であるかどうかを確認する。
② 接点水高試験は、感知器が作動してから接点が開くまでの時間が適正であるかどうかを確認する。
③ リーク抵抗試験は、接点が閉じたときのマノメーターの水位が適正かどうかを確認する。
④ 流通試験は、空気管に漏れや詰まりがないかどうかを確認する。

●構造・機能および工事または整備の方法（規格に関する部分）

甲種：問38～問45　乙種：問38～問43

問38　差動式分布型感知器についての説明として、正しいものは次のうちどれか。

① 周囲の温度の上昇率が一定の率以上になったときに火災信号を発信するもので、一局所の熱効果により作動するもの。

② 一局所の周囲の温度が一定の温度以上になったときに火災信号を発信するもので、外観が電線状のもの。

③ 周囲の空気が一定の濃度以上の煙を含むに至ったときに火災信号を発信するもので、広範囲の煙の累積により作動するもの。

④ 周囲の温度の上昇率が一定の率以上になったときに火災信号を発信するもので、広範囲の熱効果の累積により作動するもの。

問39　定温式感知器の公称作動温度に関する次の文中の（　）に入る適切な数値の組合せとして、正しいものはどれか。

「定温式感知器の公称作動温度は、60℃以上150℃以下とし、60℃以上80℃以下のものは（　A　）℃刻み、80℃を超えるものは（　B　）℃刻みとする。」

	A	B
①	5	10
②	5	15
③	10	5
④	15	10

問40　P型2級発信機の外箱の色について、正しいものは次のうちどれか。

① 25%以上を赤色仕上げとすること。

② 50%以上を赤色仕上げとすること。

③ 赤色であること。

④ 何色でもよい。

問41　自動火災報知設備の受信機の部品の構造及び機能について、誤っているものは次のうちどれか。

① 定格電圧が60Vを超える受信機の金属製外箱には、接地端子を設けること。
② 表示灯の電球は2以上を直列に接続すること。
③ 予備電源は密閉型蓄電池であること。
④ 指示電気計器の電圧計の最大目盛は、使用される回路の定格電圧の140%以上200%以下であること。

問42　差動式分布型感知器（空気管式）の構造及び機能について、誤っているものは次のうちどれか。

① リーク抵抗及び接点水高を容易に試験することができること。
② 空気管の漏れ及びつまりを容易に試験することができ、かつ、試験後試験装置を定位置に復する操作を忘れないための措置を講ずること。
③ 空気管の肉厚は、0.3mm以上であること。
④ 空気管の外径は、1.6mm以上であること。

問43　感知器を傾斜させて取り付けても機能に異常を生じない傾斜角度の最大値として、規格省令上、誤っているものはどれか。

① 差動式スポット型感知器にあっては45度
② 差動式分布型感知器の検出部にあっては45度
③ 光電式分離型感知器にあっては90度
④ 炎感知器にあっては90度

甲 問44　ガス漏れ火災警報設備の検知器の性能に関する次の文中の（　　）に入る数値の組合せとして、正しいものはどれか。

「ガスの濃度が爆発下限界の（　A　）以上のときに確実に作動し、（　B　）以下のときに作動しないこと。」

	A	B
①	1／2	1／100
②	1／2	1／200
③	1／4	1／100
④	1／4	1／200

甲 問45　検知器、受信機または他の中継器から電力を供給されない方式の中継器（電池を用いる無線式中継器を除く）の構造及び機能について、規格省令上、誤っているものは次のうちどれか。

① 主電源回路の両線及び予備電源回路の一線に、ヒューズ、ブレーカその他の保護装置を設けること。

② 主電源が停止したとき及び保護装置が作動したときは、その旨の信号を受信機に自動的に送ること。

③ 主電源は、5の警戒区域の回線を作動させることができる負荷または監視状態にあるときの負荷のうち、いずれか大きい方の負荷に連続して耐える容量を有すること。

④ ガス漏れ火災警報設備に使用する中継器には、予備電源を設けること。

実技試験 解答と解説● 410ページ

●鑑別等　　　　　　　　　　　　　　　　　　　甲種・乙種：問1～問5

問1　右の写真に関する設問1、2に答えよ。

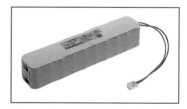

設問1　この装置の名称を答えよ。
設問2　この装置の規格に関する次の文章の（　　）内に入る適切な数値を答えよ。

「P型受信機用またはR型受信機用については、監視状態を（　A　）分間継続した後、2の警戒区域の回線を作動させることができる消費電流を（　B　）分間継続して流すことができる容量以上であること。」

設問1		
設問2	A：	B：

問2 　下の図は、ガス漏れ火災警報設備の検知器をある室内に設置した一例を示したものである。（　　）内に入る数値を答えよ。

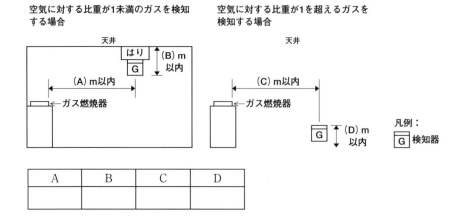

空気に対する比重が1未満のガスを検知する場合

空気に対する比重が1を超えるガスを検知する場合

A	B	C	D

問3 　次の写真は、自動火災報知設備のＰ型１級受信機である。この受信機に接続された感知器からの火災信号を受信した。このときの受信機の主な動作を4つ答えなさい。

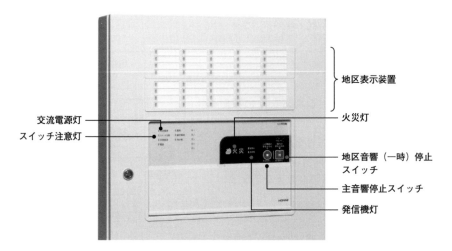

問4　次の写真 A ～ D に示す試験器を用いて試験を行う感知器の種類を1つずつ答えよ。

A

B

C

D

A	
B	
C	
D	

問5　下の感知器回路の配線図をみて、次の設問に答えなさい。

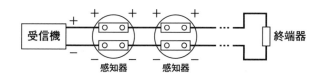

設問1　このような結線方法を何というか。
設問2　配線の末端に終端器を設ける理由を述べよ。

甲 問1　下の図は、自動火災報知設備が設置されている図書館の地下1階平面図である。条件に基づき、自動火災報知設備の設備図を作成せよ。

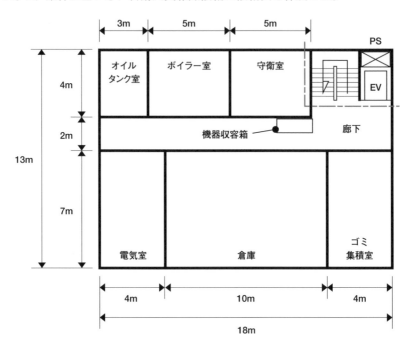

〔条件〕
・作図は、凡例記号を用いて行うこと。
・階段部分、エレベーター、パイプシャフトは別警戒とし、感知器の記入は不要とする。
・受信機及び上下階への配線本数等の記入は不要とする。
・主要構造部は耐火構造とし、天井面の高さは4.1mとする。
・感知器の設置個数は必要最小限とする。
・煙感知器は、法令の基準により設けなければならない場所にのみ設置するものとする。
・所轄消防本部の指導により、電気室及び倉庫には差動式スポット型感知器を設置するものとする。なお、電気室は容易に点検できない状態にあるものとする。
・終端器は、機器収容箱内に設置するものとする。

凡例

記号	名称	備考
⎕	差動式スポット型感知器	2種
⎗	定温式スポット型感知器	1種防水型
Ⓔ	定温式スポット型感知器	1種防爆型
Ⓢ	光電式スポット型感知器	2種
Ⓣ	差動スポット試験器	
Ⓟ	P型発信機	1級
◖	表示灯	AC24V
Ⓑ	地区音響装置	DC24V
▭	機器収容箱	
Ω	終端器	
—/—	配線	1本
—//—	同上	2本
—///—	同上	4本

甲 問2 下の図は、自動火災報知設備の系統図である。条件に従って、空欄に適切な配線本数を記入しなさい。

［条件］
・受信機はP型1級受信機（15回線）とする。
・地区音響装置は区分鳴動方式とする。
・発信機は屋内消火栓ポンプと連動する。

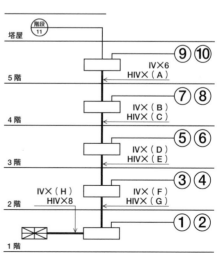

解答と解説②

問1 ①

○① 百貨店、物品販売店舗、展示場は、令別表第1（4）項の特定防火対象物です（18ページ）。
×② 神社、寺院は（11）項、重要文化財は（17）項の非特定防火対象物です。
×③ 停車場、発着場は（10）項の非特定防火対象物です。
×④ 寄宿舎、下宿、共同住宅は（5）項ロの非特定防火対象物です。

問2 ②

×① 防火対象物とは、山林または舟車、船きょ、もしくはふ頭に繋留された船舶、建築物その他の工作物もしくはこれらに属するものをいいます（16ページ）。
○② 無窓階とは、地上階のうち、避難上または消火活動上有効な開口部のない階をいいます。
×③ 関係者とは、防火対象物または消防対象物の所有者、管理者もしくは**占有者**です。
×④ 消防の用に供する設備とは、消火設備、警報設備及び**避難設備**をいいます（46ページ）。

問3 ③

統括防火管理者を定めるのは、管理権原が分かれている、次の防火対象物です（32ページ）。

---

①高層建築物（高さ31m超）
②自力避難困難者入所施設（地上3階建て以上、収容人員10人以上）
③特定防火対象物（地上3階建て以上、収容人員30人以上）
④特定用途を含まない複合用途防火対象物（地上5階建て以上、収容人員50人以上）
⑤地下街（消防長または消防署長が指定するもの）
⑥準地下街

○① 高さ31mを超える建築物は高層建築物です。
○② 地上3階建て以上、収容人員30人以上の特定防火対象物です
×③ 特定用途を含まない複合用途防火対象物は、地上5階建て以上、収容人員50人以上の場合に統括防火管理者が必要です。
○④ 消防長もしくは消防署長が指定する地下街は統括防火管理者が必要です。

問4 ③

消防設備士免状の書換えの申請先は、免状を交付した都道府県知事または居住地もしくは勤務地を管轄する都道府県知事です（60ページ）。

問5 ②

指定数量の**10倍以上**の危険物を貯蔵し、または取扱う製造所等（移動タンク貯蔵所を除く）には、**警報設備**（自動火災報知設備、拡声装置、非常ベル装置、消防機関へ通報できる電話、警鐘のいずれか）を設置します（41ページ）。

問6 ③

定期点検の報告は、特定防火対象物にあっては1年に1回、非特定防火対象物にあっては3年に1回ごとに行います。物品販売店舗と地下街は**特定防火対象物**なので、**1年に1回**、共同住宅と事務所は**非特定防火対象物**なので**3年に1回**です（56ページ）。

甲**問7** ②

消防用設備等の基準が改正された場合でも、既存の防火対象物に設置されている消防用設備等については、原則として改正前の基準が適用されます。ただし、基準改正後に一定規模の増改築や修繕を行った場合は、改正後の基準が適用されます（50ページ）。
・床面積1,000m² 以上の増改築
・従前の延べ面積の1/2以上の増改築
・主要構造部の壁の過半の修繕・模様替え
○① 主要構造部の外壁の過半を修繕・模様替えした場合には、改正後の基準が適用されます。
×② 改築部分が1,000m² 未満で、従前の延べ面積の1/2に満たないので、改正前の基準でかまいません。
○③ 増築した部分の床面積が1,000m² 以上なので、改正後の基準が適用されます。
○④ 改築部分の床面積が1,000m² 以上なので、改正後の基準が適用されます。

甲**問8** ④

以下の工事や整備については、消防設備士の免状は必要ありません（59ページ）。

・消防用設備等の電源・水源・配管部分の工事、整備
・表示灯の交換、ホース、ノズル等の交換、消火栓箱・ホース格納箱の補修その他の

```
軽微な整備
・消火器、漏電火災警報器の設置工事（整
 備には免状が必要）
```

× ① 屋内消火栓設備、スプリンクラー設備、水噴霧消火設備、屋外消火栓設備の電源や水源および配管部分の工事は、消防設備士は行えません（59ページ）。
× ② 屋内消火栓設備の表示灯の交換その他の軽微な整備は、消防設備士でなくても行えます。
× ③ 消火器の設置は消防設備士でなくても行えます。
○ ④ 消防機関へ通知する火災報知設備の設置工事には、甲種第4類消防設備士の免状が必要です。

問9　③
× ① 入院施設のない診療所は特定防火対象物なので、延べ面積300m²以上で自動火災報知設備を設置します（69ページ）。
× ② 寄宿舎は非特定防火対象物なので、延べ面積500m²以上で自動火災報知設備を設置します。
○ ③ 重要文化財は延べ面積にかかわらず自動火災報知設備を設置します（68ページ）。
× ④ 熱気浴場は延べ面積200m²以上で自動火災報知設備を設置します。

問10　②
特定用途部分を含む複合用途防火対象物は、延べ面積300m²以上ですべての階に自動火災報知設備の設置義務があります（69ページ）。この建物の延べ面積は280m²なので、すべての階に設置する必要はありません。
また、地階・無窓階・3階以上の階は、原則として床面積300m²以上で自動火災報知設備の設置義務があります（71ページ）。この建物は各階とも300m²未満ですが、**飲食店の地階・無窓階は床面積100m²以上**で設置義務が生じるので、2階の飲食店には設置義務が生じます。

問11　①
廊下や通路、地階・無窓階・11階以上の階に煙感知器を設置するのは、次の防火対象物に限ります（216ページ）。

廊下・通路	特定防火対象物、共同住宅、公衆浴場、工場、スタジオ、一般的な事務所等
地階・無窓階・11階以上	特定防火対象物、一般的な事務所等

× ① 小学校の廊下は、感知器の設置義務はありません。
○ ② 階段には、防火対象物の種類に関係なく煙感知器を設置します。
○ ③ 事務所の地階・無窓階・11階以上の階には煙感知器を設置します。
○ ④ 共同住宅の廊下・通路には煙感知器を設置します。

問12　①
感知器の種別ごとの取付け面の高さは以下のようになります（218ページ）。

光電式・イオン化式スポット型（3種）定温式スポット型（2種）	4m未満
差動式スポット型（1種・2種）定温式スポット型（特種・1種）補償式スポット型（1種・2種）	8m未満
光電式・イオン化式スポット型（2種）光電式分離型（2種）差動式分布型	15m未満
光電式・イオン化式スポット型（1種）光電式分離型（1種）	20m未満
炎感知器	上限なし

16m以上の取付け面に設置できるのは、**煙感知器の1種**か、**炎感知器**に限られます。

甲 問13　④
閉鎖型スプリンクラーヘッドを備えたスプリンクラー設備を設けた場合であっても、**特定防火対象物**では自動火災報知設備の設置を省略できません。したがって、物品販売店舗では省略できません（73ページ）。

甲 問14　②
区分鳴動方式では、原則として出火階とその直上階を鳴動させます。ただし、1階または地階が出火階の場合は、出火階、直上階に加えて地階すべても鳴動させます（239ページ）。
× ① 地下1階が出火階の場合は、1階、地下1階、地下2階が鳴動階になります。
○ ② 1階が出火階の場合は、1階、2階、地下1階、地下2階が鳴動階になります。
× ③ 2階が出火階の場合は、2階と3階が鳴動階になります。
× ④ 地下2階が出火階の場合は、地下1階と地下2階が鳴動階になります。

407

1つの防火対象物に設置できる受信機の数は、受信機の種別に応じて次のようになります（237ページ）。

P型1級受信機（多回線用）	制限なし
P型1級受信機（1回線用） P型2級受信機 P型3級受信機	2台まで

問16　④

① 8μF と 2μF が並列に接続されている部分の合成静電容量：

8 + 2 = 10

② 4μF と 6μF が並列に接続されている部分の合成静電容量：

4 + 6 = 10

ab 間の合成静電容量は、①と②が直列に接続されているので、次のように求められます（108ページ）。

$$\frac{10 \times 10}{10 + 10} = \frac{100}{20} = 5 \ [\mu F]$$

問17　①

直流電源が2つあるので、1つずつに分けて考えます。まず、200Vの電源に着目すると、電圧は下図のように① 10Ω の抵抗と、② 10Ω と 15Ω の並列接続部分とに分配されます。②の部分の抵抗は

$$\frac{10 \times 15}{10 + 15} = \frac{150}{25} = 6 \ [\Omega]$$

です。電圧の分配法則（98ページ）より、中央の 10Ω に加わる電圧は、

$$\frac{6}{10 + 6} \times 200 = \frac{6}{16} \times 200 = 75 \ [V]$$

です。したがって 10Ω の抵抗に流れる電流は、オームの法則より

$$I_1 = 75 \div 10 = 7.5 \ [A]$$

となります。

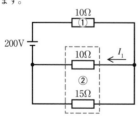

次に、100Vの電源に着目すると、電圧は下図のように① 10Ω の抵抗2つの並列接続部分と、② 15Ω の抵抗とに分配されます。①の部分の抵抗は、

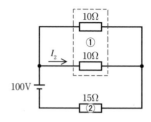

$$\frac{10 \times 10}{10 + 10} = \frac{100}{20} = 5 \ [\Omega]$$

です。電圧の分配法則より、中央の 10Ω に加わる電圧は、

$$\frac{5}{5 + 15} \times 100 = \frac{5}{20} \times 100 = 25 \ [V]$$

となります。したがって 10Ω の抵抗に流れる電流は、オームの法則より

$$I_2 = 25 \div 10 = 2.5 \ [A]$$

となります。

I_1、I_2 は方向が逆向きの電流なので、中央の 10Ω の抵抗に流れる電流 I は、

7.5 − 2.5 = 5.0 [A]

となります。

問18　①

導体を直列に m 本つなぐと、長さは m 倍となります。それを n 本束ねると、断面積が n 倍となります。導体の抵抗値は長さに比例し、断面積に反比例するので、導線の抵抗値は m に比例し、n に反比例することになります（134ページ）。

問19　③

交流電圧の実効値は、最大値の $1 / \sqrt{2}$ です（116ページ）。

$$198 \times \frac{1}{\sqrt{2}} \fallingdotseq 140 \ [V]$$

問20　②

20Ω の抵抗に 80V の電圧が加わるので、抵抗に流れる電流は 80 ÷ 20 = 4 [A] です。直列回路なので、これが回路電流となります。したがって、回路全体のインピーダンスは 100 ÷ 4 = 25 [Ω] です。

$Z^2 = R^2 + (X_L - X_C)^2$ より、誘導リアクタンスの値は次のように求められます（118ページ）。

$$X_L = \sqrt{Z^2 - R^2} = \sqrt{25^2 - 20^2} = \sqrt{625 - 400}$$
$$= \sqrt{225} = 15 \ [\Omega]$$

コイルに交流電圧を加えたときに流れる電流の位相は、電圧より 90 度遅れます。ラジアンに

換算すると、180 度 = π ラジアンなので、90 度 = π／2 ラジアンになります（117 ページ）。

甲問 22 ①
スイッチ S を開いた状態の回路の合成抵抗は、

$$\frac{10 \times 15}{10 + 15} + 6 = \frac{150}{25} + 6 = 6 + 6 = 12\,[\Omega]$$

電圧を V とすると、電流計に流れる電流は、オームの法則より

$$I_1 = \frac{V}{12}\,[A]$$

となります。
スイッチ S を閉じると、10Ω と 15Ω の並列接続部分が短絡され、回路の抵抗は 6Ω の抵抗のみになります。このとき電流計に流れる電流は、オームの法則より

$$I_2 = \frac{V}{6}\,[A]$$

です。

$$I_2 \div I_1 = \frac{V}{6} \div \frac{V}{12} = \frac{V \times 12}{6 \times V} = 2$$

より、スイッチ S を閉じたときの電流は、スイッチ S を開いたときの 2 倍になります。

甲問 23 ①
$P = VI\cos\theta$ より（121 ページ）、$\cos\theta = P／VI$。したがって、力率 $\cos\theta$ は次のように求められます。

$$\cos\theta = \frac{1200}{100 \times 16} = \frac{3}{4} = 0.75 \rightarrow 75\%$$

甲問 24 ②
変圧器の巻数比が 5：1 のとき、電圧比は 5：1、電流比は 1：5 となります（138 ページ）。
× ① 電圧比は 5：1 なので、一次側が 10V のとき、二次側は 2V になります。
○ ② 電流比は 1：5 なので、一次側が 5A のとき、二次側は一次側の 5 倍の 25A になります。
× ③ 損失を考慮しない理想変圧器では、入力と出力は等しくなります。
× ④ 巻数比は 5：1 なので、一次側巻線が 100 回のとき、二次側巻線は 20 回となります。

甲問 25 ①
可動鉄片形は、固定コイルに電流を流して固定鉄片と可動鉄片を磁化し、両者の反発力によって可動鉄片が駆動して指針を動かすものです。可動部分に電流が流れないため構造が簡単で、安価に製造できます。
可動鉄片形計器は一般に**交流用**です（129 ページ）。また、駆動トルクは電流の 2 乗に比例し、実効値を表示します。動作原理上、目盛は

ゼロ付近が縮小された不均等目盛となります。

問 26 ①
○ ① 非常電源と受信機の間は**耐火配線**とします（247 ページ）。
× ② 受信機と感知器（アナログ式感知器を除く）の間は**一般配線**でかまいません。
× ③ 受信機と地区音響装置の間は**耐熱配線**とします。
× ④ 消火栓ポンプと連動する場合、受信機と表示灯の間は**耐熱配線**とします。

問 27 ④
接地工事の目的は、**漏電**による感電や火災を防止することです。300V 以下の電気機器の金属製外箱に施す接地工事を、**D 種接地工事**といいます（247 ページ）。

問 28 ②
感知器回路の電路の抵抗は、**50Ω 以下**となるように設けます（245 ページ）。

問 29 ③
補償式スポット型感知器（180 ページ）は、差動式スポット型感知器と定温式スポット型感知器の要素を組み合わせたものです。このうち**差動式スポット型**（174 ページ）としては、空気室、ダイヤフラム、リーク孔の要素をもっています。膨張係数の異なる金属は、定温式スポット型の要素なので、差動式スポット型感知器にはありません。

問 30 ③
発信機の故障による誤作動や、不適切な感知器の設置（喫煙所に煙感知器を設置するなど）は、非火災報の原因となります。また、感知器回路の短絡は、電気的には感知器の作動と同様なので、やはり非火災報の原因となります。
一方、感知器回路が**断線**すると、受信機に信号が届かなくなるので、非火災報は生じません。

問 31 ①
空気管の長さは、感知区域ごとに **20m 以上**とします（224 ページ）。

問 32 ①
感知器の接点や検知素子の汚れは、感知器の不作動の原因にはなりますが、回線の導通には影響ありません。しかし終端器の接続が接触不良になると、図のように回路に電流が流れないので、導通が表示されなくなります。

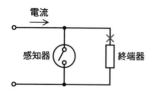

電流 →

感知器　終端器

問33 ②
　道路に設ける炎感知器は、道路面からの高さが**1.0m 以上1.5m 以下**の部分に設けます（234 ページ）。

問34 ③
　廊下・通路に設置する煙感知器は、**3 種**の場合は**歩行距離 20m** につき 1 個以上ですが、1 種と 2 種の場合は**歩行距離 30m** につき 1 個以上を設けます（228 ページ）。

甲問35 ④
　P 型 2 級受信機（1 回線用）を設置する防火対象物は延べ面積 350m² 以下とします。多回線用の P 型 2 級受信機の場合、警戒区域による制限はありますが、延べ面積の制限はありません（237 ページ）。

甲問36 ④
　熱電対式は、差動式分布型感知器の方式です（198，224 ページ）。

甲問37 ④
　流通試験は、空気管に漏れや詰まりがないかどうかを確認する試験です。①はリーク抵抗試験、②は作動継続試験、③は接点水高試験の説明です（264 ページ）。

問38 ④
　差動式分布型感知器の「差動式」は、温度上昇が一定の率以上になったときに作動する感知器です（175 ページ）。また「分布型」は、温度上昇を一局所ではなく広範囲に感知します。①は差動式スポット型感知器、②は定温式感知線型感知器、③は光電式分離型感知器の説明です。

問39 ①
　定温式感知器の**公称作動温度**は、**60℃ 以上80℃ 以下**のものは **5℃ 刻み**、**80℃ を超える**ものは **10℃ 刻み**です（179 ページ）。

問40 ③
　P 型発信機の外箱は**赤色**とします（192 ページ）。

問41 ②
　表示灯の電球は、1 個が切れても支障がないように、**2 個以上を並列**に接続します（158 ページ）。

問42 ④
　空気管は、肉厚 0.3mm 以上、外径 1.94mm 以上とします（176 ページ）。

問43 ②
　差動式分布型感知器の検出部は、5 度傾斜させても機能に異常を生じないものとします（224 ページ）。

甲問44 ④
　ガス漏れ検知器は、ガス濃度が**爆発下限界**の**1／4 以上**のときに確実に作動し、**1／200 以下**のときに作動してはいけません（199 ページ）。

甲問45 ④
　ガス漏れ火災警報設備に使用する中継器は、予備電源を省略できます（195，201 ページ）。

実技試験

●鑑別等

問1
設問1　予備電源
設問2　A：60　B：10
　P 型または R 型受信機の予備電源の容量は、監視状態を 60 分間継続した後、2 の警戒区域の回線を作動させることができる消費電流を 10 分間継続して流すことができる容量以上とします（160 ページ）。

問2
A：8　B：0.3　C：4　D：0.3

・空気に対する比重が 1 未満のガス用の検知器（251 ページ）
　A：燃焼器・貫通部から **8m 以下**
　B：検知器の下端が天井から **0.3m 以下**
・空気に対する比重が 1 を超えるガス用の検知器（252 ページ）
　C：燃焼器・貫通部から **4m 以下**
　D：検知器の上端が床から **0.3m 以下**

問3
① 火災灯の点灯（154 ページ）
② 地区表示装置の点灯
③ 主音響装置の鳴動
④ 地区音響装置の鳴動

問4

> A：煙感知器（スポット型）
> B：差動式分布型感知器（熱電対式）
> C：差動式分布型感知器（空気管式）
> D：光電式分離型感知器

A は加煙試験器、B はメーターリレー試験器、C はマノメーター、D は減光フィルターです（285 ページ）。

問5

設問1　**送り配線**（244 ページ）

設問2　**受信機側で断線の有無を検知できるようにするため**

　回線の末端に終端器を接続すると、回線は閉回路となり、電流が常時流れる導通状態になります。断線や接触不良が生じると、流れる電流が減少もしくはゼロになります。受信機側ではこれを検知して断線の有無を判断します。

●製図

甲 問1

　特定防火対象物ではないので、各室に取り付ける感知器が熱感知器が原則になります。各室に取り付ける感知器の種類は以下のとおりです。

守衛室（20m²）：差動式スポット型（2種）×1

ボイラー室（20m²）：定温式スポット型（1種防水型）×1

オイルタンク室（12m²）：定温式スポット型（1種防爆型）×1

電気室（28m²）：差動式スポット型（2種）×1
容易に点検ができない場所なので、差動スポット試験器を取り付けます。

倉庫（70m²）：差動式スポット型（2種）×2

ゴミ集積室（28m²）：差動式スポット型（2種）×1

廊下：図書館の廊下には煙感知器の設置義務はありません。

　正解例は以下のようになります。

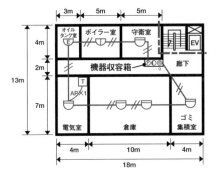

甲 問2

・警戒区域は 11 あるので、共通線（C）は 2 本必要です。上階の警戒区域⑤〜⑪までが 7 警戒区域になるので、3 〜 5 階は共通線 ×1 本、1 〜 2 階は共通線 ×2 本になります。

・区分鳴動方式なので、各階ごとにベル回線（BL）が必要です。

・消火栓と連動するので、表示灯線（PL）は HIV 線となります。

・P 型 1 級受信機なので、電話連絡線（T）と確認応答線（A）が必要です。

　以上から、幹線の内訳は以下のようになります（326 〜 331 ページ）。

階	BC	BL	PL	計	A	T	C	L	計
5 階	1	1	2	4	1	1	1	3	6
4 階	1	2	2	5	1	1	1	5	8
3 階	1	3	2	6	1	1	1	7	10
2 階	1	4	2	7	1	1	2	9	13
1 階	1	5	2	8	1	1	2	11	15

BC：ベル共通線　BL：ベル線　PL：表示灯線　A：確認応答線　T：電話連絡線　C：感知器回路の共通線　L：表示線

【正解例】

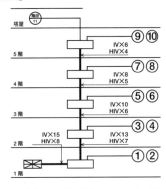

A：4　B：8　C：5　D：10　E：6　F：13

G：7　H：15

索引

STAFF

編集　平塚　陽介（株式会社ノマド・ワークス）
　　　片元　諭
制作　株式会社ノマド・ワークス
イラスト　イマイフミ
本文デザイン　株式会社ノマド・ワークス
表紙デザイン　米倉英弘（細山田デザイン事務所）
編集長　玉巻秀雄

写真提供：一般社団法人東京防災設備保守協会、アイホン株式会社、株式会社アコー、ニッタン株式会社、日本エマソン株式会社（リッジ事業部）、株式会社日本ドライケミカル、能美防災株式会社、ホーチキ株式会社、横河計測株式会社

■商品に関する問い合わせ先

このたびは弊社商品をご購入いただきありがとうございます。本書の内容などに関するお問い合わせは、下記のURLまたは二次元バーコードにある問い合わせフォームからお送りください。

https://book.impress.co.jp/info/

上記フォームがご利用いただけない場合のメールでの問い合わせ先
info@impress.co.jp

※お問い合わせの際は、書名、ISBN、お名前、お電話番号、メールアドレス に加えて、「該当するページ」と「具体的なご質問内容」「お使いの動作環境」を必ずご明記ください。なお、本書の範囲を超えるご質問にはお答えできないのでご了承ください。

●電話やFAX でのご質問には対応しておりません。また、封書でのお問い合わせは回答までに日数をいただく場合があります。あらかじめご了承ください。
●インプレスブックスの本書情報ページ https://book.impress.co.jp/books/1122101094 では、本書のサポート情報や正誤表・訂正情報などを提供しています。あわせてご確認ください。
●本書の奥付に記載されている初版発行日から3 年が経過した場合、もしくは本書で紹介している製品やサービスについて提供会社によるサポートが終了した場合はご質問にお答えできない場合があります。

■落丁・乱丁本などの問い合わせ先
FAX　03-6837-5023
service@impress.co.jp
※古書店で購入された商品はお取り替えできません。

試験にココが出る！ 消防設備士 4 類 ［甲種・乙種］
教科書＋実践問題 第 3 版

2022 年 11 月 1 日初版発行
2024 年 9 月 11 日第 1 版第 3 刷発行

監　修　一般社団法人東京防災設備保守協会

著　者　株式会社ノマド・ワークス

発行人　小川 亨

編集人　高橋隆志

発売所　株式会社インプレス
　　　　〒 101-0051　東京都千代田区神田神保町一丁目 105 番地
　　　　ホームページ　https://book.impress.co.jp/

印刷所　日経印刷株式会社

ISBN978-4-295-01549-9 C3052

Printed in Japan